I0793198

IMAGES
of America

PIONEROS II
PUERTO RICANS IN NEW YORK CITY 1948–1998
BILINGUAL EDITION

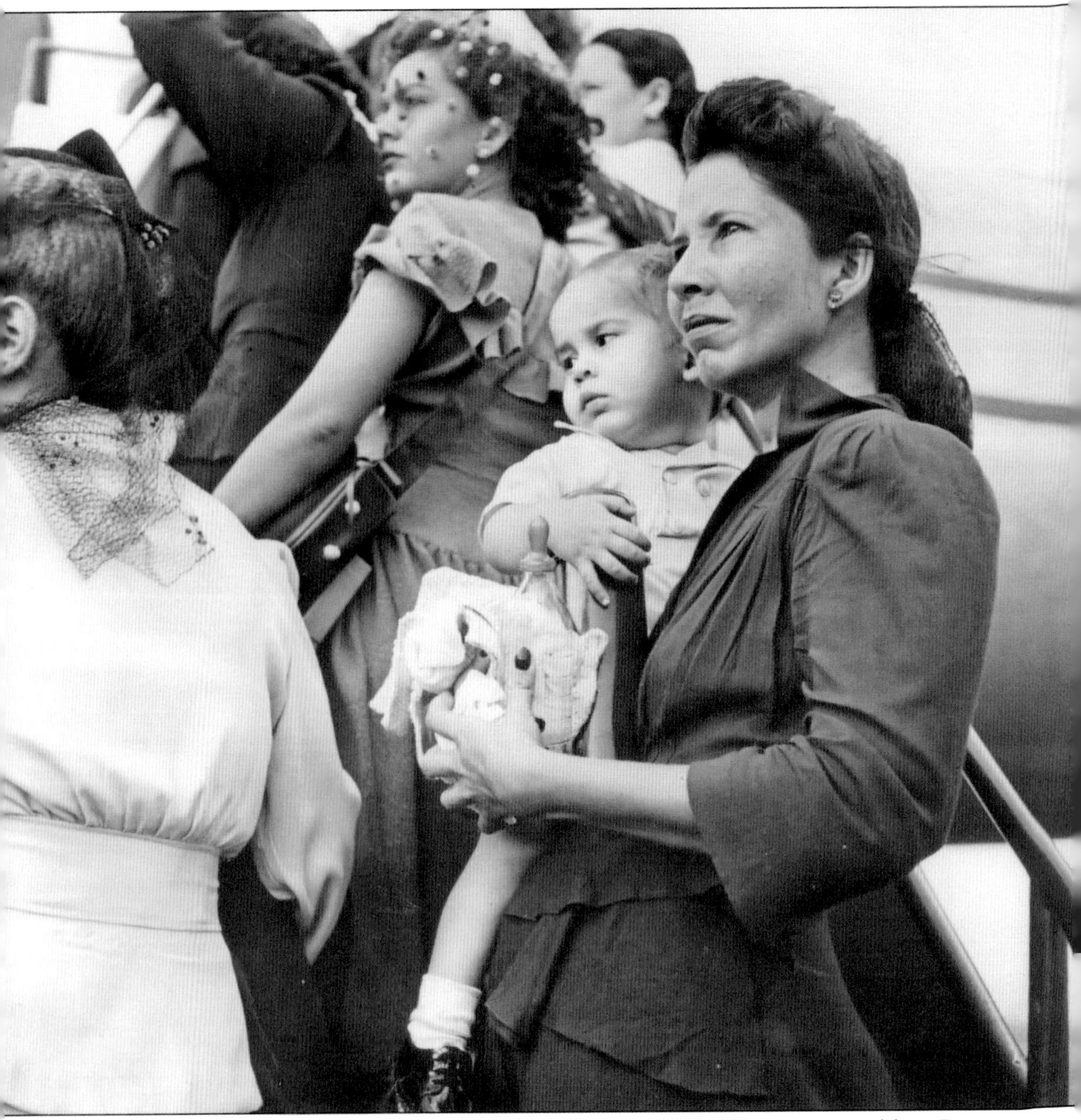

A Woman and Child Board a Flight for New York, c. 1948. Women migrated from Puerto Rico for job opportunities or to join relatives in the city. (The Office of the Government of Puerto Rico [OGPRUS].)
Mujer y niña embarcan en un vuelo a Nueva York, c. 1948. Muchas mujeres migraron de Puerto Rico buscando oportunidades de empleo o para reunirse con sus familiares en la ciudad.

On the Cover: A group of entertainers arrive in New York around 1950. Eastern Airlines advertised flights at $45 for a trip that took 5.5 hours. (The Justo A. Martí Photograph Collection [JAMa].)
En la cubierta: Un grupo de artistas llega a Nueva York cerca de 1950. Los anuncios de Eastern Airlines indican que el viaje tomaba 5.5 horas a un costo de $45 por viaje.

IMAGES
of America

PIONEROS II
PUERTO RICANS IN NEW YORK CITY 1948–1998
BILINGUAL EDITION

Virginia Sánchez Korrol
and Pedro Juan Hernández

ARCADIA
PUBLISHING

ISBN 978-0-7385-7245-1

Published by Arcadia Publishing
Charleston, South Carolina

Printed in the United States of America

Library of Congress Control Number: 2009935360

For all general information contact Arcadia Publishing at:
Telephone 843-853-2070
Fax 843-853-0044
E-mail sales@arcadiapublishing.com
For customer service and orders:
Toll-Free 1-888-313-2665

Visit us on the Internet at www.arcadiapublishing.com

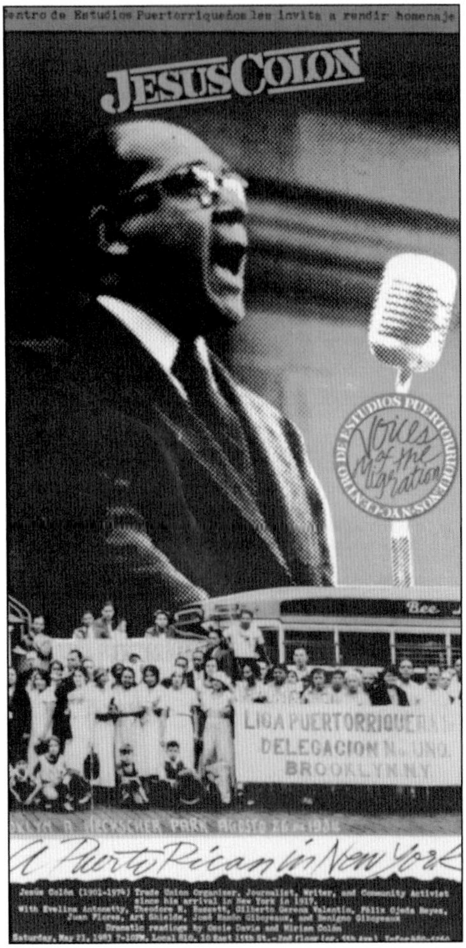

VOICES OF THE MIGRATION, 1983. A poster featuring noted activist and intellectual Jesús Colón announces a conference sponsored by the Center for Puerto Rican Studies at Hunter College, CUNY. (Centro.)
VOCES DE LA MIGRACIÓN, 1983. Un cartel mostrando al conocido activista e intelectual Jesús Colón promueve una conferencia auspiciada por el Centro de Estudios Puertorriqueños en Hunter College, CUNY.

CONTENTS
TABLA DE CONTENIDO

ACKNOWLEDGMENTS

Among Puerto Ricans, it is usual to endow children with godparents, *padrinos*, who share in the child's upbringing. In that tradition, this volume has many *padrinos*. We owe an invaluable debt of gratitude to the hundreds of Puerto Ricans whose experiences and images grace these pages and to the keepers of our history, the Centro de Estudios Puertorriqueños Library and Archives, CUNY. Dr. Alberto Hernández Banuchi facilitated our schedules to complete the project. Dr. Carlos Ramos Vargas refined the translations. Diego Valencia digitized the documents and Yosenex Orengo provided priceless assistance tracking down images. We also thank our editor, Erin Vosgien, who kept us on task every step of the way. You are *padrinos* in every sense of the word. The authors extend to all of you our deepest appreciation.

Reconocimientos

Los padres puertorriqueños acostumbran a encomendar a sus niños a padrinos, con quienes comparten la responsabilidad de la crianza del niño(a). Aplicando esa tradición a este libro podemos decir que esta publicación tiene varios padrinos. Tenemos una deuda de gratitud con los cientos de puertorriqueños cuyos rostros y experiencias/vivencias agracian estas páginas y a los que preservaron nuestra historia, a la Biblioteca y los Archivos del Centro de Estudios Puertorriqueños localizados en Hunter College, CUNY. Al Dr. Alberto Hernández Banuchi que concedió el tiempo para trabajar en este proyecto. Al Dr. Carlos Ramos Vargas por su labor de editaje del texto en español. Diego Valencia digitalizó los documentos y a Yosenex Orengo por su ayuda asegurando los permisos de uso de las fotografías. También queremos agradecer a nuestra editora Erin Vosgien que nos ayudó a alcanzar nuestras metas. En el sentido completo de la palabra todos ellos son padrinos de este libro. Los autores les extienden a ellos su más encarecido aprecio.

INTRODUCTION

This volume chronicles over half a century of Puerto Rican life in New York City. Beginning with the large migrations following World War II and ending in 1998, the vivid images herein convey family life and neighborhoods, culture and community, work experience and entrepreneurship. Above all, this book captures the Puerto Rican role in critically shaping the New York community that unfolds in the following pages.

As the sounds of steamship bells gave way to the roar of propeller engines on decommissioned cargo or commercial flights, New York City witnessed the largest Puerto Rican migration to date. Part of the first airborne migration in American history, emerging Puerto Rican *barrios* surfaced in the Northeast and the Midwest, but it was New York City that received the bulk of the migrant flow. Population estimates indicate that between 1940 and 1970 some 835,000 individuals left Puerto Rico.

Most migrants left the island for economic reasons. Rapid industrialization and modernization in Puerto Rico had eroded the traditional agricultural economic base, giving rise to mass unemployment. By 1948, New York was a familiar destination for Puerto Ricans. Earlier migrants had informed island relatives about their experiences, and the growth of the *colonias*, Puerto Rican neighborhoods, since the 1920s enhanced an array of possibilities for a better future. Puerto Rican workers migrated, or were recruited to the city, in record numbers mainly to fill jobs as factory workers.

Overall, the city's fast growing Puerto Rican population effected many changes. New settlements sprouted in the outer boroughs, and public services expanded to meet the needs of the recent arrivals. Nonetheless, many Puerto Ricans faced discrimination, lived in sub-standard neighborhoods, and worked in blue-collar, marginal, or declining sectors. As such, they were among the first laborers to suffer the brunt of the city's shift from an industrial to a service-based economy.

In response, Puerto Ricans sought ways to advance their communities at all levels and make inroads into a better life. Indeed, community activism and advancement characterized Puerto Rican integration into the city, state, and national structures. New groups, new leadership, and new organizations—such as the Migration Division, Aspira, (an educational organization named for the Spanish word 'to aspire'), and the Puerto Rican Legal Defense and Education Fund—emerged to broker and ameliorate conditions affecting the community. Like others before them, Puerto Ricans began to exercise their rights as citizens at the ballot box to bring about much needed change and increase their political power.

Labor and grassroots activists joined forces to promote educational, cultural, and economic advancement, increase health and housing standards, and build strong family units. By the 1970s and 1980s, Puerto Rican struggles to secure bilingual education, work security, university-based ethnic studies programs, social justice, and political representation made visible gains. Combining their efforts with other oppressed minorities, they formed coalitions at the national level to eliminate discrimination and promote civil and immigrant rights.

Over the long process of building a community, Puerto Ricans created a Nuyorican consciousness and opened the paths for new immigrants in New York. They influenced educational and other institutions, effected societal and political change, and brought innovations to musical and artistic expression. *Pioneros II* invites the reader to share the experience.

Introducción

Este libro da cuenta de la presencia de los puertorriqueños en la ciudad de Nueva York por más de medio siglo, comenzando con la gran migración después de la Segunda Guerra Mundíal y terminando en el 1998. Las fotografías captan aspectos de la vida cotidiana de las familias y los vecindarios, de cultura y comunidad, de experiencias de trabajo y actividades empresariales. Por encima de todo las páginas de este libro captan el importante papel que han jugado los puertorriqueños en la formación de la ciudad de Nueva York actual.

A medida que los silbatos de los barcos de vapor daban paso al rugido de los motores de los aviones de carga decomisados, la ciudad de Nueva York presenció las más grande migración puertorriqueña hasta ese momento. Parte de la primera migración aérea en la historia norteamericana, los incipientes barrios puertorriqueños aparecen en el noreste y medio oeste del país, pero fue la ciudad de Nueva York a donde llegó el grueso de la oleada migratoria. Los censos de población calculan que 835, 000 personas salieron de Puerto Rico durante los años entre 1940 y 1970.

La mayoría de los migrantes partieron por razones económicas. La súbita industralización y modernización de Puerto Rico erosionó la base de la agricultura tradicional aumentando significativamente el desempleo. Para el 1948 ya Nueva York era un destino conocido para los puertorriqueños. Los primeros migrantes ya habían relatado sus experiencias y el crecimiento de las colonias, vecindarios puertorriqueños desde 1920 expandieron la gama de oportunidades de un futuro mejor. Los trabajadores puertorriqueños migraron o fueron reclutados para venir a la ciudad en números nunca antes vistos, en especial para trabajar en el sector de la manufactura. Como resultado del crecimiento de la población puertorriqueña, hubo muchos cambios en la ciudad; nuevas comunidades puertorriqueñas florecieron en los condados de la ciudad y el número de servicios públicos para los recién llegados se expandió para subsanar sus necesidades. No obstante, muchos puertorriqueños confrontaron la discriminación o vivieron en condiciones infrahumanas en sus nuevas vecindarios, ocupando puesto de trabajo como obreros en sectores marginales o en decadencia. De hecho, ellos estuvieron entre los primeros trabajadores que sufrieron el peso brutal de la reconversión económica del sector industrial al de servicios.

La respuesta de los puertorriqueños a estos cambios en su afán por mejorar las condiciones de vida de sus comunidades en diferentes áreas fue el promover el activismo comunitario que caracterizó la integración de los puertorriqueños a nivel de la ciudad, el estado y el país. Nuevos grupos, dirigentes y organizaciónes como la División de Migración, Aspira, (la organización educativa titulada con el nombre, aspirar), y el Puerto Rican Legal Defense and Education Fund surgieron como intermediarios para atajar las condiciones que afectaban a la comunidad. Los puertorriqueños, como muchos de los que les precedieron, hicieron uso de sus derechos ciudadanos medíante el sufragio e incrementaron su visibilidad y poder político. Los sindicatos obreros y los activistas de la comunidad unieron sus fuerzas para luchar por mejores condiciones en la educación, cultura, progreso económico, aumento en los níveles de salud, viviendas y el fortalecer la cohesión de las familias. En las décadas de los 1970 y 1980 los puertorriqueños lucharon y aseguraron logros significativos en los campos de educación bilingüe, seguridad en el empleo, la creación de programas étnicos en el sistema universitario, justicia social y más representación política. Al unir sus esfuerzos al de otros grupos de minorías oprimidas, ellos formaron coaliciones a nivel nacional para luchar por erradicar la discriminación y promover los derechos civiles y de los inmigrantes.

A lo largo de este proceso de formación de sus comunidades, los puertorriqueños desarrollaron una conciencia "nuevorriqueña" y abrieron caminos para los nuevos grupos de inmigrantes en Nueva York. La influencia de los puertorriqueños en las instituciones educativas y de otro tipo efectuaron cambios en la sociedad y la política y crearon nuevas expresiones musicales y artísticas. *Pioneros II* les ofrece a ustedes los lectores una invitación para compartir esta experiencia.

One
Uno

Flying to New York and Puerto Rican Migrant Families

De Vuelo a Nueva York y las familias de migrantes puertorriqueños

The advent of affordable nonstop commercial flights between San Juan and New York City offered by Pan American Airlines, Trans Caribbean, and Trans World Airlines facilitated the massive migration of Puerto Ricans following the Second World War. Eager for job opportunities and a better life, migrants joined families already living in the city or came as seasonal workers. Job recruitment offices expanded, and bilingual travelers' aid services, agencies, and other enterprises related to the travel business sprang up in the barrios. Older established neighborhoods cushioned the migration adjustment, and new settlements soon spread beyond the five boroughs to Long Island, New Jersey, Pennsylvania, Illinois, Connecticut, and Massachusetts.

La llegada de los vuelos sin escala entre San Juan y la ciudad de Nueva York, que ofrecían las aerolíneas Pan American, Trans Caribbean y Trans World, facilitaron la migración masiva de puertorriqueños después de la Segunda Guerra Mundíal. Ellos vinieron buscando mejores oportunidades de empleo y condiciones de vida o para reunirse con sus familiares que ya vivían en la ciudad o vinieron como trabajadores por temporada. Las oficinas de reclutamiento para empleos se multiplicaron, y los servicios de auxilio para viajeros bilingüe, la apertura de agencias de viajes y otras empresas afines brotaron en los barrios. Los vecindarios ya establecidos facilitaron la migración y pronto surgieron nuevas vecindarios/comunidades en los cinco condados de la ciudad, Long Island, Nueva Jersey, Pensilvania, Illinois, Connecticut y Massachusetts.

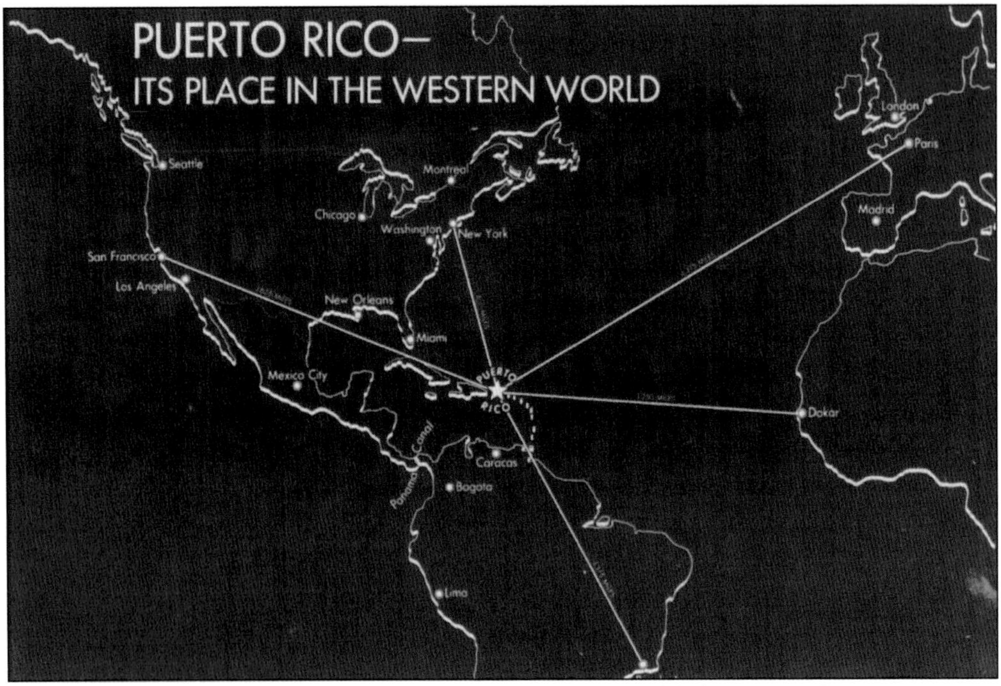

A Map of the Circum-Caribbean. Puerto Rico is easily accessible from major destination points throughout the world. (OGPRUS.)
Mapa hemisférico. Puerto Rico es da fácil accesso desde los principales destinos del mundo.

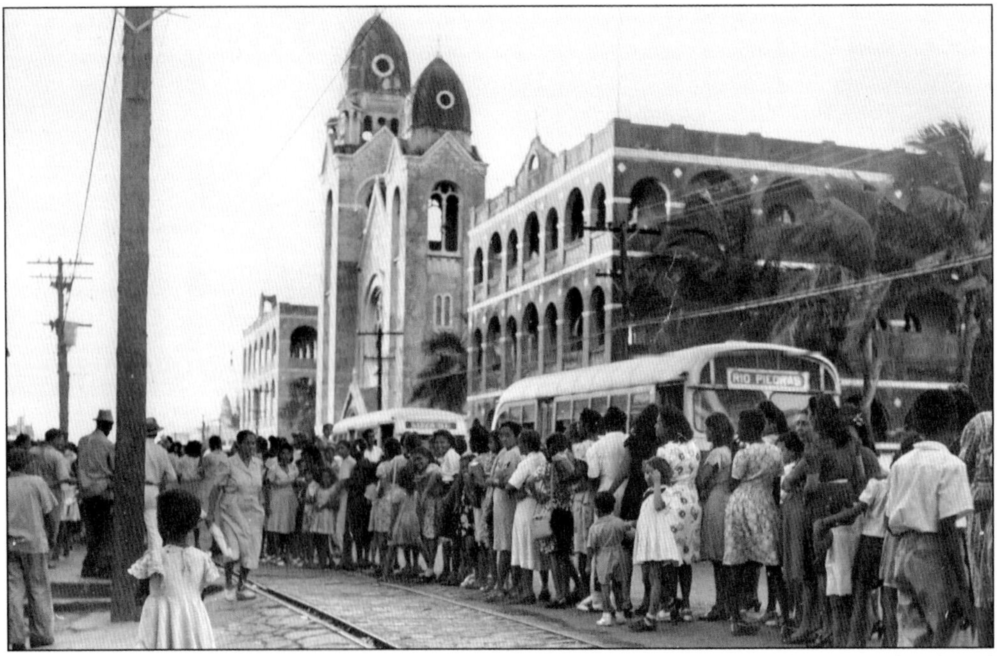

Puerta de Tierra, San Juan, Puerto Rico, 1946. Women and children line up to buy bread and other foods during difficult economic times. (OGPRUS.)
Puerta de Tierra, San Juan, Puerto Rico, 1946. Mujeres y niños hacen fila para comprar pan y otros comestibles en momentos de estrechez económica.

THE SANTIAGO FAMILY, 1948. The family is pictured traveling on the *Marine Tiger*, one of the last steamships to make the trip from San Juan to New York. (The Santiago Febus Family Collection [SaFe].)
LA FAMILIA SANTIAGO, 1948. La familia aparece durante su viaje en el *Marine Tiger*, uno de los últimos barcos de vapor en hacer la travesía entre San Juan y Nueva York.

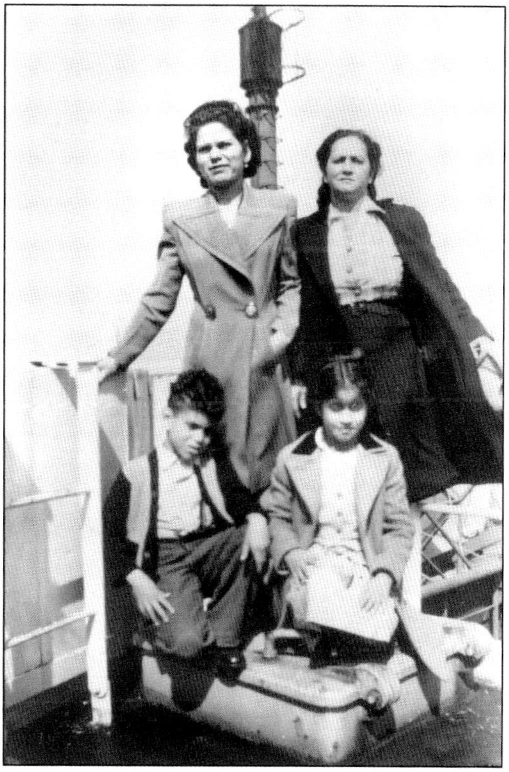

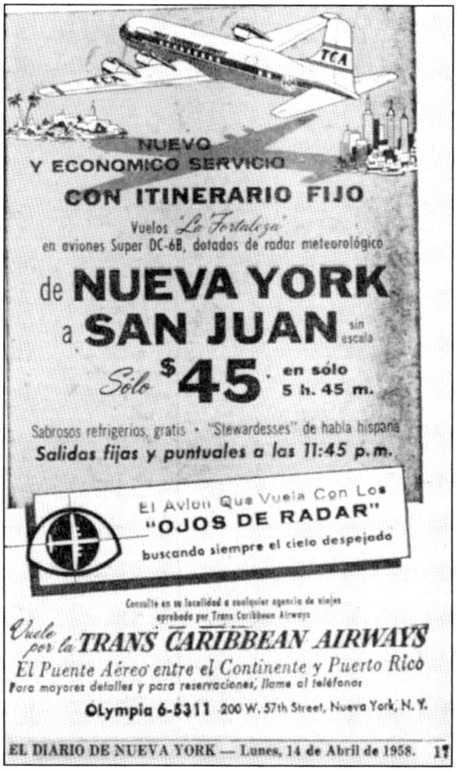

A PUNCTUAL, FIXED SCHEDULE, 1958. Airlines competed for island business. Trans Caribbean boasts about its $45 aerial highway between the continent and Puerto Rico. (El Díario [Díario].)
ITINERARIO FIJO Y PUNTUAL, 1958. Las aerolíneas estaban interesadas en tener control del movimiento áereo entre el continente y Puerto Rico. La Trans-Caribbean se ufanaba de su tarifa aérea de $45 dólares.

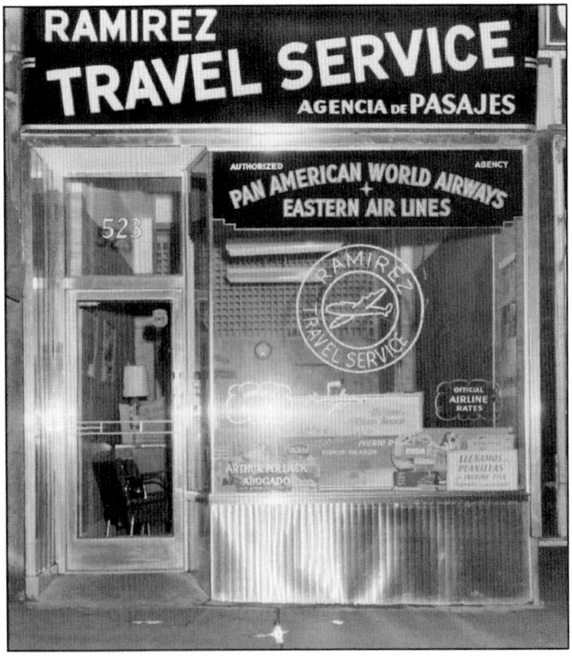

THE RAMIREZ TRAVEL AGENCY, 1950s. Travel agencies prospered because of increased migration between Puerto Rico and the United States. Entrepreneurs benefited from their knowledge of Spanish and Puerto Rican customs. (JAMa.)
LA AGENCIA DE VIAJES RAMÍREZ, 1950s. El negocio de agencias de viaje prosperó dado el gran movimiento migratorio entre Puerto Rico y el continente. Empresarios puertorriqueños aprovecharon su conocimiento del idioma español y la idiosincracia del puertorriqueño.

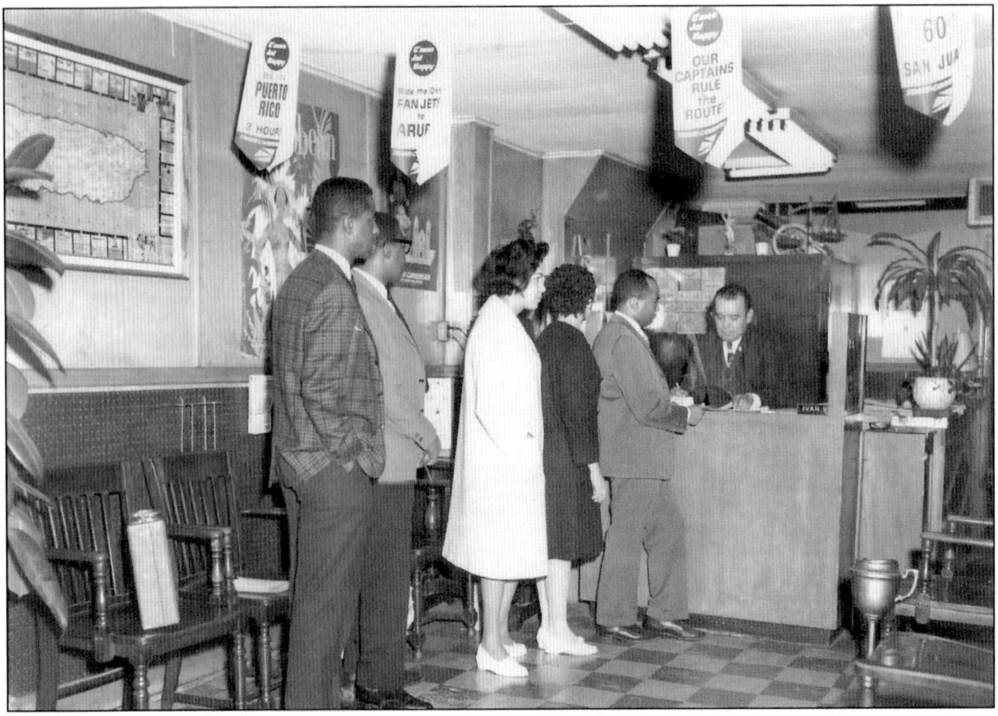

A BROOKLYN BUSINESS, 1960s. Brooklyn community leaders Iván Vice and his wife, Celia Acosta Vice, were entrepreneurs involved in several business ventures, including the Cofresi travel agency. (JAMa.)
UN NEGOCIO EN BROOKLYN, 1960s. Los líderes comunitarios de Brooklyn Iván Vice y su esposa Celia Acosta eran empresarios en diferentes tipos de negocios, incluyendo la agencia de viajes Cofresí.

Petra Allende and Portrait of a Loved One, c. 1944. The image of Petra Allende above the soldier's portrait indicates a close relationship. Soldiers often took symbolic portraits as remembrances for their loved ones. (The Petra Allende Papers [PeAl].)
Petra Allende y el retrato de un ser querido, c. 1944. La imagen de Petra Allende aparece sobre el retrato del soldado, lo cual indica una relación cercana. Los soldados con gran frecuencia conservaban retratos para recordar a sus seres amados.

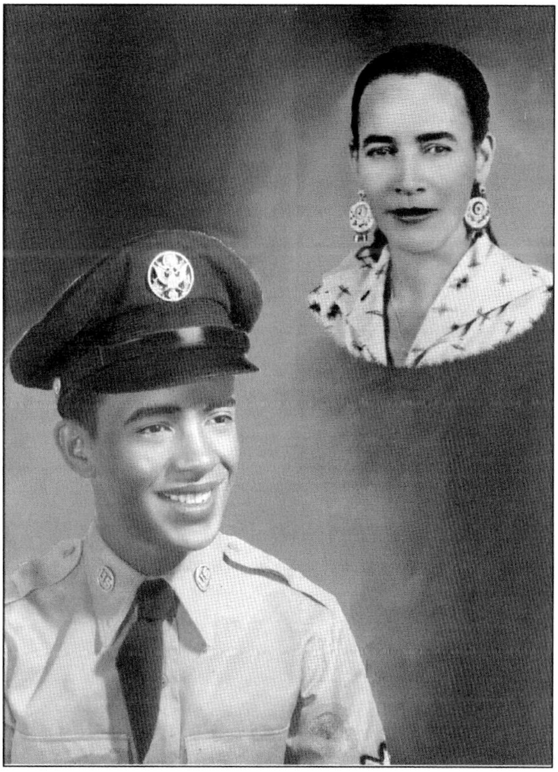

Women Surround Desk at Travelers' Aid Office, 1950s. Note the bilingual sign that indicates who to call if the office is closed. (OGPRUS.)
Mújeres rodean el escritorio de una oficina de ayuda al viajero, 1950s. Observe el letrero en ambos idiomas indicando que la oficina estaba cerrada.

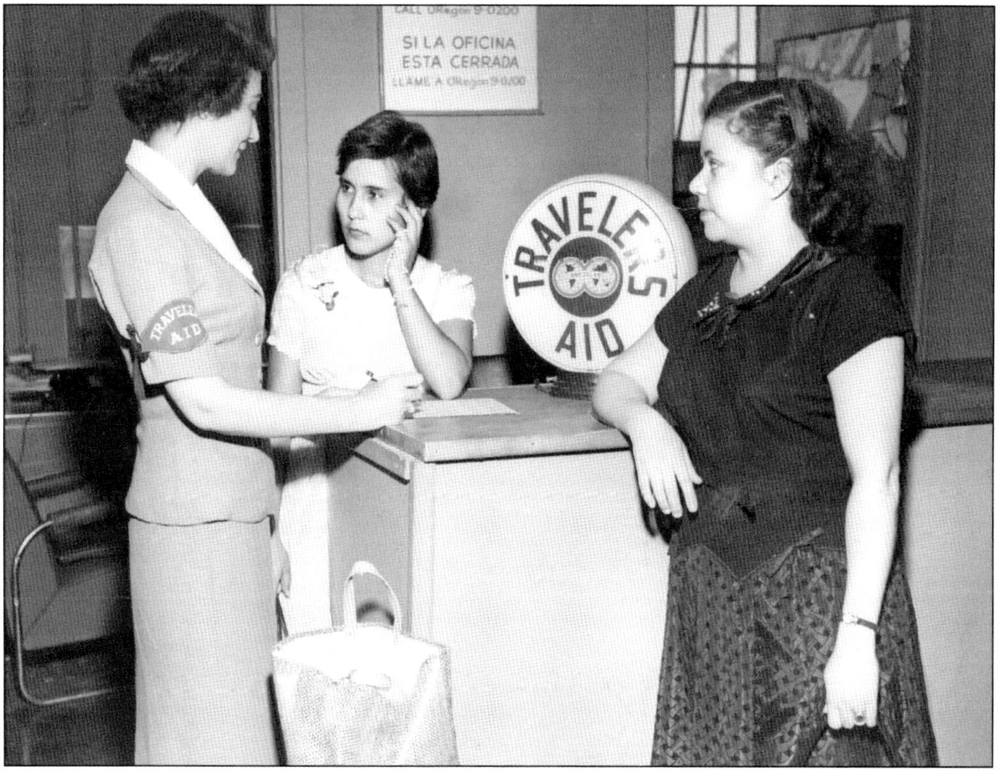

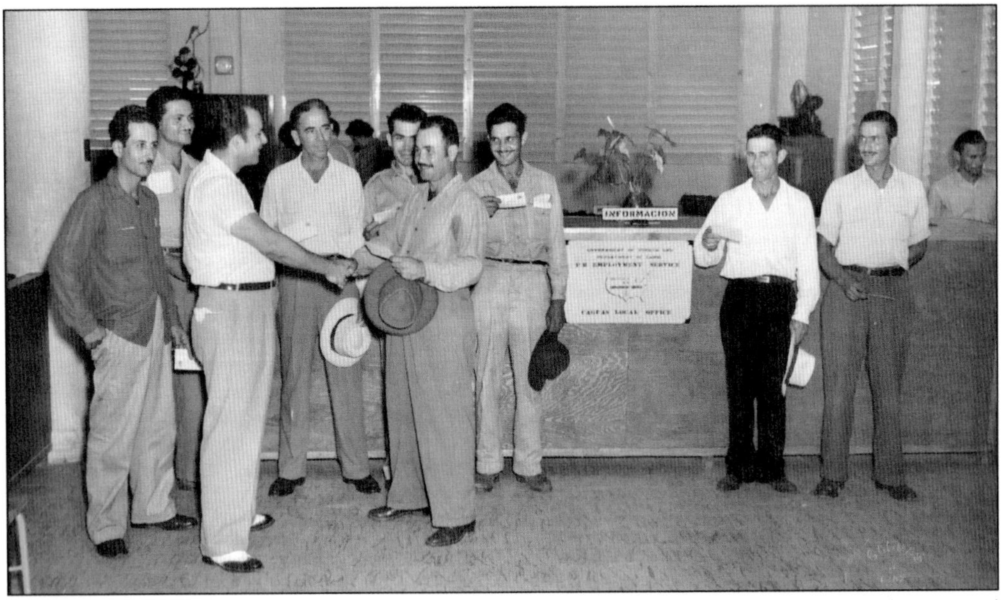

Seasonal Farm Workers, c. 1965. Laborers recruited for agricultural work in the United States flank the information desk at the local office of the Puerto Rican Employment Services in Caguas. (OGPRUS.)
Trabajadores agrícolas estacionales, c. 1965. Trabajadores agrícolas reclutados para trabajar en Estados Unidos rodean la mesa de información de la oficina local de Servicios de Empleos en Caguas en Puerto Rico.

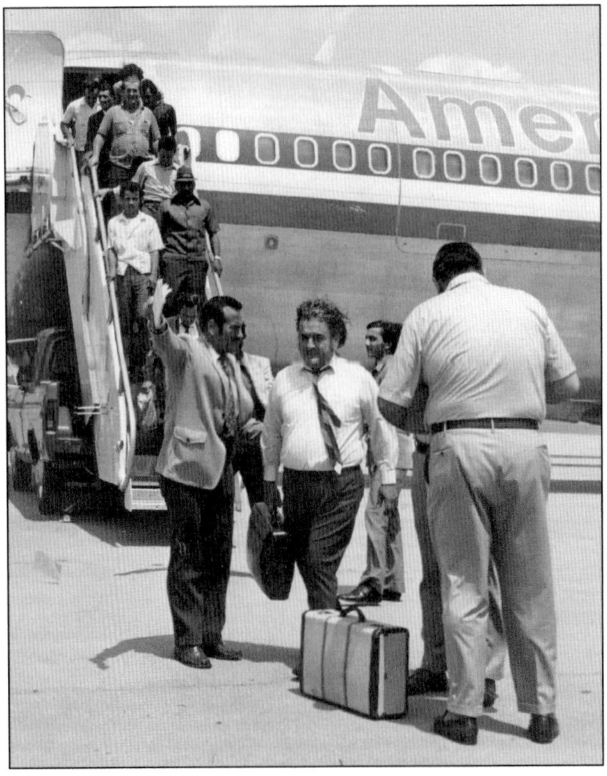

Farm Workers Arrive in New York, 1970s. Directed to a waiting recruitment agent, seasonal farm workers arrive on an American Air Lines flight. (OGPRUS.)
Trabajadores campesinos llegan a Nueva York, 1970s. Un agente de la oficina de reclutamiento recibe a los trabajadores agrícolas según llegan en un vuelo de la American Air Lines.

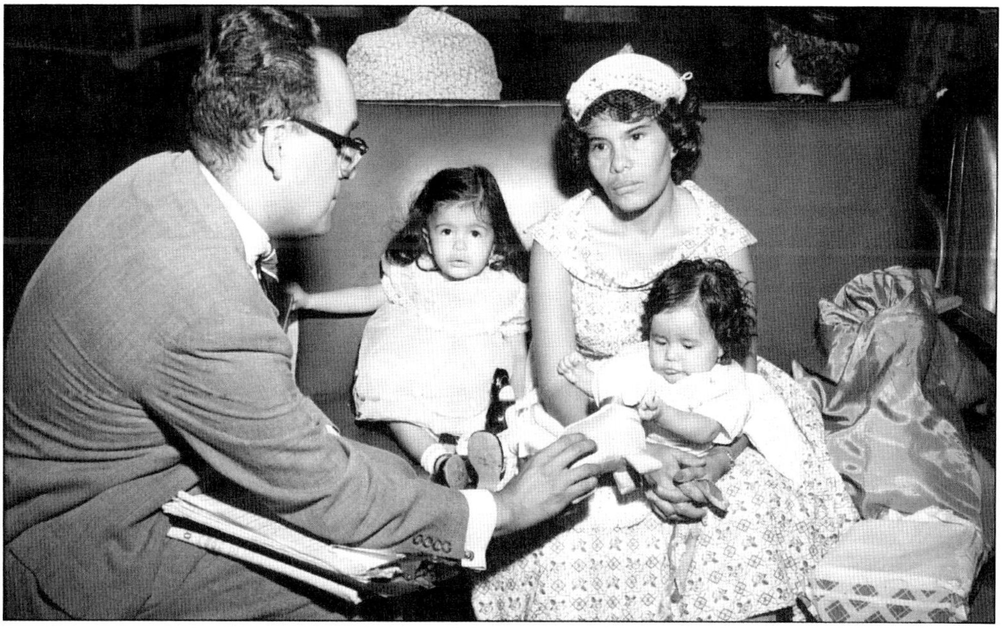

Family Seeking Help, 1970s. Looking overwhelmed, a mother of two holds the baby while an agent from the Migration Division offers his assistance. (OGPRUS.)
Familia buscando ayuda, 1970s. Abrumada, una madre sostiene a sus dos niños mientras un oficial de la División de Migración ofrece ayuda.

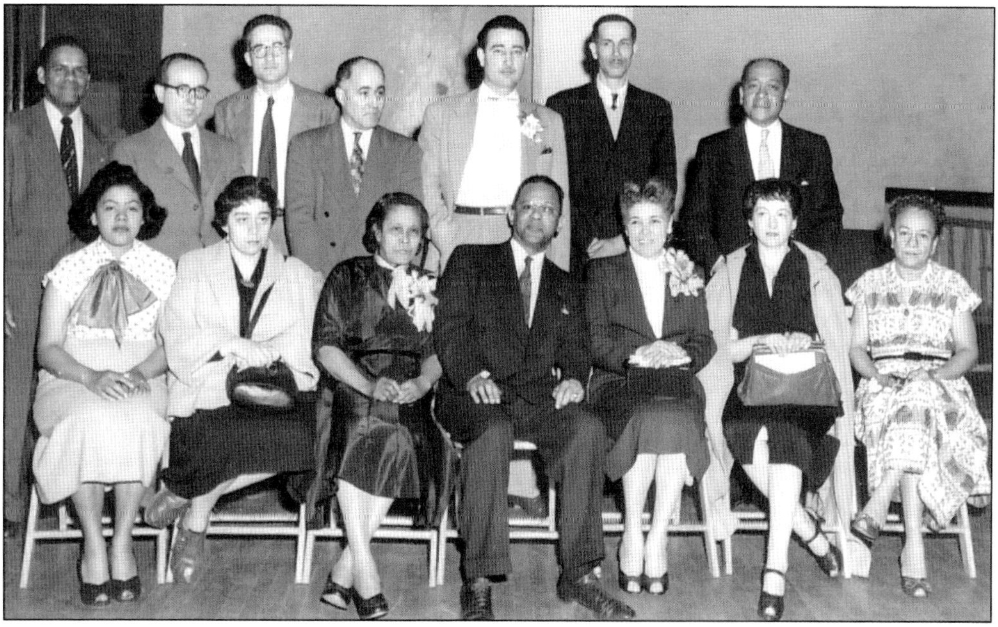

Brooklyn Pioneers, 1950s. Brooklyn pioneers and community activists are pictured, including Antonia Denis (seated third from left), Felipe Torres (seated center), and Concha Colón (seated in print dress). Jesús Colón stands on the right in the dark suit. (JAMa.)
Pioneros de Brooklyn, 1950s. Entre los pioneros y activistas de la comunidad de Brooklyn estaban: Antonia Denis (sentada tercera a la izquierda), Felipe N. Torres (sentado al centro) y Concha Colón (sentada y vestida con traje estampado). Jesus Colón aparece de pie con traje oscuro.

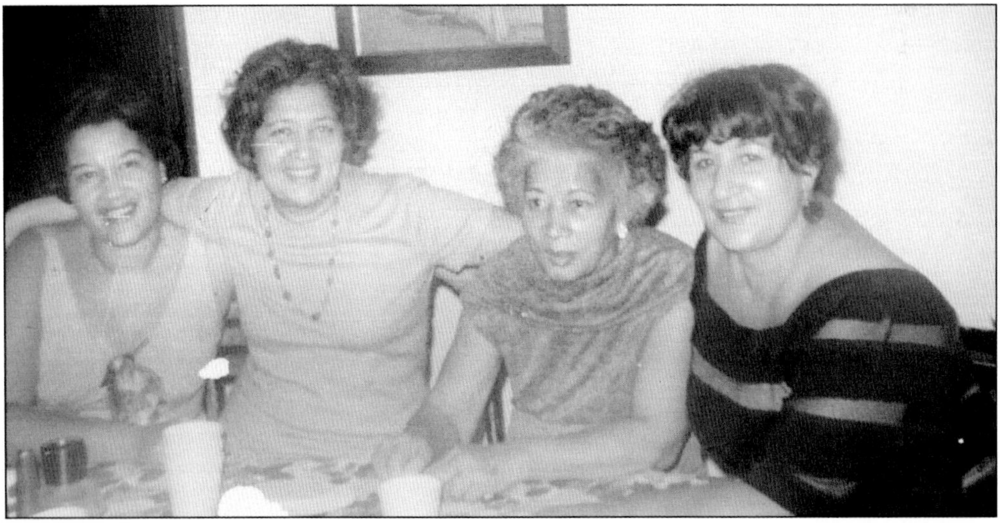

The López Family, 1969. Pictured are Eva López, third from left, and her accomplished daughters, from left to right, Elba, Lillian, and Evelina Antonetty, who became activists and community leaders. (The Lillian López Papers [LiLo].)

La familia López, 1969. Aparece Eva López, tercera a la izquierda junto a sus conocidas hijas de izquierda a derecha: Elba, Lillian y Evelina Antonetty las cuales se convirtieron en activistas y dirigentes de la comunidad.

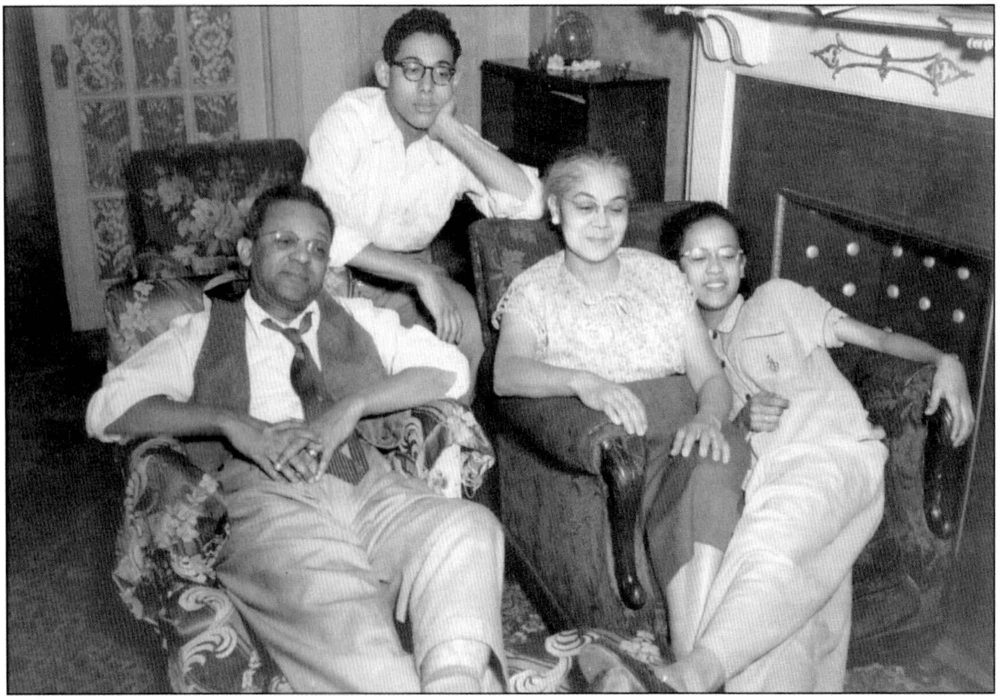

Another Pioneering Family, 1960s. Members of the Torres family are, from left to right, Felipe, Austin, Inocencia, and Alma. They made their mark in education and the legal and the political arenas. (The Felipe N. Torres Papers [FNTo].)

Otra familia pionera, 1960s. Miembros de la familia Torres de izquierda a derecha Felipe, Austin, Inocencia y Alma. Ellos han contribuído en el ámbito político, jurídico y educativo.

Jesús Colón, 1970s. Writer, politician, and community activist, Jesús Colón looks over the Brooklyn rooftops from his apartment in the Midwood section of the borough. (The Jesús Colón Papers [JeCo].)
Jesús Colón, 1970s. Jesús Colón, escritor, político y activista comunitario mira sobre los techos de Brooklyn desde el balcón de su apartamento en la sección de Midwood en dicho condado.

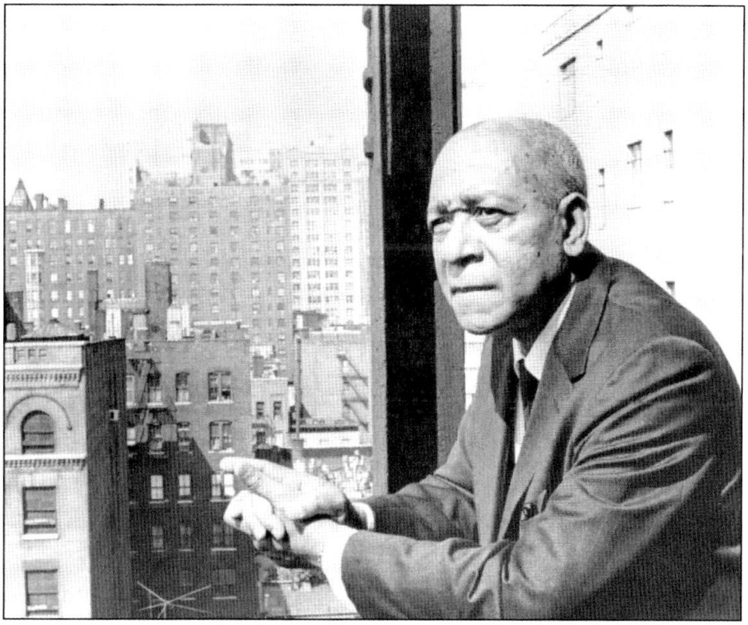

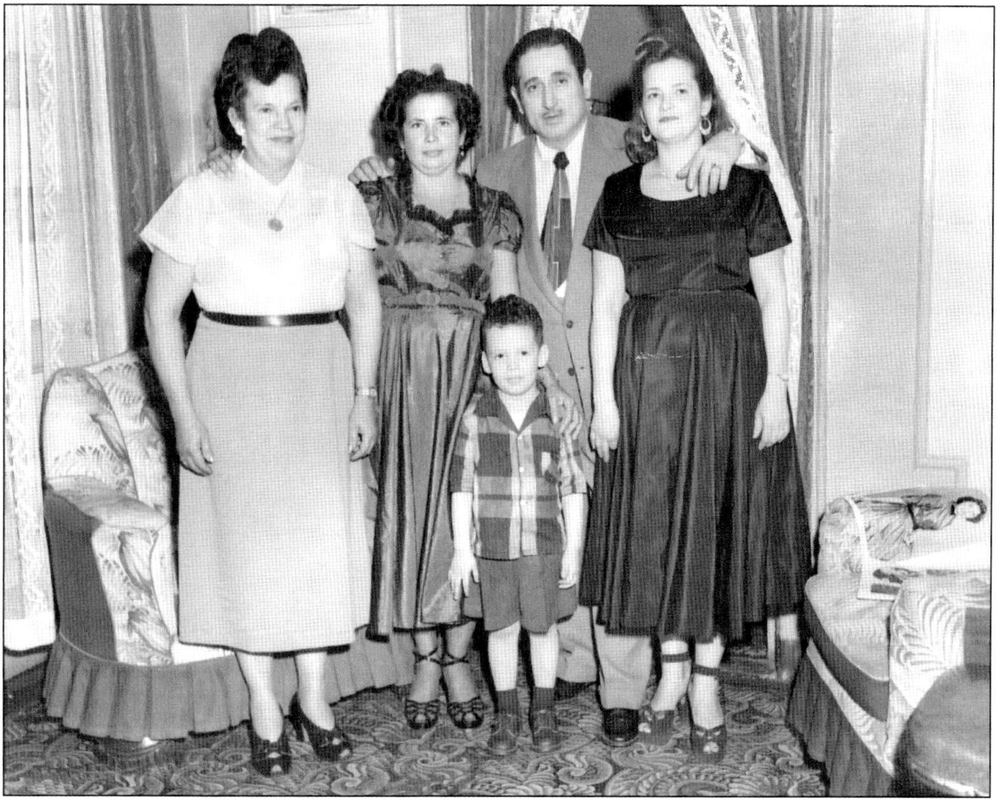

The Nicolás Rivera Family, c. 1948. This family of store owners engaged in business and entertainment. (JAMa.)
La familia de Nicolás Rivera, c. 1948. La familia de propietarios de una tienda también tenía negocios en el campo del entretenimiento.

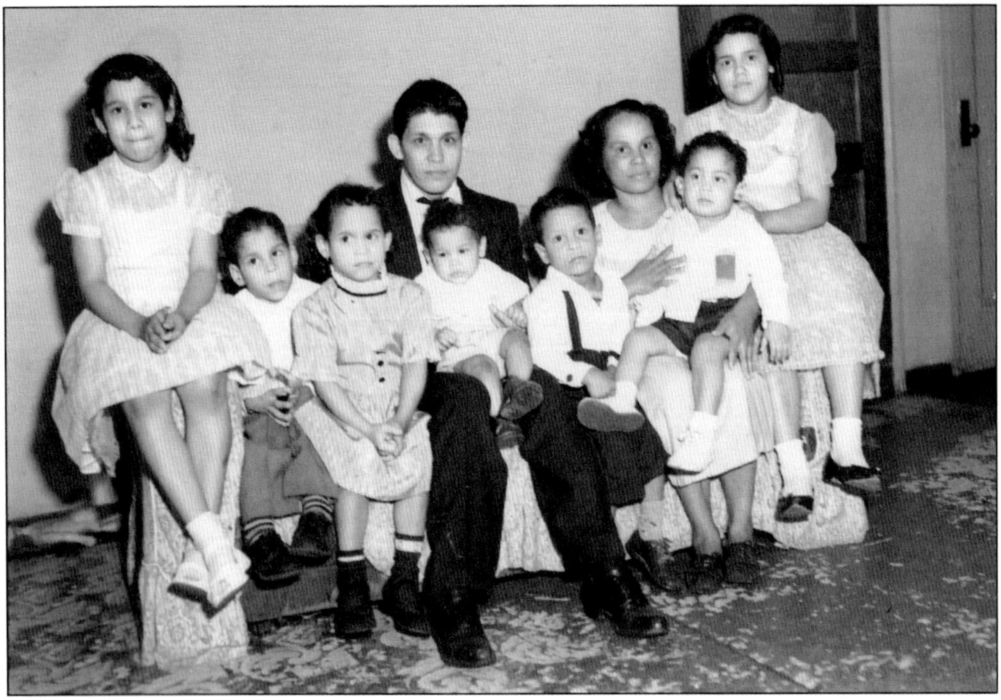

The Diáz Family, c. 1960. This family of nine gathers together in their living room. Often children were left behind with close relatives until the parents became settled. (JAMa.)
La familia Díaz, c. 1960. Esta familia compuesta de nueve miembros aparece reunida en la sala de su residencia. A menudo los niños se quedaban con los familiares en la Isla hasta que la familia se asentaba.

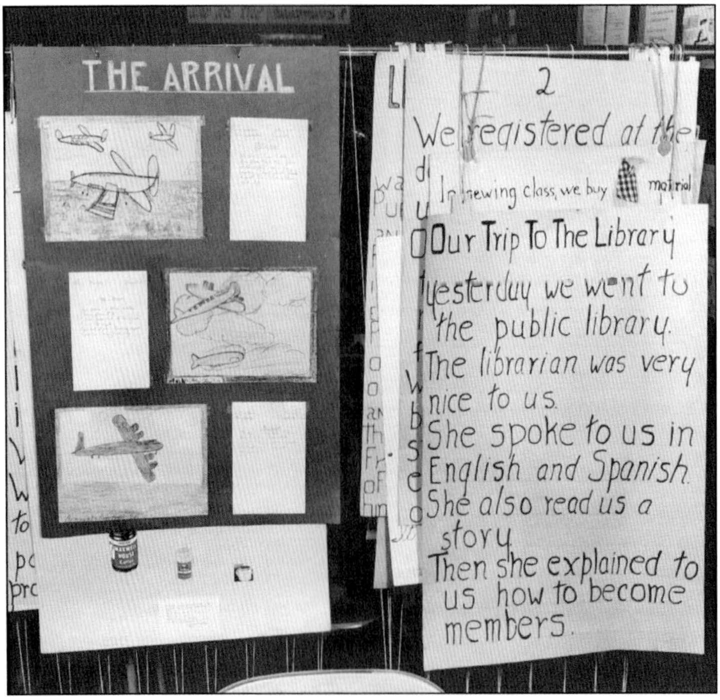

Children's Schoolwork, 1950s. As new arrivals registered in the schools on a daily basis, the migration journey became a subject for teaching. Airplane drawings and stories are displayed. (OGPRUS.)
Tareas escolares, 1950s. A medida que los recién llegados se inscribían en las escuelas con regularidad, el viaje de migración se convirtió en uno de los temas de enseñanza. Se muestran los dibujos de aviones y otras historias que forman parte de sus relatos.

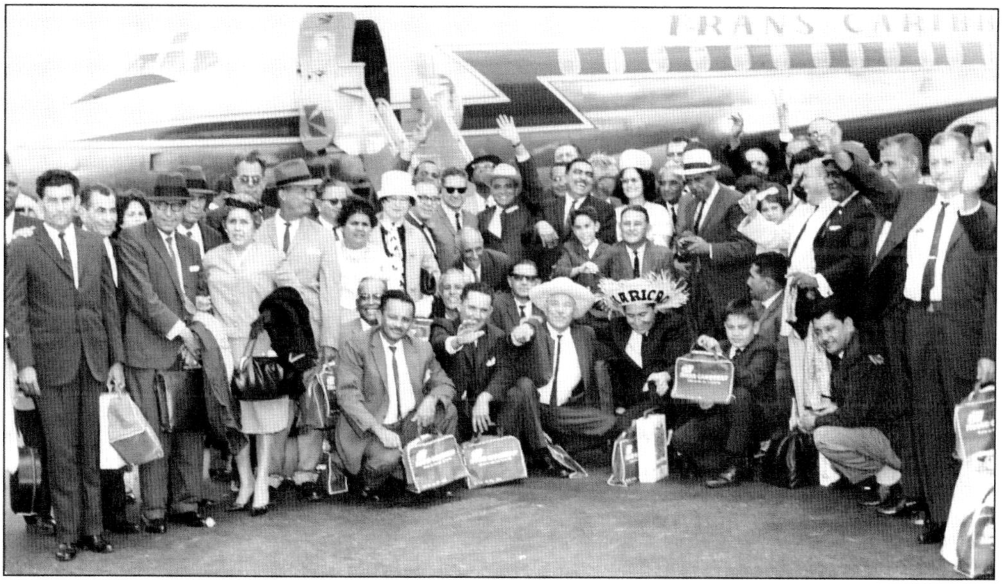

ISLAND MAYORS AND OFFICIALS, C. 1958. Mayors representing various towns in the island arrive in New York to participate in the Puerto Rican Day Parade, which began in 1958. (OGPRUS.)
ALCALDES Y OFICIALES DEL GOBIERNO DE LA ISLA,C. 1958. Alcaldes de varios municipios de la Isla llegan a Nueva York para participar en el Día del Desfile Puertorriqueño que comenzó en 1958.

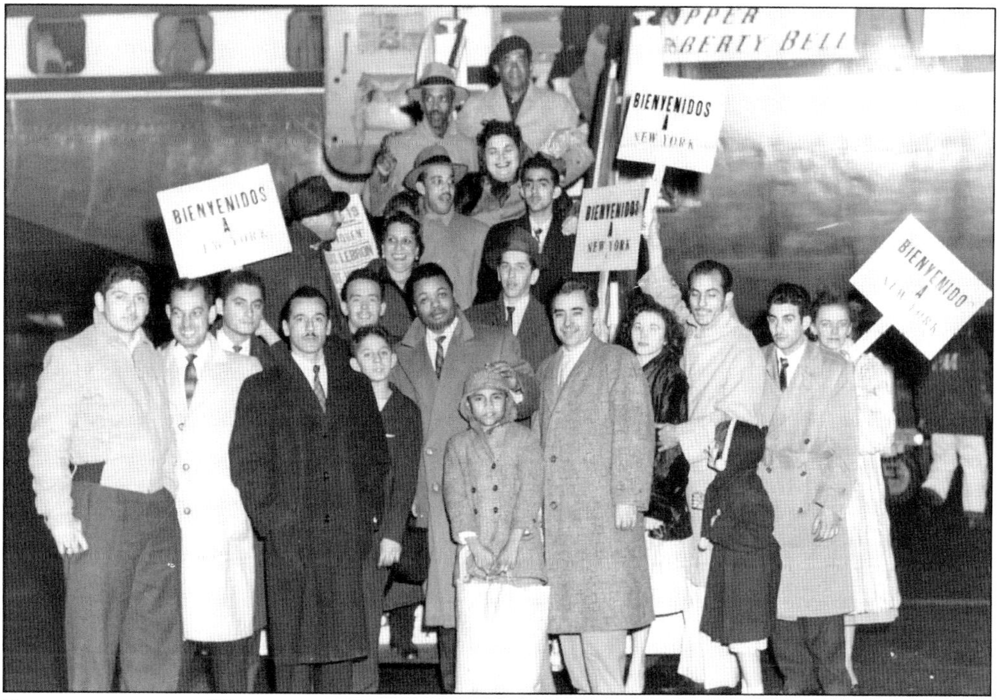

ENTERTAINERS ARE WELCOMED TO NEW YORK, 1950S. Carrying signs of welcome to New York, entertainers, among them Myrta Silva, Dávilita, and Juan Boria, arrive in the city. (JAMa.)
GRUPO DE ARTISTAS SON RECIBIDOS EN NUEVA YORK, 1950S. Portando letreros de bienvenida a Nueva York un grupo de aficionados recibe a un grupo de artistas entre ellos Myrta Silva, Dávilita y Juan Boria a su llegada a la ciudad.

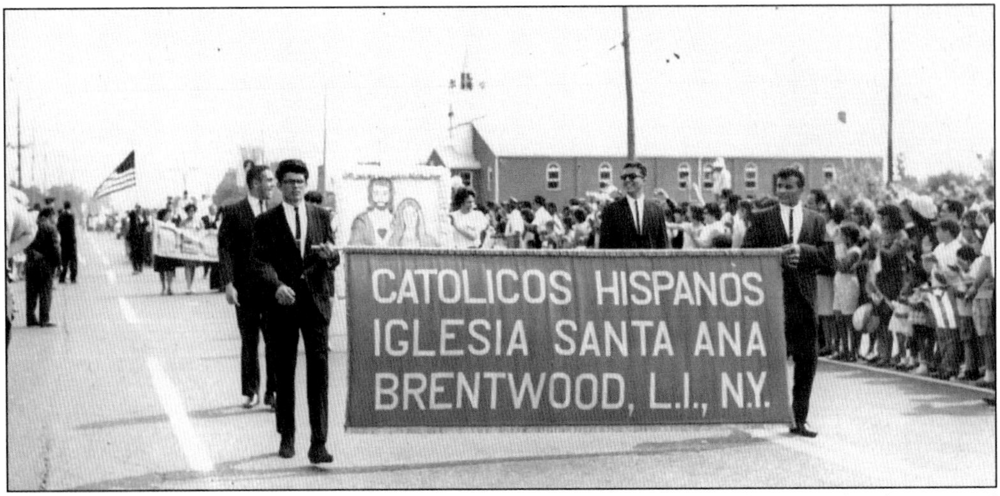

Communities Beyond the City, 1950s. Since the 1930s, Brentwood, Long Island, attracted migrants through newspaper advertisements offering jobs at Pilgrim State Hospital and Entenmann's Bakery. (OGPRUS.)

Comunidades más allá de la ciudad, 1950s. Desde 1930 la comunidad de Brentwood en Long Island atrajo migrantes através de anuncios de periódicos que ofrecían empleos en el hospital Pilgrim State y en la repostería Entenmann.

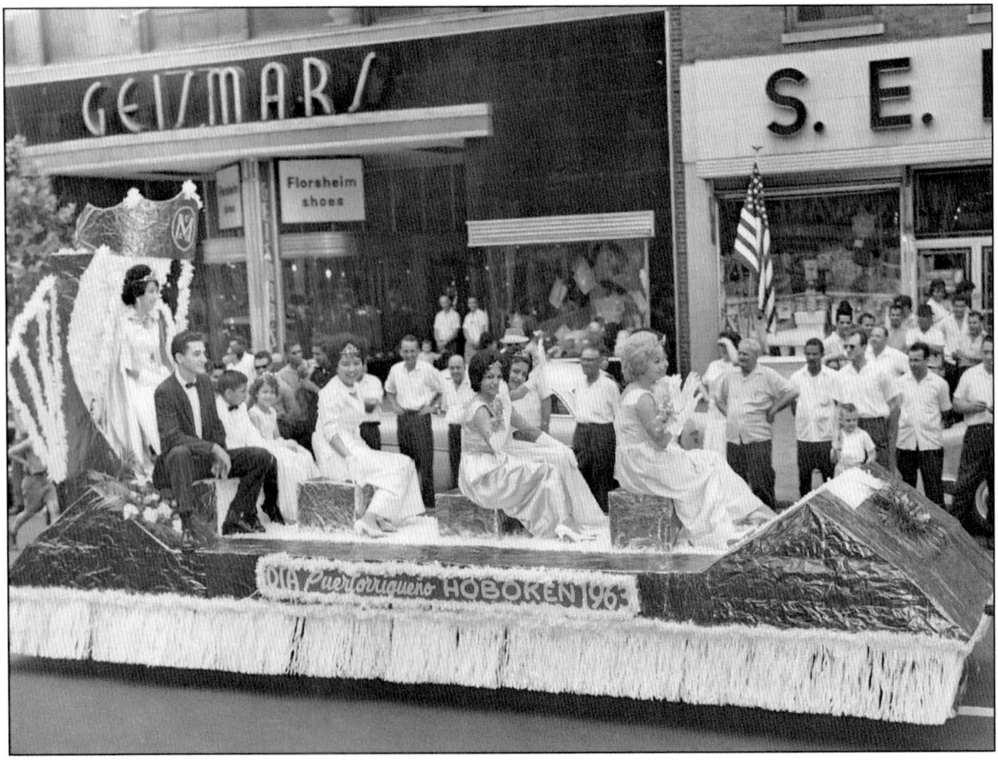

The City of Hoboken Celebrates its Puerto Rican Heritage, 1970s. A float carries a queen and her court. (OGPRUS.)

La ciudad de Hoboken celebra su día de la herencia puertorriqueña, 1970s. La carroza lleva a la reina y a su séquito.

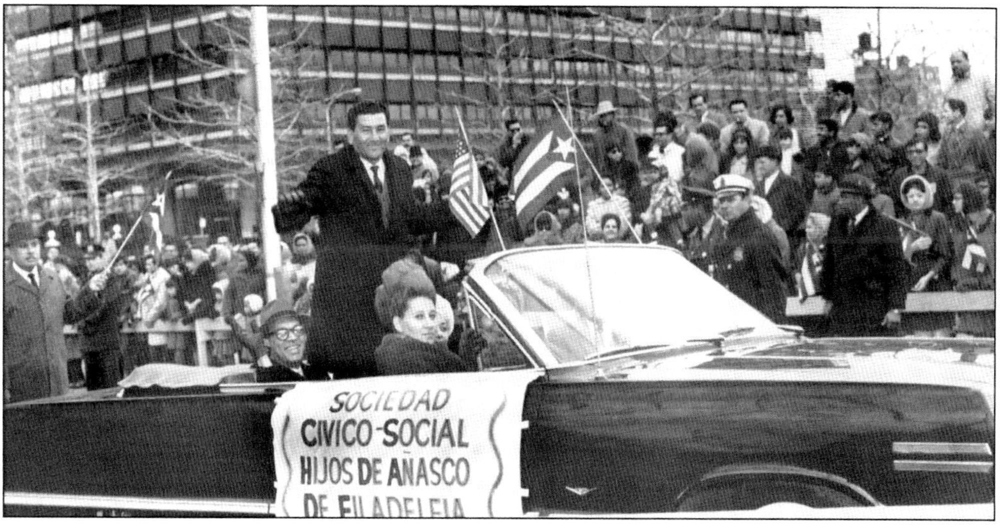

Hijos de Añasco, a Home Town Club, 1960s. Natives of the Puerto Rican town of Añasco celebrate the Puerto Rican Day Parade in Philadelphia, Pennsylvania. This was a civic-social organization named after the town of Añasco. (OGPRUS).
Los Hijos de Añasco es una asociación de pueblo, 1960s. En celebración del Día del Desfile puertorriqueño en Filadelfia, Pensilvania, los oriundos del municipio de Añasco, una organización cívico-social, despliegan su orgullo.

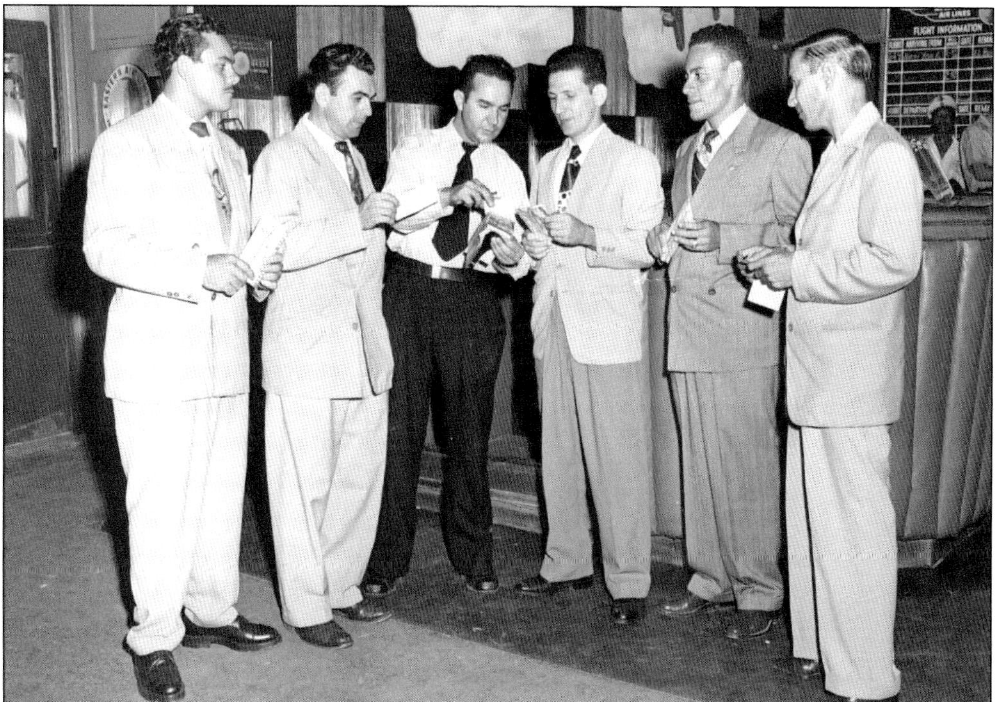

Puerto Rican Migrants in Chicago, 1960s. Recent arrivals show their paperwork to the receiving agent at a Chicago airport. (OGPRUS.)
Migrantes puertorriqueños en Chicago, 1960s. Los migrantes muestran sus documentos en el aeropuerto de Chicago a los oficiales del gobierno de Puerto Rico.

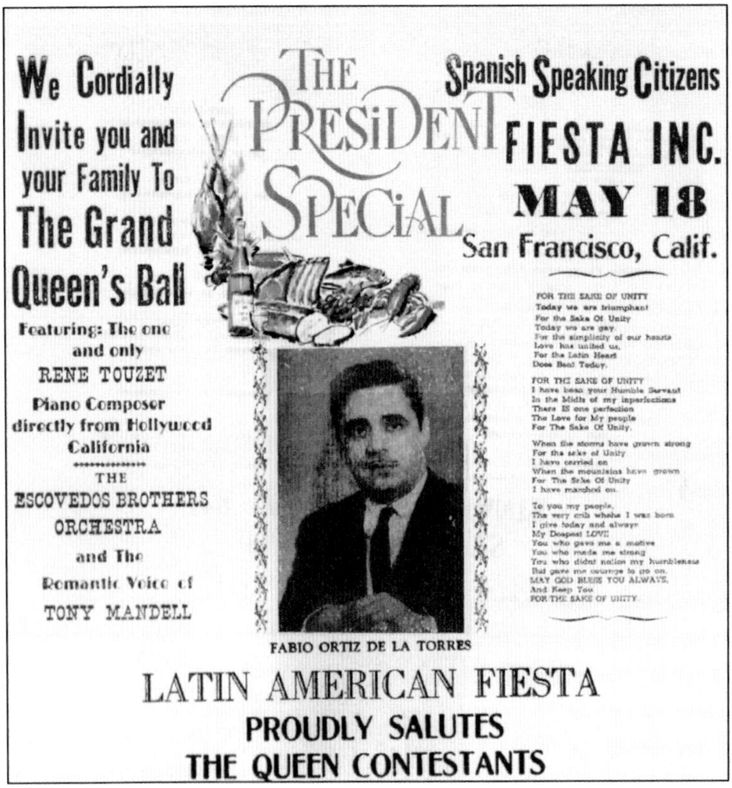

PUERTO RICANS IN SAN FRANCISCO, 1970s. Area Latinos issue invitation to attend the Grand Queen's Ball. Puerto Rican Fabio Ortiz de la Torre, who moved to San Francisco after World War II, is featured. (The Torres Ortiz Collection [ToOr].)
PUERTORRIQUEÑOS EN SAN FRANCISCO, 1970s. Latinos de la zona extienden una invitación al Gran Cotillón de la Reina. Aparece Fabio Ortiz de la Torre, puertorriqueño que se mudó de Nueva York a San Francisco después de la Segunda Guerra Mundial.

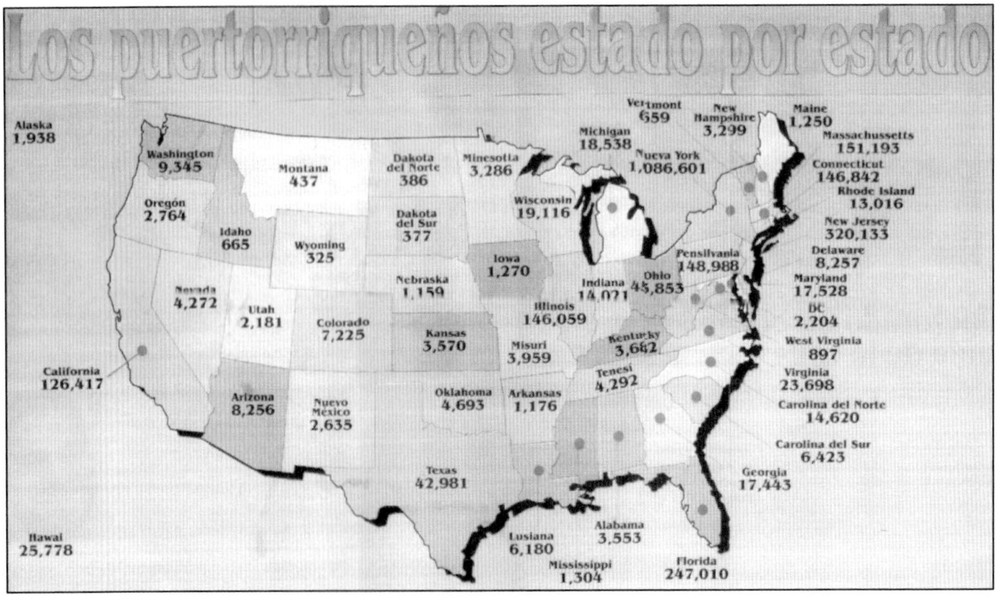

PUERTO RICANS THROUGHOUT THE UNITED STATES, 1998. The map shows the state-by-state spread of 2.7 million Puerto Ricans in 1998. (El Nuevo Día [Día].)
PUERTORRIQUEÑOS ATRAVÉS DE ESTADOS UNIDOS, 1998. Este mapa muestra la dispersión de 2.7 millones de puertorriqueños por el país.

Two
Dos

Family Life in Old and New Settlements

Vida familiar en los asentamientos viejos y nuevos

As the community increased throughout the 20th century, new neighborhoods emerged that rapidly incorporated the sights and sounds of older settlements. Although El Barrio in Spanish Harlem became synonymous with Puerto Ricans, other neighborhoods, including the Lower East Side, the South Bronx, and Brooklyn's Red Hook, Bushwick, East New York, and Sunset Park sections, also housed concentrations of Puerto Ricans. The streets became the children's playgrounds and the public space for massive communal events, rallies, marches, or artistic expression. Community gardens and musical and religious events also drew participants from their homes. While the home remained the private space for familial celebrations, life continued to revolve around the extended family marked by natural life-cycle experiences, celebrations, weddings, birthdays, and other traditional cultural activities.

A medida que la comunidad crecía a lo largo del siglo XX surgieron nuevos vecindarios que pronto replicaron las vistas y los sonidos de los viejos asentamientos. Aunque El Barrio en el Harlem Hispano se ha convertido en sinónimo de los puertorriqueños, otros asentamientos en el "Lower East Side", el Sur del Bronx y el "Red Hook", "Bushwick", "East New York" y "Sunset Park" en Brooklyn, también congregan a muchos puertorriqueños. Para los niños las calles de los vecindarios se convirtieron en los patios y en los espacios donde celebrar sus actividades, marchas o donde mostra sus expresiones artísticas. La comunidad también se sintió atraida a los jardínes comunales y a las actividades musicales y religiosas punto de encuentro para todos. Mientras sus hogares permanecían como el espacio reservado para celebraciones familiares, la vida continuó incorporando a los parientes en las actividades del díario vivir como las bodas, cumpleaños y otras actividades típicas de la vida cultural.

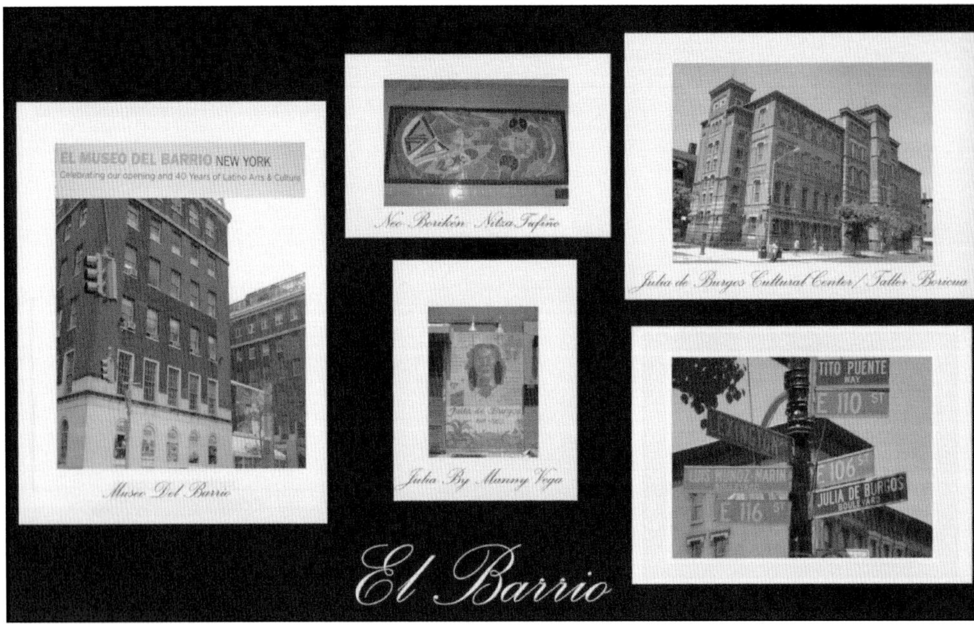

SCENES FROM EL BARRIO. The neighborhood El Barrio is synonymous with the Puerto Rican community. It is also known as Spanish Harlem or El Barrio Latino. (The Pedro Juan Hernández Collection; Photograph by Eddie C. Ong [PJHc; photograph by ECO].)

ESCENAS DEL BARRIO. El vecindario de El Barrio también conocido como el Harlem Hispano o El Barrio Latino es sinónimo de la comunidad puertorriqueña en Estados Unidos.

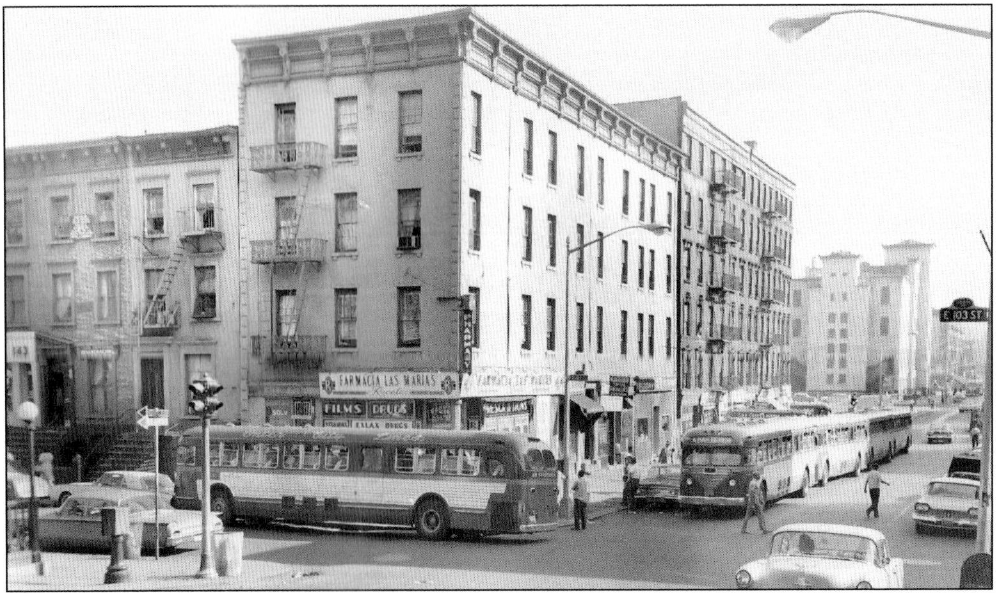

LOCATION OF HIJOS DE PATILLAS, 1962. Located on Manhattan's Lexington Avenue, Hijos de Patillas was one of the many hometown clubs that formed the backbone for the Puerto Rican Day Parade. (JAMa.)

SEDE DE LOS HIJOS DE PATILLAS, 1962. Los Hijos de Patillas, una asociación de pueblo, estaba localizada en la Avenida Lexington de Manhattan. Muchas organizaciones de este tipo constituían la estructura básica del Desfile Puertorriqueño.

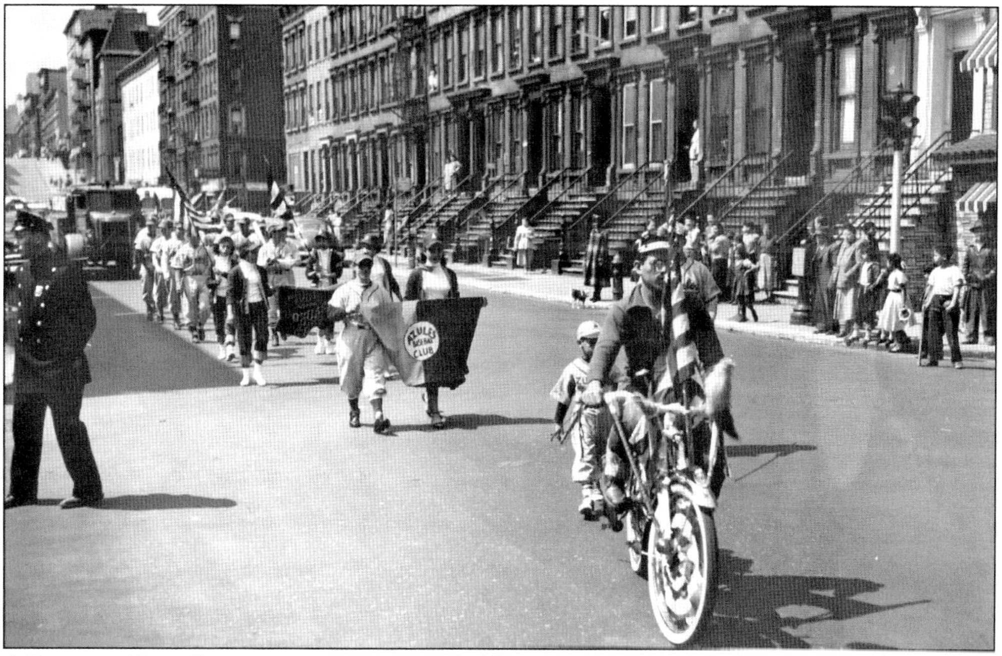

A Baseball Team Parade, 1970s. Young and old participate in a march along Madison [Lexington] Avenue in support of a local neighborhood baseball team. (JAMa.)
Desfile de un equipo de pelota, 1970s. Jóvenes y adultos participando en el desfile a lo largo de la Avenida Lexington en apoyo al equipo local.

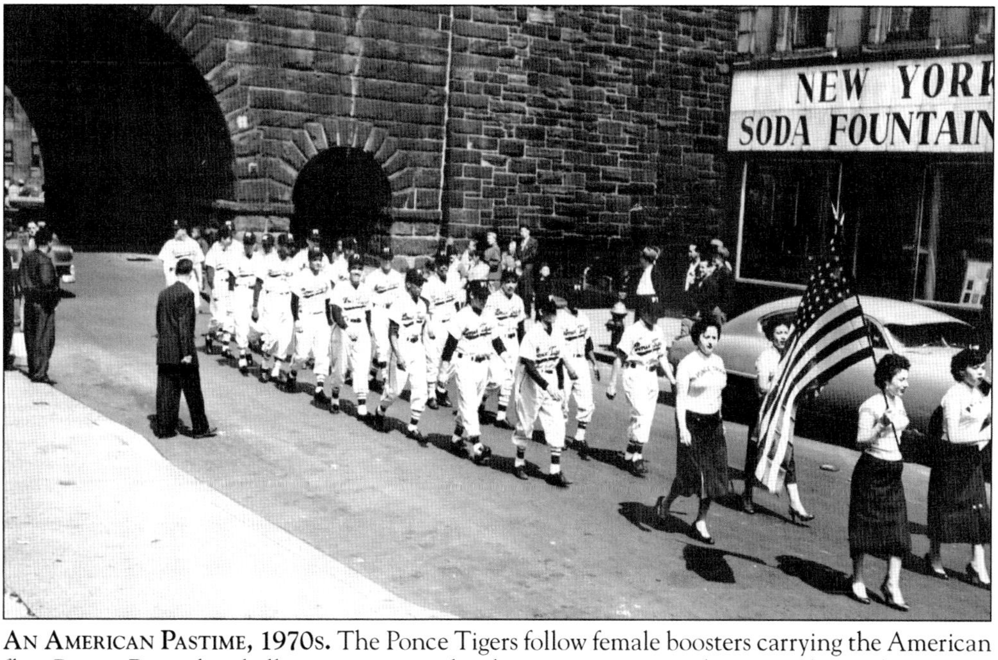

An American Pastime, 1970s. The Ponce Tigers follow female boosters carrying the American flag. Puerto Rican baseball teams competed in league games since the 1920s. (JAMa.)
Pasatiempo Americano, 1970s. El equipo de los Tigres de Ponce sigue a las portadoras de las banderas nacionales. Los equipos de béisbol competían en partidos organizados por las ligas del deporte desde la década de 1920.

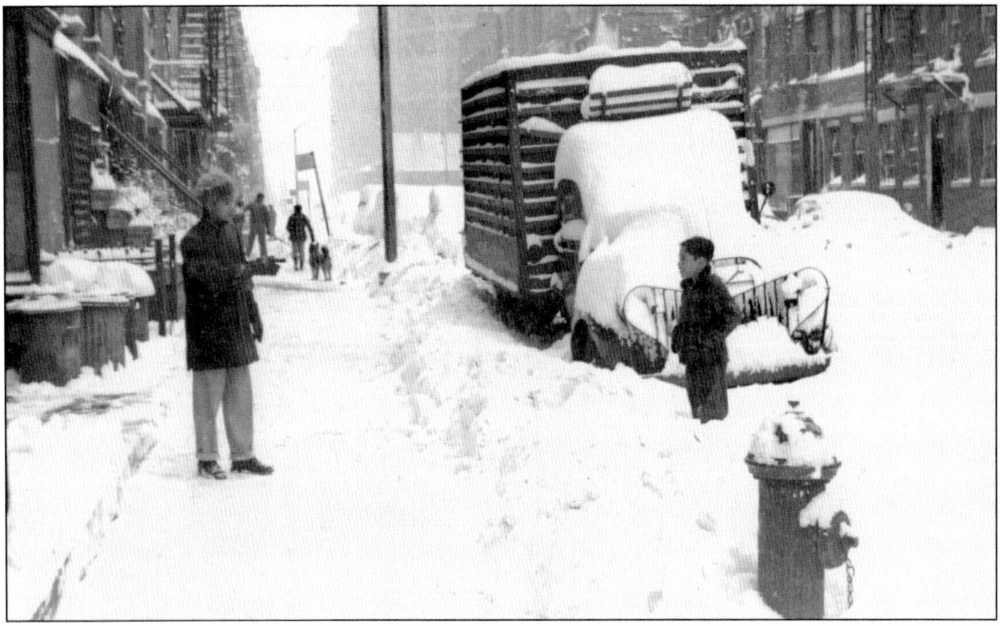

SNOWBOUND ON 111TH STREET, 1956. A boy is reprimanded, probably for throwing snowballs at 8:15 in the morning, during the city's surprise March snowfall. (PeAl.)
GUERRA DE BOLAS DE NIEVE EN LA CALLE 111, 1956. Un joven probablemente recibió un regaño por tirar bolas de nieves a las 8:15 de la mañana tras una nevada sorpresiva en el mes de marzo.

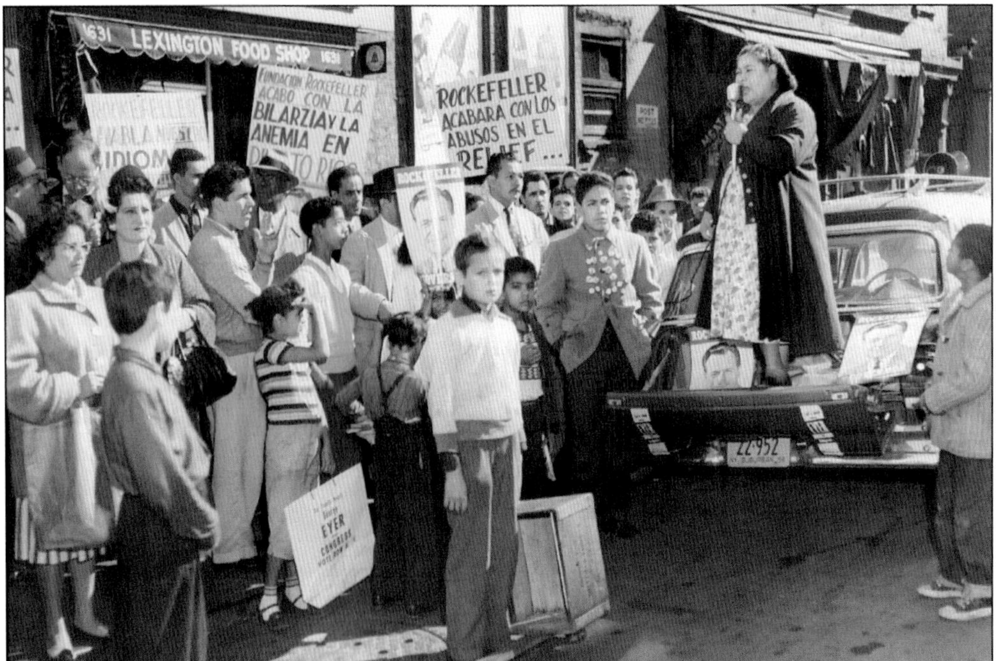

POLITICAL CAMPAIGNS, 1958. Laura Santiago, second from right, campaigns in support of New York gubernatorial candidate Nelson A. Rockefeller. (JAMa.)
CAMPAÑAS POLÍTICAS, 1958. Laura Santiago, segunda a la derecha en una campaña apoyando a Nelson Rockefeller como gobernador de Nueva York.

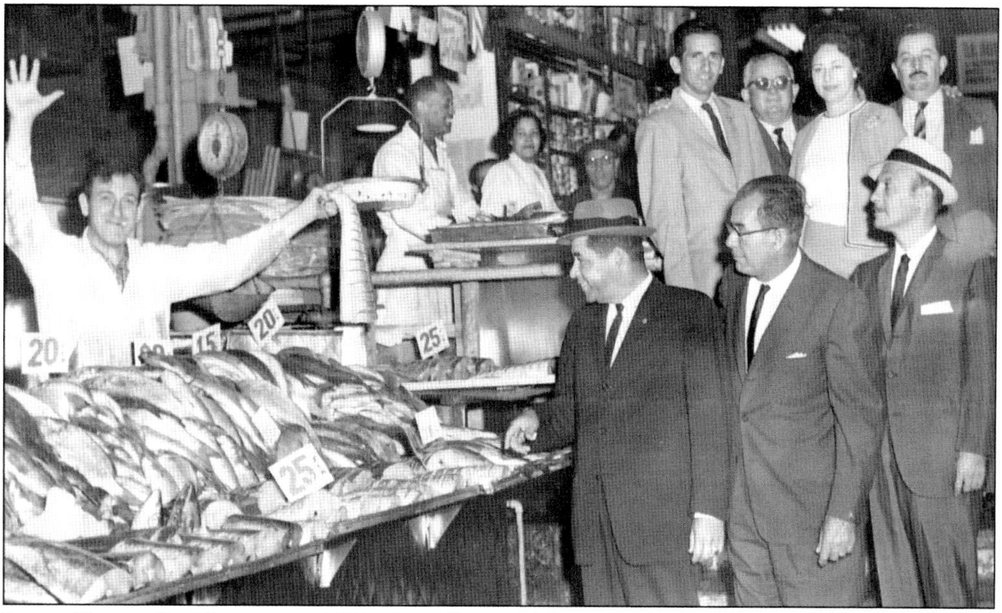

INSIDE VIEW OF LA MARQUETA, 1970S. Initially one of the city's oldest outdoor markets, La Marqueta sold Puerto Rican products and staples. Here a group tours the fresh fish section. (OGPRUS.)
VISTA DEL INTERIOR DE LA MARQUETA, 1970S. La Marqueta es uno de los mercados más antiguos de la ciudad que pronto se convirtió en fuente de los productos de consumo de la comunidad puertorriqueña. Aquí aprece un grupo visitando la sección de pescados.

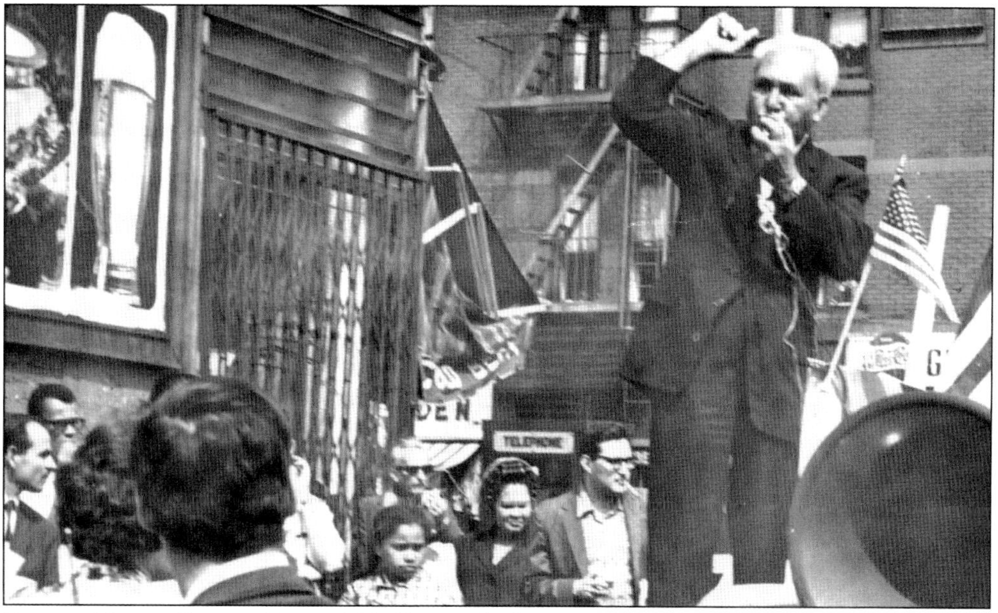

ERASMO VANDO SPEAKS OUT, 1964. Known for his writing and stage productions, Vando also engaged in politics. Here he rallies the crowd on a street corner in El Barrio. (The Erasmo Vando Papers [ErVa].)
ERASMO VANDO SE MANIFIESTA, 1964. Vando era un escritor y productor de teatro que también estuvo activo en la política. Aquí aparece en un momento en que exhortaba a la multitud en una esquina de El Barrio.

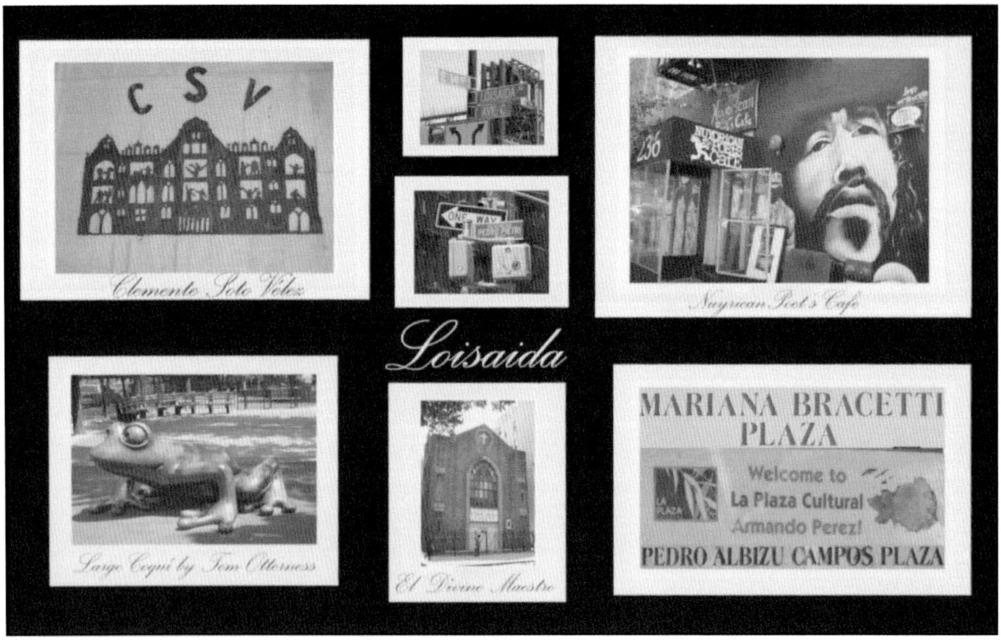

SCENES FROM THE LOWER EAST SIDE (LOISAIDA). A composite of views from the Lower East Side illustrates some sites specifically Puerto Rican. Loisaida is the accepted Puerto Rican name for the neighborhood. (PJHc; photograph by ECO.)

ESCENAS DEL LOWER EAST SIDE (LOISAIDA). Esta composición de vistas ilustra específicamente locales puertorriqueños del Lower East Side. Loisaida es el nombre que los puertorriqueños le han dado fonéticamente al vecindario.

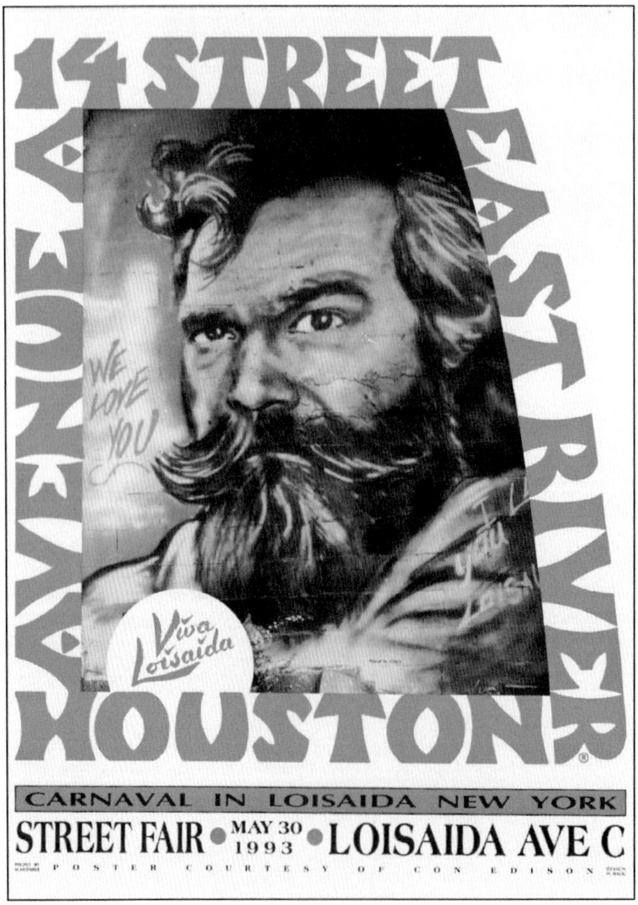

VIVA LOISAIDA, WE LOVE YOU, 1993. Loisaida is the name given to the Latino Lower East Side. The poster calls attention to a street carnival. (The Marlis Momber Photograph Collection [MMomber].)

VIVA LOISAIDA, TE AMO, 1993. Loisaida es el nombre del Lower East Side Latino. El cartel es un anuncio de la celebración de una feria de la calle.

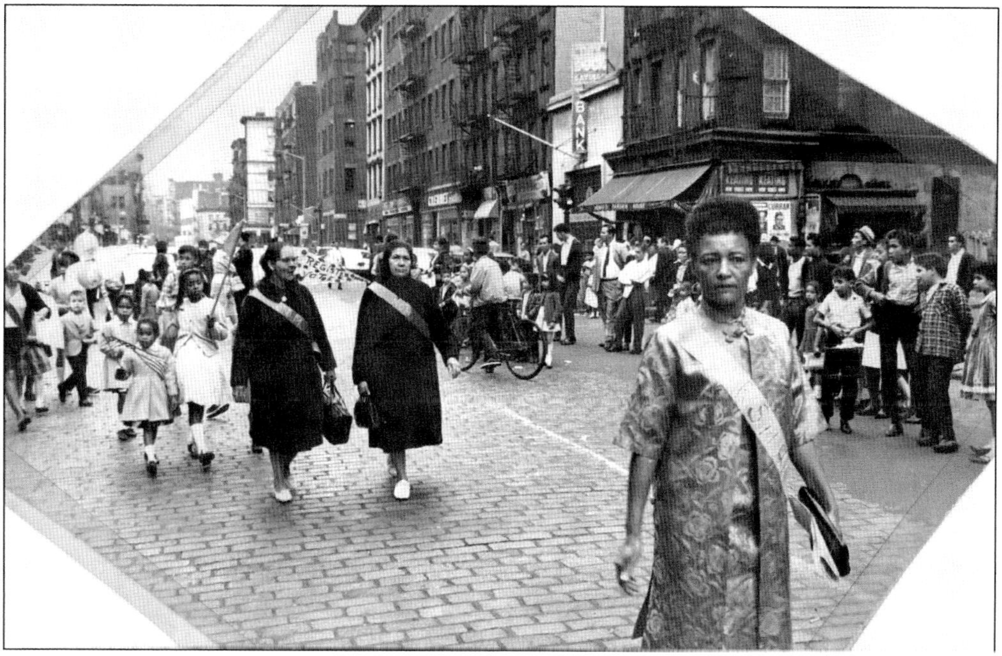

Mothers Mobilize a March, 1970s. Led by the community organizer Petra Santiago, women and children take to the streets in a show of solidarity. (The Petra Santiago Papers [PeSa.])
Movilización de Madres en desfile, 1970s. Petra Santiago, dirigente de la comunidad, encabeza el grupo de mujeres y niños en acto de solidaridad pública.

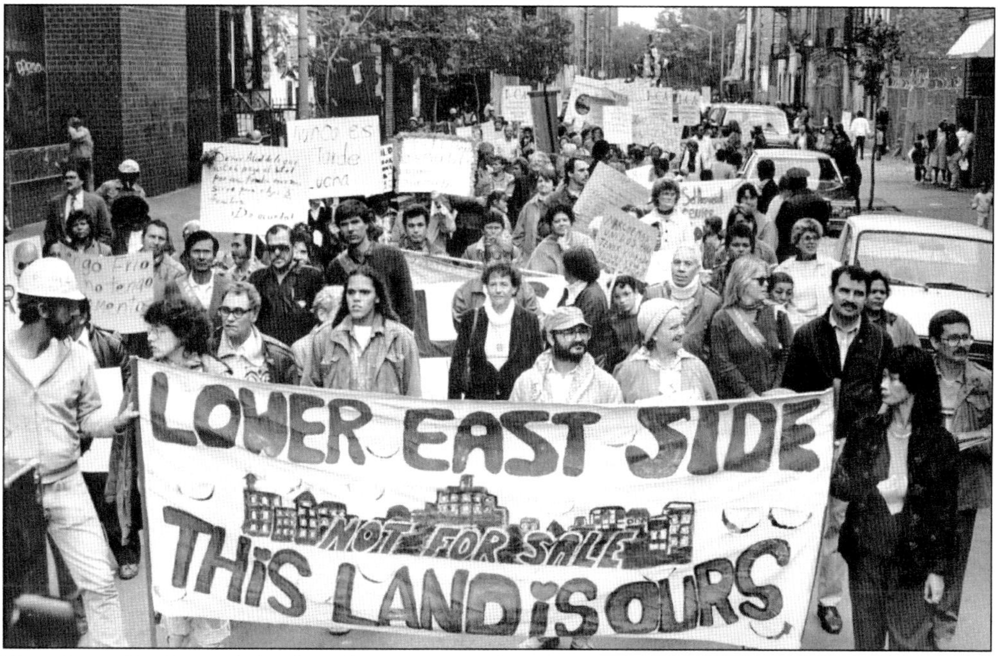

This Land Is Ours—Not For Sale, 1990s. A massive protest march in the Lower East Side calls attention to the gentrification of the region. (MMomber.)
Esta Tierra es nuestra, No está a la venta, 1990s. Una protesta masiva en el Lower East Side contra el proceso de desplazamiento de la comunidad.

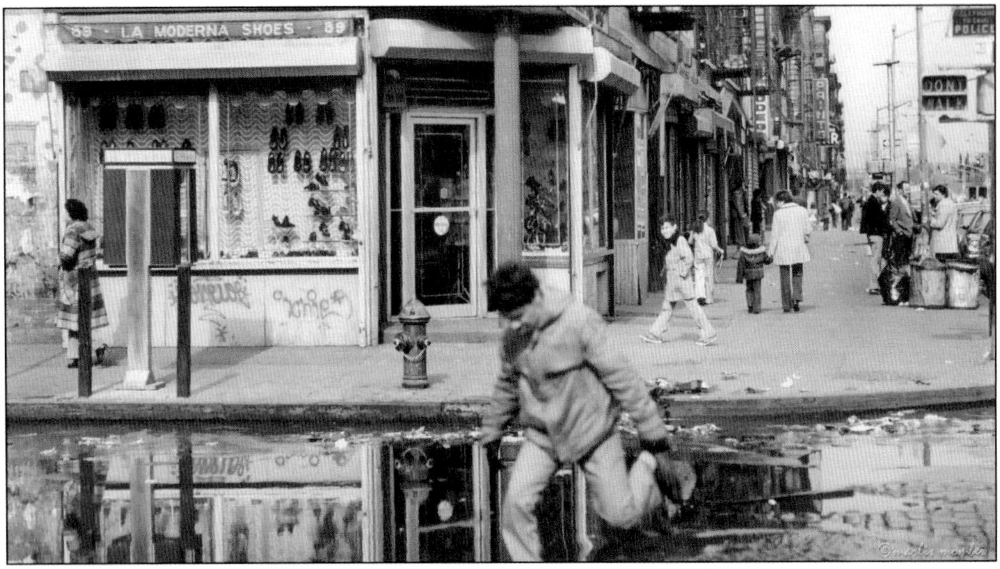

Rain-Filled Street in the Lower East Side, 1976. The corner of East Sixth Street and Avenue C poses no problems for a young man trying to avoid a puddle. (MMomber.)

Charco en una calle del Lower East Side, 1976. Un joren trata de evadir sin dificultad el charco de agua en la esquina de la calle Seis y la avenida C.

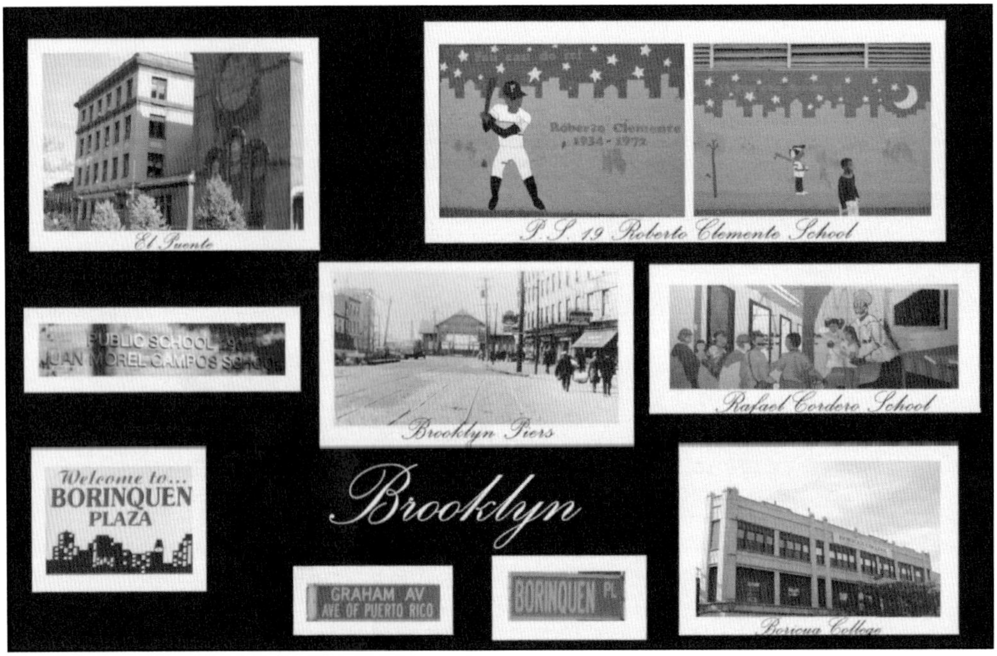

Scenes from Brooklyn. The Brooklyn piers, where steamships from Puerto Rico often disembarked, made the borough an ideal location for the early settlements. The views show specific Puerto Rican sites. (PJHc; photograph by ECO.)

Escenas de Brooklyn. Los muelles de Brooklyn uno de los primeros lugares donde atracaban los barcos de vapor provenientes de Puerto Rico se convirtió en una de las primeras comunidades puertorriqueñas en ese condado. Las vistas sirven de evidencia de la presencia puertorriqueña en el condado.

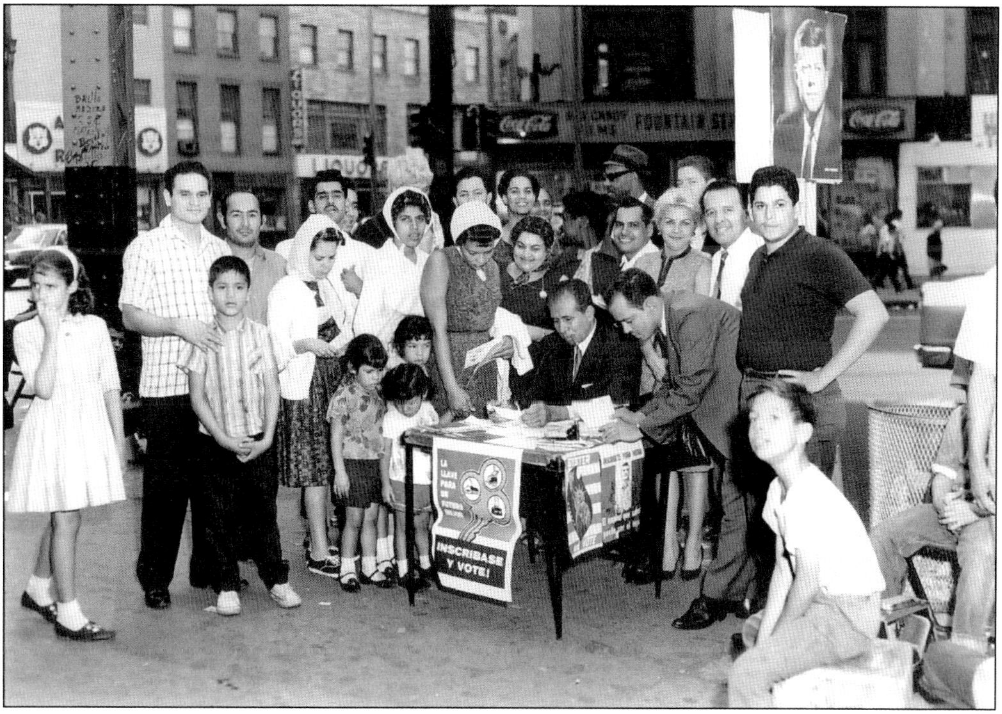

VOTER REGISTRATION DRIVES, 1960. Iván Vice registers voters in Williamsburg. (JAMa.)
CAMPAÑA DE INSCRIPCIÓN DE VOTANTES/ELECTORES, 1960. Iván Vice inscribe a votantes en la comunidad de Williamsburg.

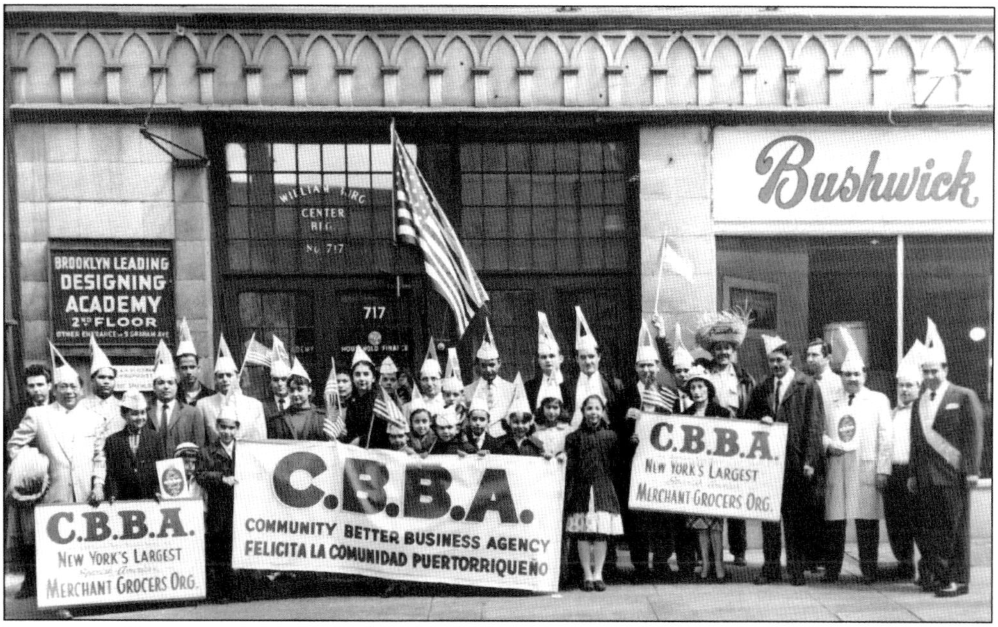

BUSHWICK, BROOKLYN, C. 1960. The Merchant Grocer's Association honors the Puerto Rican community in Bushwick. (JAMa.)
BUSCHWICK, BROOKLYN, C. 1960. La Asociación de comerciantes de comestibles felicita a la comunidad puertorriqueña de Buschwick.

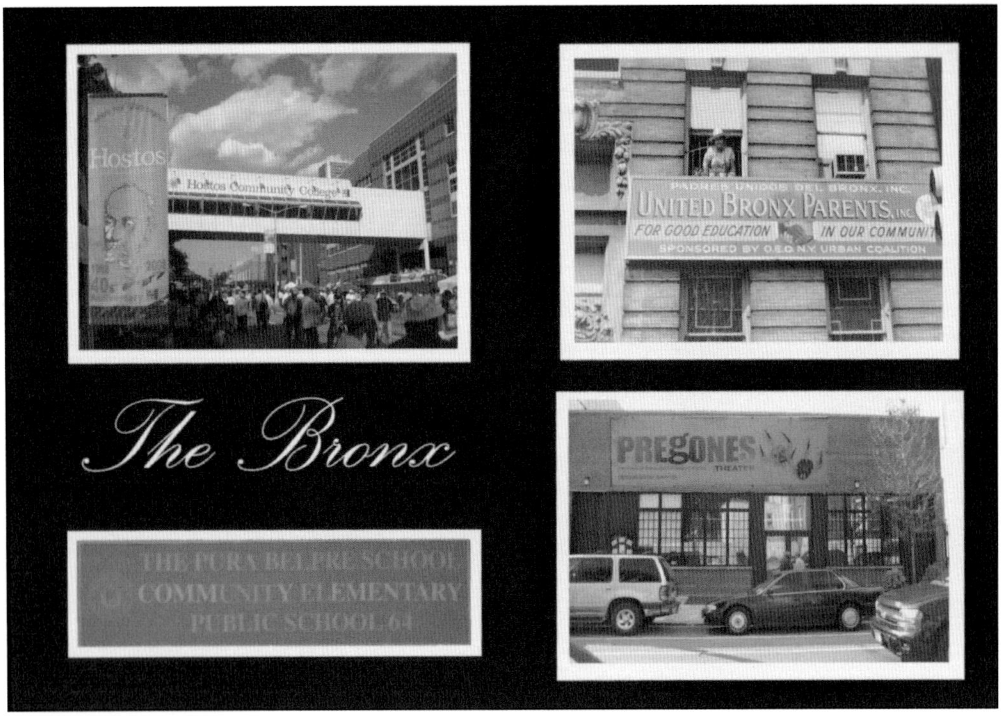

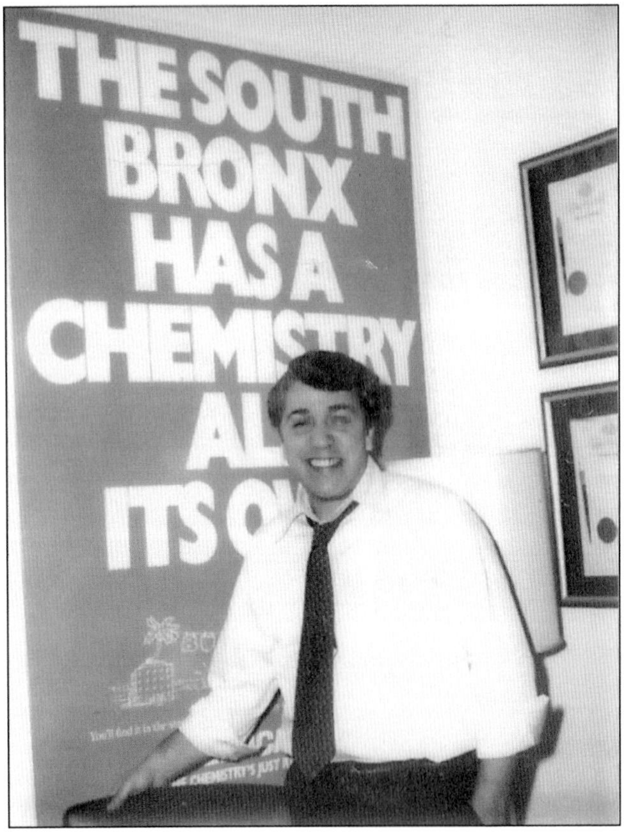

Scenes From the Bronx. The borough with the largest Puerto Rican population today has been a choice destination for Puerto Ricans since the 1930s. (PJHc; photograph by ECO.)
Escenas del Bronx. El condado con la mayor aglomeración de puertorriqueños ha sido uno de los principales destinos para los puertorriqueños desde los 1930s.

Congressman Robert García in the Bronx Office, 1980s. A young Robert García appears jubilant in his South Bronx office. The congressman represented his district from 1978 to 1990. (The Robert García Papers [RoGa].)
El Congresista Robert García en su oficina del Bronx, 1980s. Robert García, de joven, aparece jubilante en su oficina del Sur del Bronx. El congresista representó a su distrito desde 1978 hasta 1990.

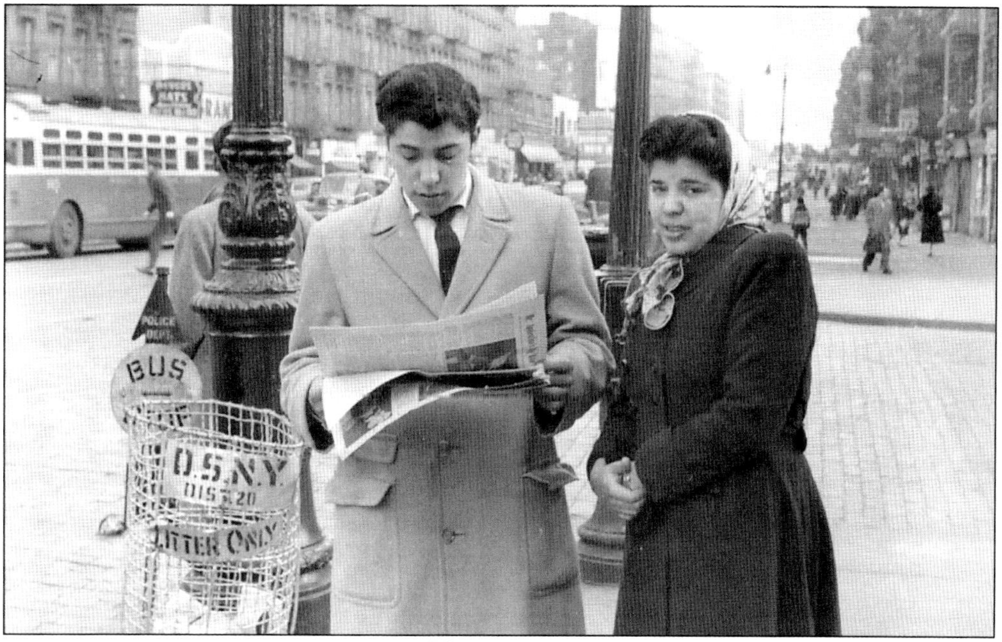

Congressman Robert García and an Unidentified Woman on a Bronx Street Corner, 1950s. The congressman spent his formative years in the Bronx. Here he reads a newspaper on a typical Bronx street corner. (RoGa.)

El Congresista Robert García aparece con una mujer no identificada en una esquina de una calle del Bronx, 1950s. El congresista se crió en el Bronx y aquí aparece mientras leía el periódico en una esquina de una calle del condado.

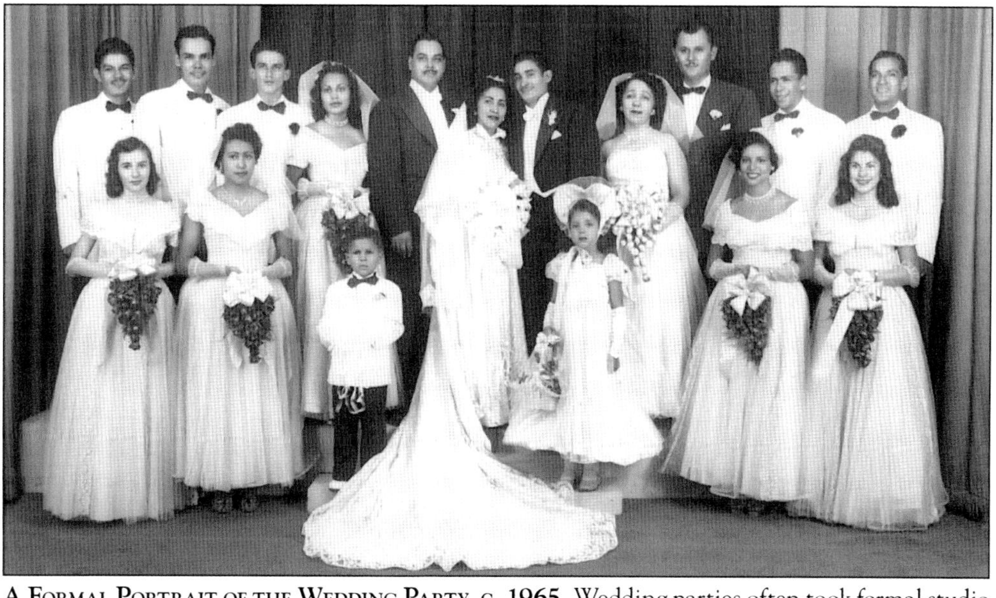

A Formal Portrait of the Wedding Party, c. 1965. Wedding parties often took formal studio photographs, although the wedding reception could be held in the home. (The Jaime Haslip Peña Collection; courtesy Gabriel Haslip Viera [JaHP].)

Fotografía oficial de una boda, c. 1965. Era usual que los recién casados y su séquito se tomaran una foto en un estudio de fotografía antes de celebrar la ceremonia en su hogar.

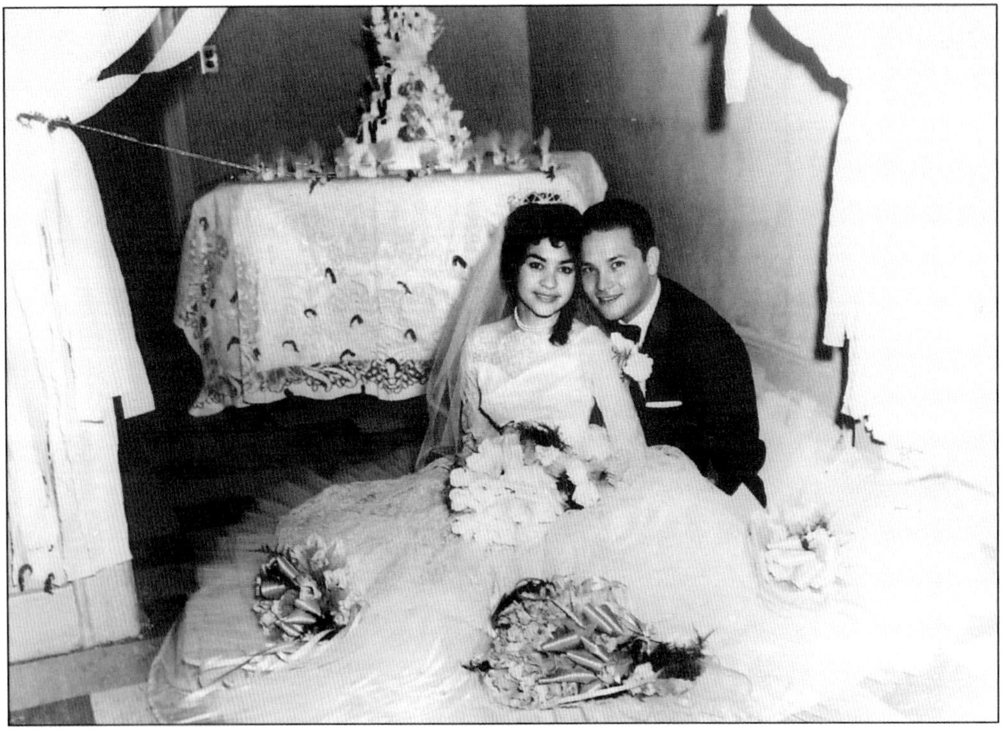

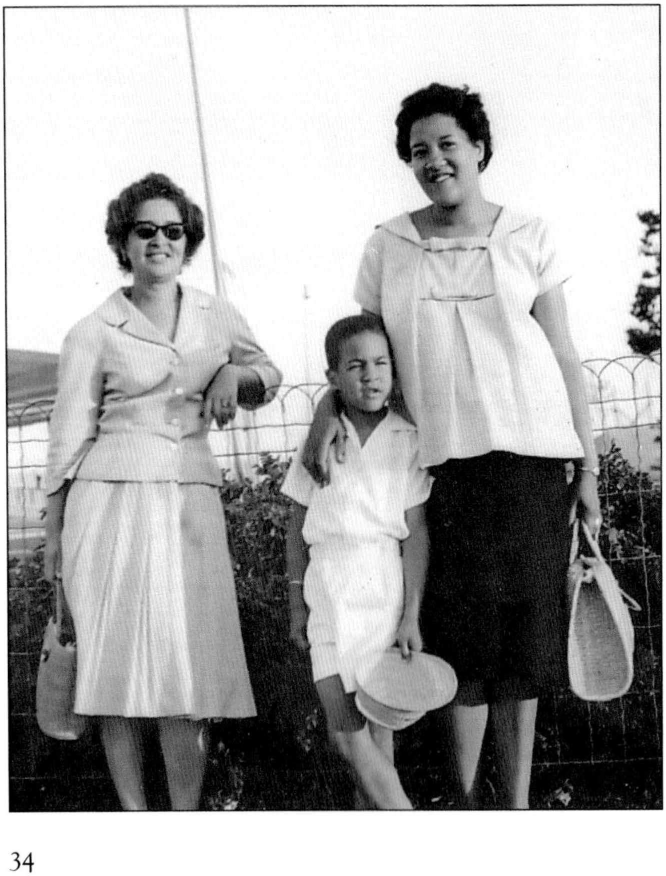

A Home Wedding, c. 1965. Bride and groom are surrounded by the bridesmaids' bouquets. (JAMa.)
Una boda en la casa, c. 1965. Los novios aparecen adornados con los ramos de flores de las damas de la boda.

A Pleasant Day in the Park, 1960. From left to right, librarian Lillian López, nephew Antonio, and sister Elba Mondesire enjoy a sunny day in the park. (LiLo.)
Un día agradable en el parque, 1960. De izquierda a derecha la bibliotecaria Lillian López y su hermana Elba y sobrino Antonio Mondesire disfrutan de un día soleado en el parque.

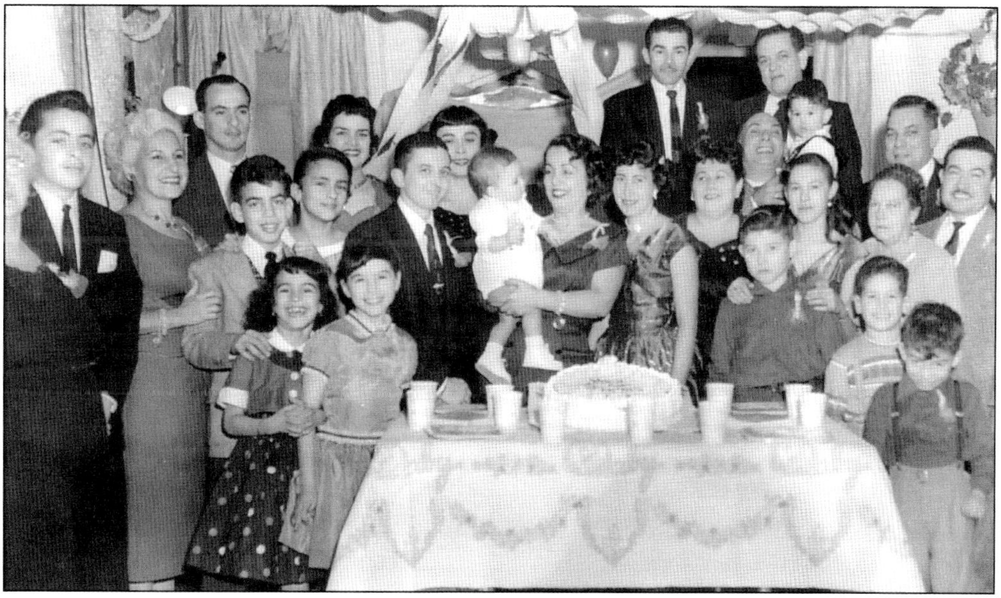

Celebrating a Child's Baptism, c. 1965. Family friends including the child's parents and godparents celebrate the baptism. Note favors pinned on the guests' left shoulder, a remembrance of the event. (JAMa.)

Celebrando el bautismo de un niño, c. 1965. Amigos de la familia, los padrinos y los padres del niño celebran su bautismo. Se acostumbraba a usar capias como recordatorio de la celebración que los invitados lucían en su hombro izquierdo.

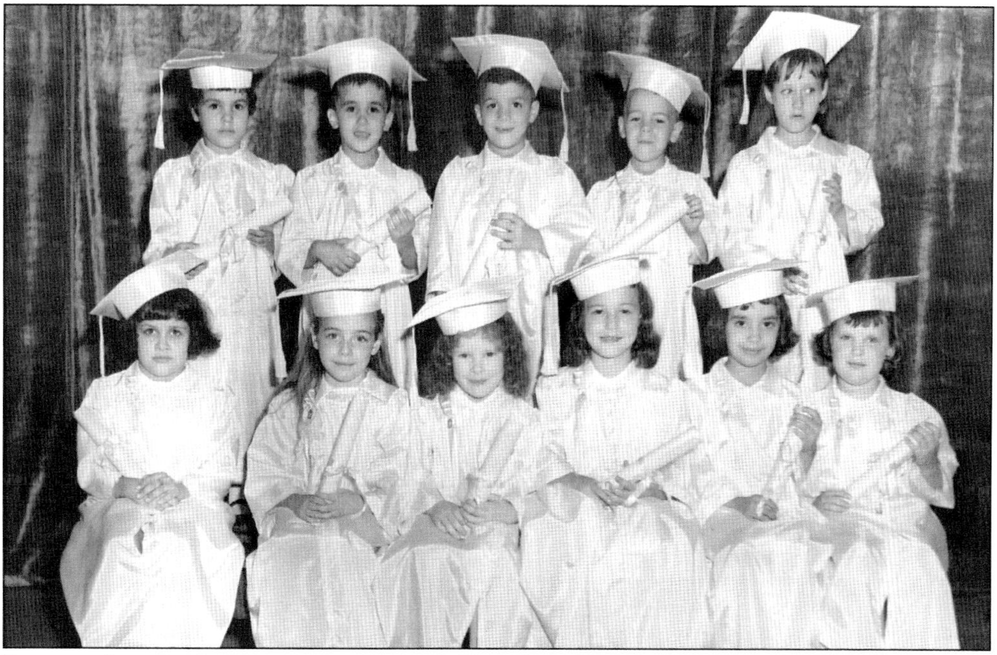

Primary School Graduation, 1958. Children don their gowns and caps for a primary-grade graduation. (JAMa.)

Graduación de escuela elemental, 1958. Los niños están luciendo sus togas y birretes de graduación del primer grado.

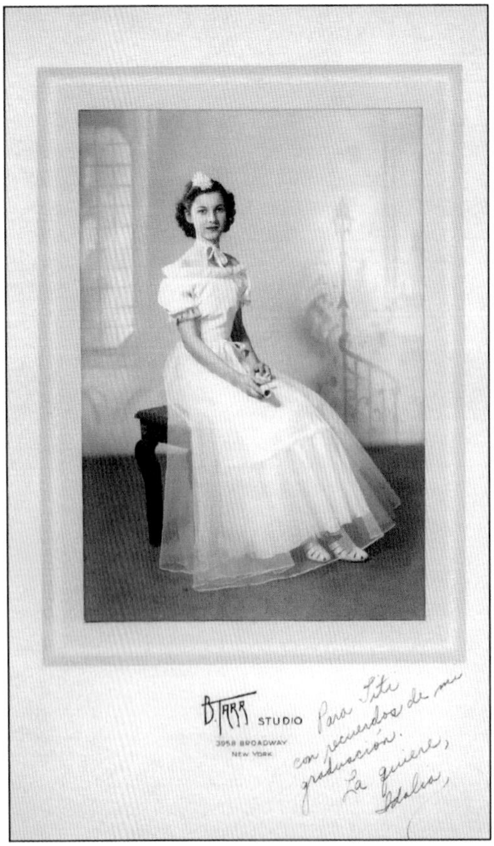

A Young Woman's Graduation, 1950s. Diaspora children were often the first to graduate from high school in the family. Idalia inscribes this photograph to her aunt in remembrance of an important occasion. (The Clara Restrepo Collection [ClRe].) **La graduación de una señorita, 1950s.** Con frecuencia los niños de la diáspora fueron los primeros de la familia en graduarse de la escuela superior. Idalia dedicó esta fotografía a su tía como recordatorio de esta tan especial ocasión.

An Antonetty Graduation, 1980s. Standing in front of St. Anselm's Church in the South Bronx, the Evelina Antonetty family celebrates Stacy and Jared Antonetty's graduation. Their aunt Lillian appears in the background. (LiLo.) **Graduación de los Antonetty, 1980s.** La familia de Evelina Antonetty celebrando la graduación de Stacy y Jared aparecen frente a la iglesia de San Anselmo en el Sur del Bronx. Entre los miembros de su familia en el centro de la fotografía se encuentia su tía Lillian.

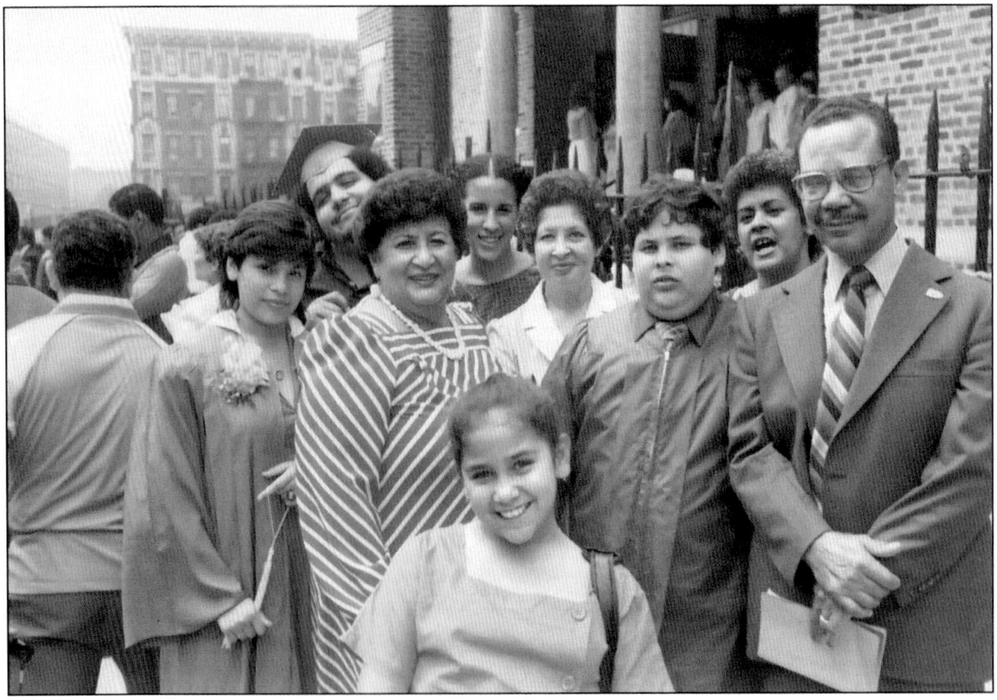

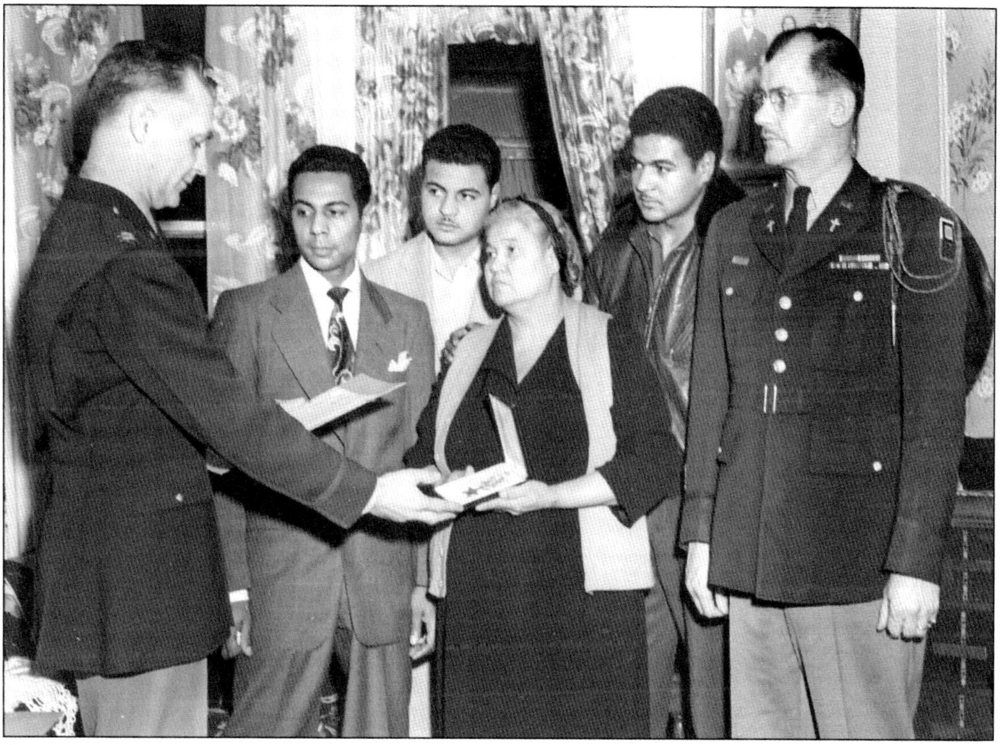

A Mother Receives a Bronze Medal, c. 1965. Religious institutions and a large supportive family network served to cushion tragic events such as the loss of loved ones. (JAMa.)
Madre recibe la Medalla de Bronce, c. 1965. Las instituciones religiosas y el círculo de familiares y amistades ayudan a mitigar la pérdida de los seres queridos caídos durante la Guerra.

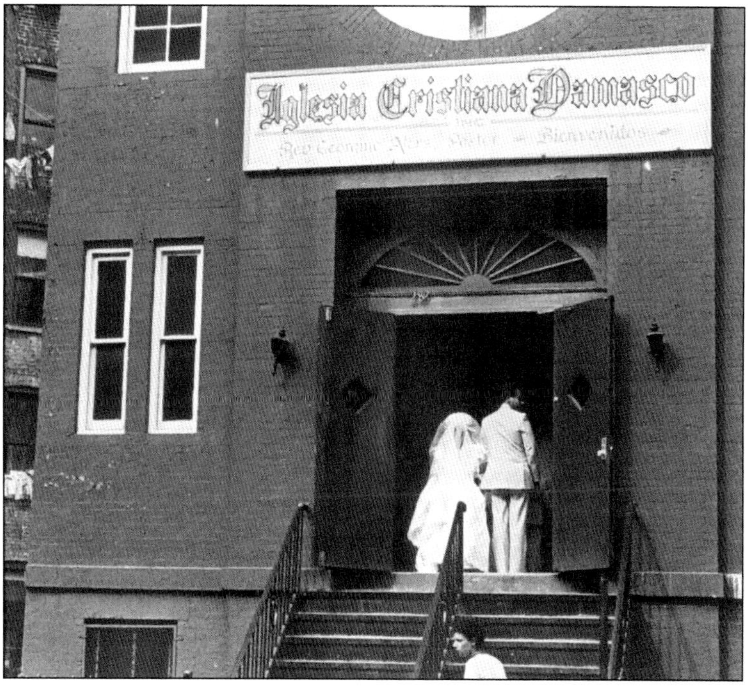

Iglesia Cristiana Damascus, c. 1980. Christian and Pentecostal churches played key roles in the community. Here a couple enters the church for their wedding. (MMomber)
Iglesia Cristiana Damasco, c. 1980. Las iglesias cristianas y pentecostales tenían una presencia muy importante en la comunidad. La pareja de novios haciendo su entrada al templo.

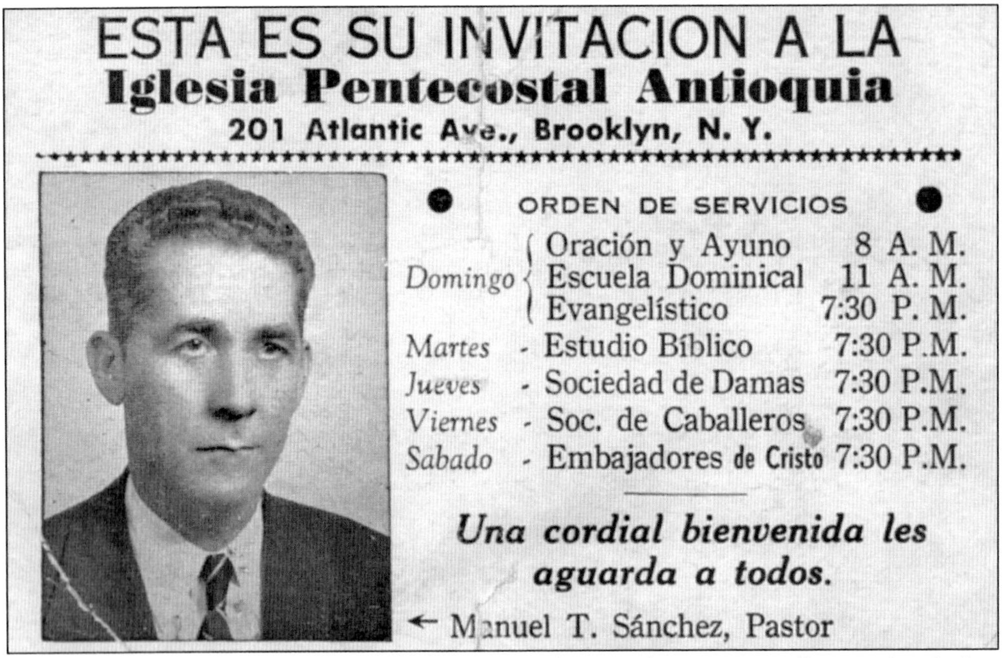

An Invitation to Services, c. 1955. Pastor Manuel T. Sánchez issues a calling card with days and hours for services at Iglesia Pentecostal Antioquia on Brooklyn's Atlantic Avenue. (The Manuel Sánchez Collection; courtesy Carmen Sánchez [MaSa].)

Una tarjeta de invitación, c. 1955. Tarjeta de presentación del Ministro Pentecostal Manuel T. Sánchez incluye el itinerario de los servicios religiosos en la Iglesia Pentecostal Antioquía en la Avenida Atlantic en Brooklyn.

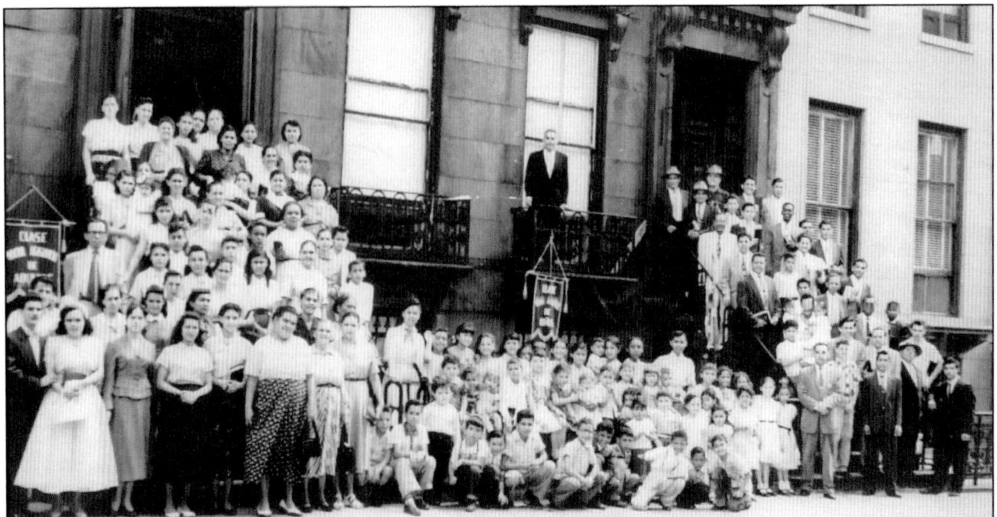

Iglesia Antioquia, 1953. Parishioners of the Iglesia Antioquia fill the steps and sidewalk between two buildings. The large number of children indicates the importance of a religious upbringing to this community. (MaSa)

Iglesia Antioquia, 1953. Los feligreses de la Iglesia Antioquía posan frente a las escalinatas y las aceras de su templo. La asistencia a los servicios religiosos era parte de la crianza de los niños.

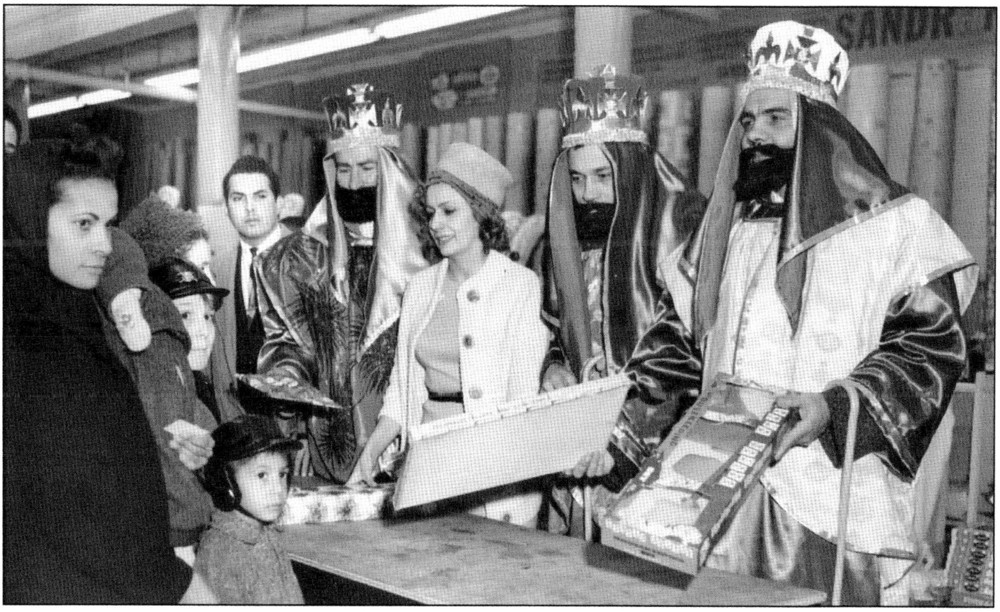

CELEBRATING THE THREE KINGS, 1970S. The community leader and businesswoman Celia Acosta Vice is flanked by the Three Kings bringing gifts, a traditional holiday celebrated by Puerto Ricans. (JAMa.)

CELEBRANDO EL DÍA DE LOS TRES REYES MAGOS, 1970S. La dirigente comunitaria y comerciante Celia Acosta Vice junto con los tres Reyes Magos distribuyen regalos a los niños en esta tradicional fiesta religiosa para los puertorriqueños.

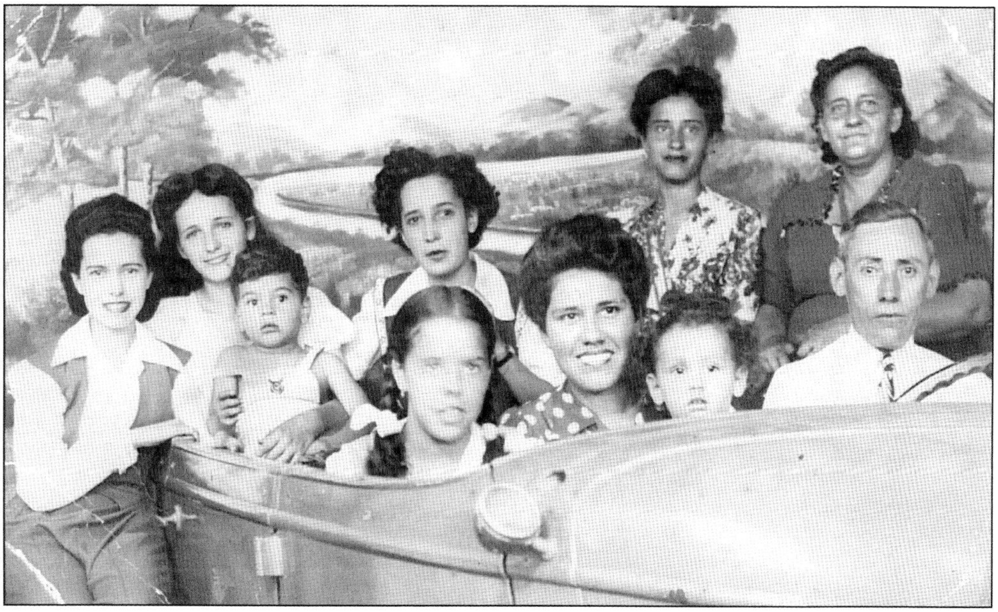

SUMMER TIME LEISURE ACTIVITIES, 1950S. Family and friends pose for a picture inside an amusement park prop car. Antonia Pantoja sits to the right of the child wearing the sun suit and peers into the camera. (The Antonia Pantoja Papers [AnPa].)

VERANO DE OCIO, 1950S. Los familiares y los amigos posan en el parque de diversiones en un carro de época. Antonia Pantoja aparece sentada a la derecha del niño y mirando a la cámara.

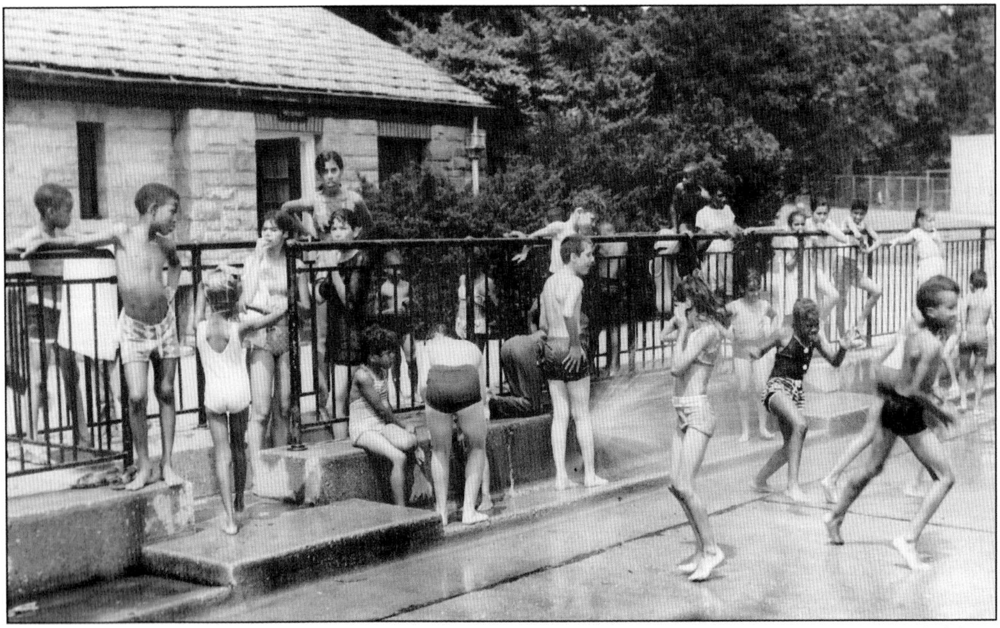

Summer in the City, 1960s. Confined to the sweltering heat of tenement apartments, children find fun and respite in the city's parks, which provided sprinklers and wading pools. (JAMa.)
Verano en la ciudad, 1960s. Los parques, las bombas de agua y las piscinas públicas proveían un momento de alegría y esparcimiento del calor agobiante que abatían los apartamentos de su vecindad.

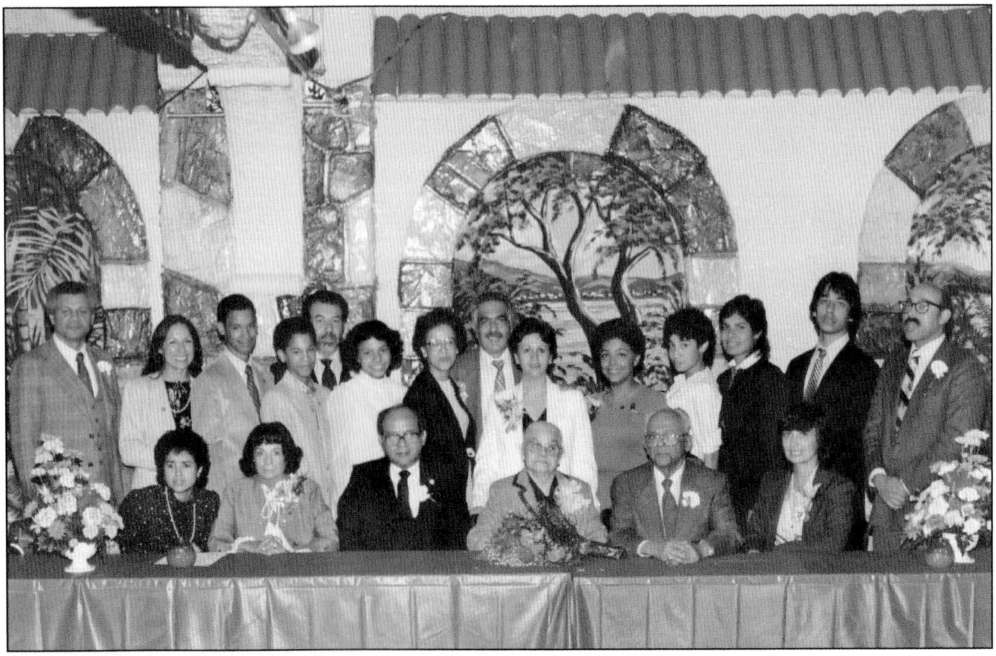

Torres Family is Chosen "Exemplary Family of the Year," 1983. The Puerto Rican Day Parade honors Felipe N. Torres and his family. (The Frank Torres Papers [FrTo].)
La familia Torres fue seleccionada la familia ejemplar del año, 1983. Felipe N. Torres y su familia fueron reconocidos como pionero y familia del año durante el Desfile Puertorriqueño.

Three
Tres

Managing Migration, Citizenship, and Work

Manejo de la migración, ciudadanía y el trabajo

The Migration Division of the Department of Labor of Puerto Rico opened its office in New York City in 1948. Its mission was to mediate between the island and the New York Puerto Rican community, assuage the adjustment experience of new arrivals, and generally inform them about jobs, housing, and other critical concerns. The division monitored seasonal contract workers, placing them in agricultural jobs throughout the Northeast and the Midwest. An intricate bureaucratic layer guaranteed that Puerto Ricans coming to the United States were indeed American citizens. Employed in a variety of occupations, Puerto Ricans soon formed representative organizations, joined unions, and united in protest against sub-standard wages and conditions in the workplace and in solidarity with other groups.

La División de Migración del Departamento del Trabajo de Puerto Rico abrió sus oficinas en la ciudad de Nueva York en 1948. Su misión era mediar entre las comunidades de la Isla y en Nueva York, aliviar la experiencia de adaptación de los recién llegados y en general informarles sobre oportunidades de empleo, viviendas y otros aspectos críticos para ellos. La División controlaba la contratación de los trabajadores de temporada ayudándoles a conseguir empleos agrícolas en la región del Noreste y del Medio-oeste del país. La compleja burocracia garantizaba que los migrantes puertorriqueños ciertamente eran ciudadanos norteamericanos. Empleados en diversas ocupaciones, los puertorriqueños pronto crearon sus organizaciones para representarlos, se unieron a los gremios laborales y se unieron en solidaridad con otros grupos en la lucha contra los bajos salarios y las malas condiciones de trabajo.

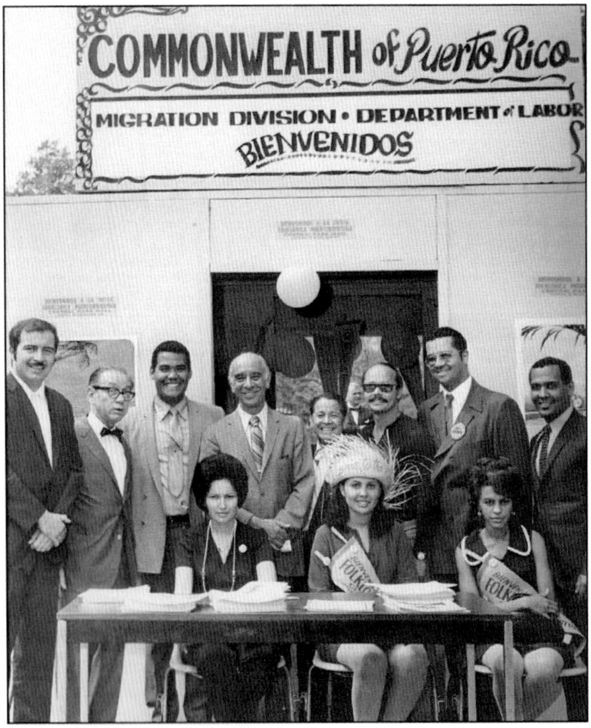

MIGRATION DIVISION DIRECTORS, 1970s. Clients are welcomed to the services of the Migration Division of the Commonwealth of Puerto Rico's Department of Labor. The young woman wears the *pava*, the traditional field worker's straw hat. (OGPRUS.)
LOS DIRECTORES DE LA DIVISIÓN DE MIGRACIÓN, 1970s. Funcionarios de la agencia dan la bienvenida y promueven los servicios de esta agencia del Departamento del Trabajo de Puerto Rico en la ciudad de Nueva York. Una de las anfitrionas luce la pava, el sombrero típico hecho de paja.

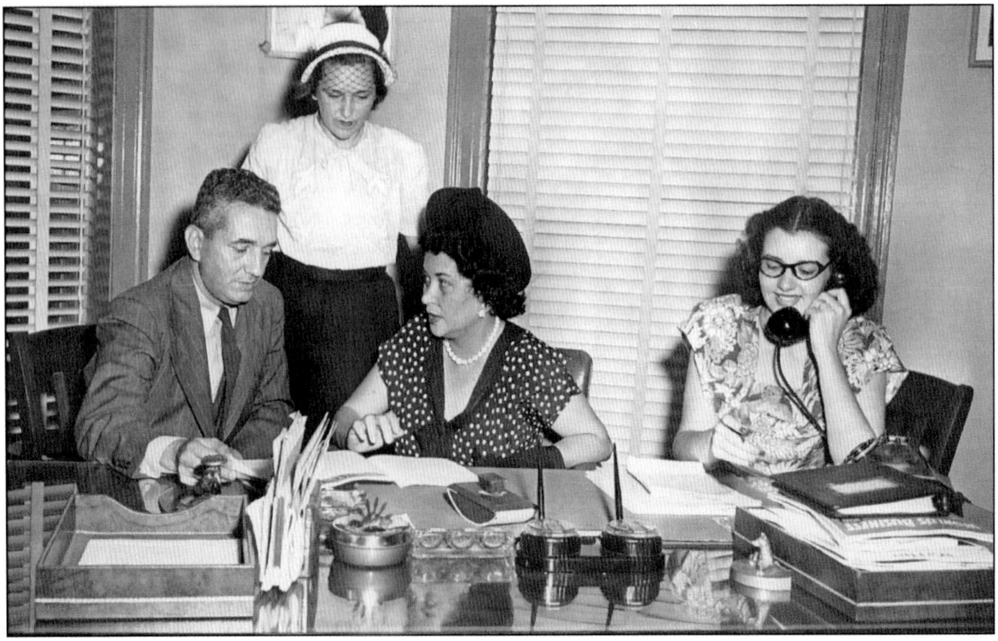

MIGRATION DIVISION'S FIRST DIRECTOR, 1948. Manuel Cabranes sits at the desk with the wife of the island's governor, Inés Mendoza de Muñoz (wearing the dark hat), and two assistants. (OGPRUS.)
EL PRIMER DIRECTOR DE LA DIVISIÓN DE MIGRACIÓN, 1948. Manuel Cabranes conversando con la primera dama de Puerto Rico, Inés Mendoza de Muñoz (luciendo un sombrero oscuro) y dos asistentes.

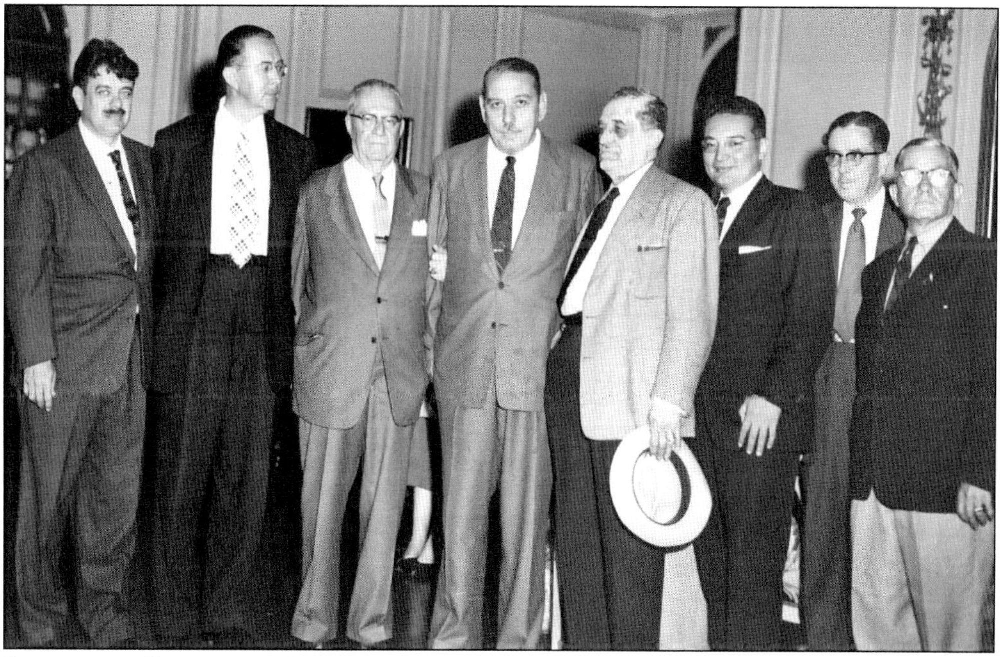

INFLUENTIAL GOVERNMENT LEADERS, 1950. Gov. Luis Muñoz Marín, fourth from left, meets with directors and other Migration Division officials. Director Clarence Senior, second from left, is among them. (OGPRUS.)
DIRIGENTES DE GOBIERNO, 1950. El gobernador Luis Muñoz Marín, cuarto a la izquierda, se reúne con el Director de la División Clarence Senior, segundo a la izquierda entre otros funcionarios.

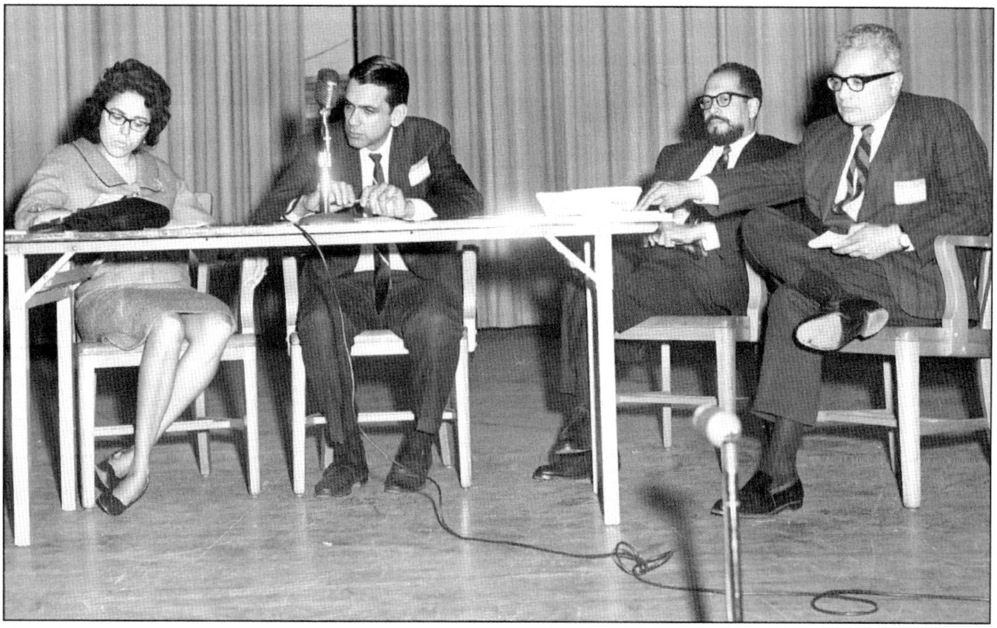

THE DIVISION'S THIRD DIRECTOR, 1960s. Seated at far right is Joseph Monserrat with other panelists, from left to right, Josephine Nieves, Frank Espada, and Dr. Frank Bonilla. (OGPRUS.)
EL TERCER DIRECTOR DE LA DIVISIÓN, 1960s. Joseph Monserrat, sentado a la derecha, junto a los otros panelistas, izquierda a derecha: Josephine Nieves, Frank Espada y Dr. Frank Bonilla.

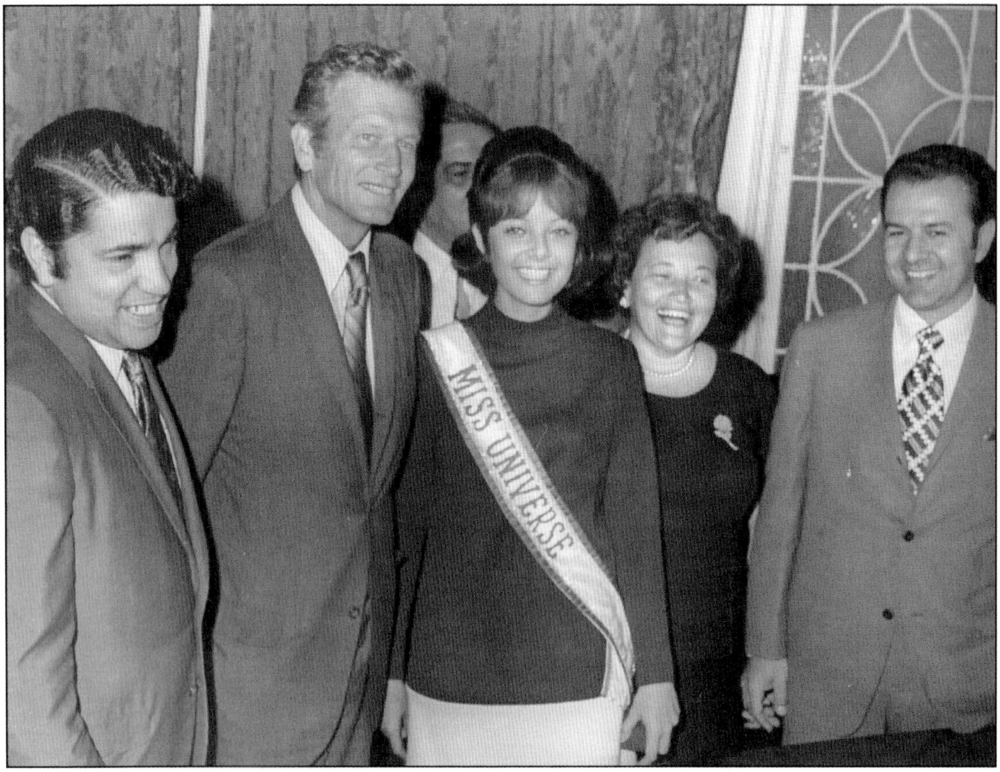

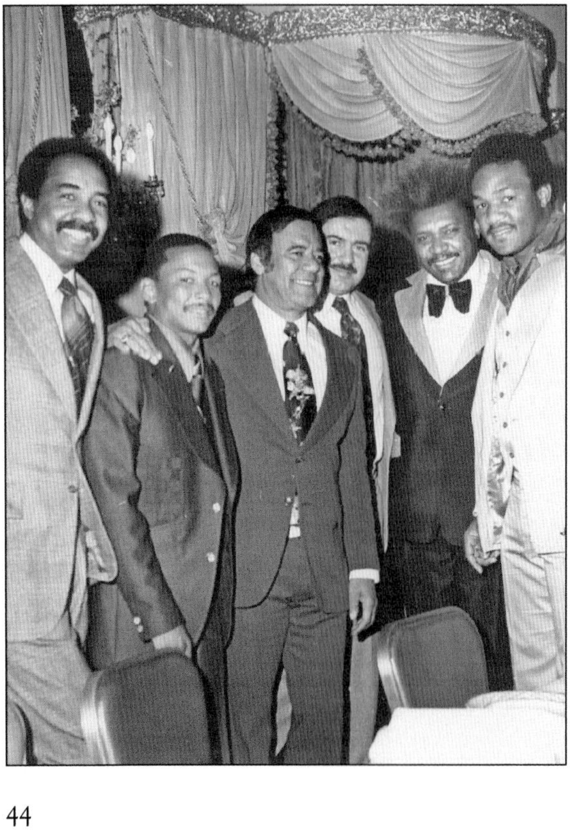

WELCOMING MISS UNIVERSE, 1970. Public relations are generated by Mayor John Lindsey, Manuel Casiano, Robert García, and Amalia Betanzos as they surround the first Puerto Rican Miss Universe, Marisol Malaret. (OGPRUS.)
SALUDO A LA SRTA. UNIVERSO, 1970. El alcalde de la Ciudad John Lindsey, el Director de la División Manuel Casiano, el Congresista Robert García y Amalia Betanzos felicitan a Marisol Malaret, la primera puertorriqueña coronada Srta. Universo.

GALA CELEBRATION, 1970S. Among the celebrities are Division director Bobby Capó, Esteban de Jesús, George Foreman, and Don King. (OGPRUS.)
CELEBRACIÓN DE GALA, 1970S. El Director de la División y compositor Bobby Capó comparte con los campeones de boxeo Esteban de Jesús y George Foreman y el promotor Don King.

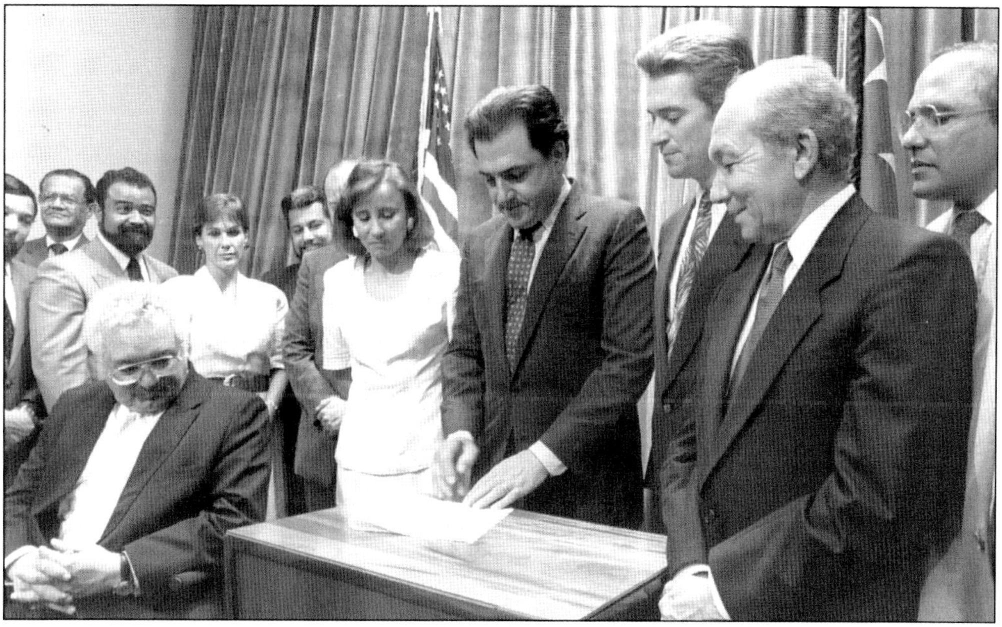

A HISTORIC EVENT, 1989. Signing the law that created the Department of Puerto Rican Community Affairs in the United States, replacing the Migration Division, are Gov. Rafael Hernández and Nydia Velázquez, its first director. (OGPRUS.)
UN ACONTECIMIENTO HISTÓRICO, 1989. El gobernador de Puerto Rico Rafael Hernández firmando la ley que creó el Departamento de Asuntos de la Comunidad en Estados Unidos que reemplazó a la División y que fue dirigido por Nydia Velázquez.

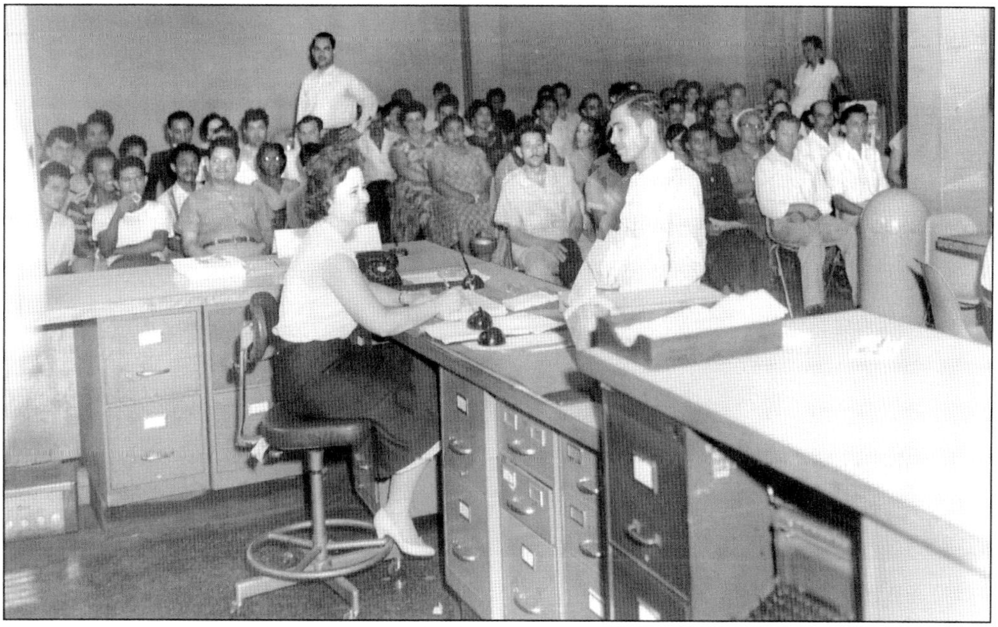

LOOKING FOR WORK, 1960S. Workers fill the waiting room at the Migration Division as they await information regarding jobs. (OGPRUS.)
BUSCANDO TRABAJO, 1960S. Los trabajadores en busca de oportunidades de empleo llenaban la oficina de la División de Migración.

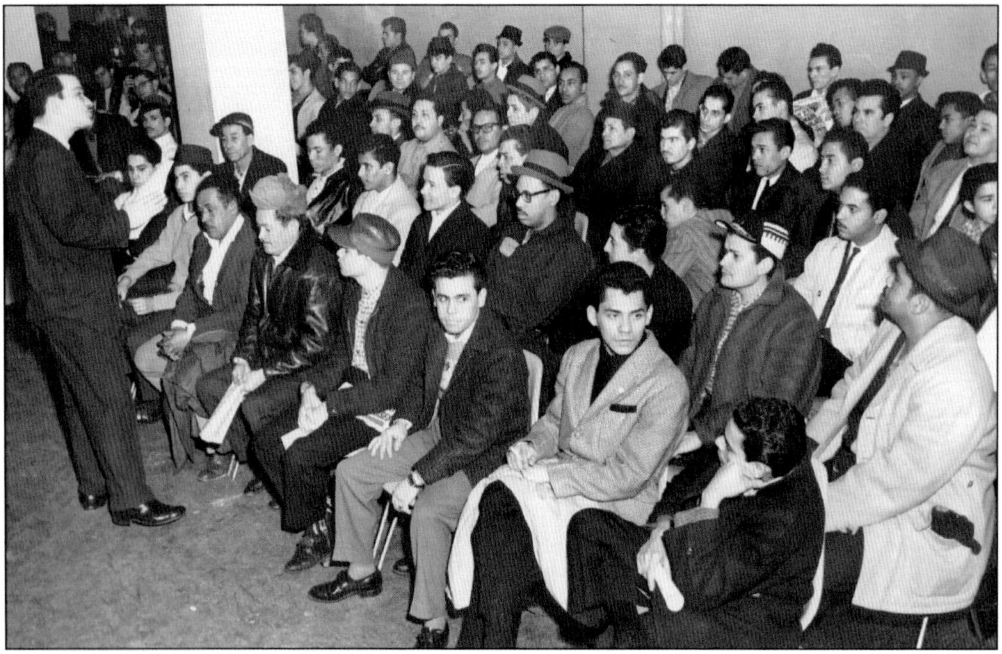

Information Station, 1960s. An official of the Migration Division provides valuable information for job seekers. (OGPRUS.)
Centro de información, 1960s. Un funcionario de la División ofrece ayuda valiosa para los que estaban buscando oportunidades de empleo.

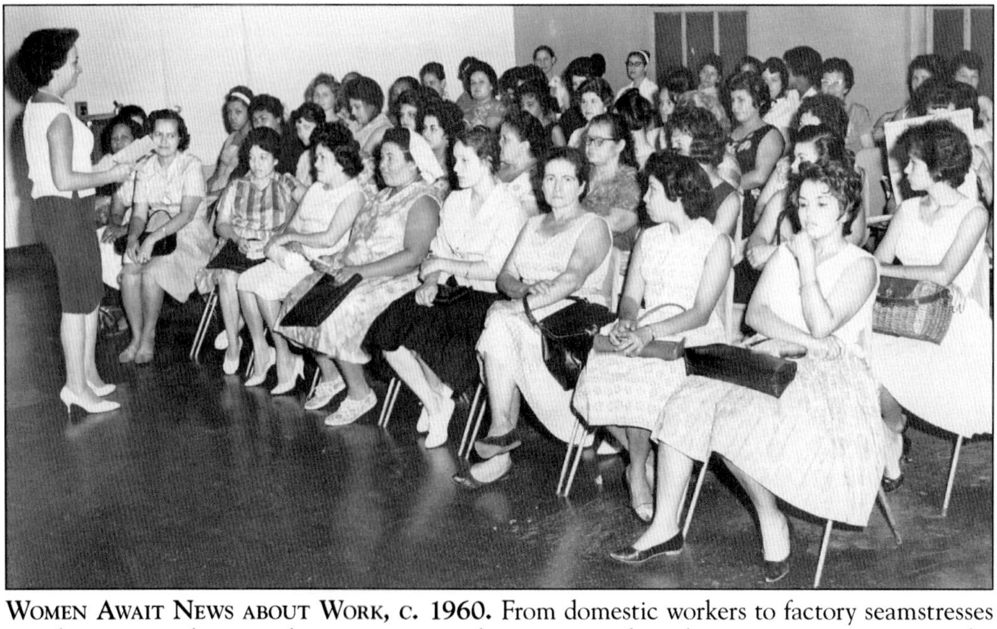

Women Await News about Work, c. 1960. From domestic workers to factory seamstresses or substitute auxiliary teachers, women sought a variety of employment opportunities at the Migration Division. (OGPRUS.)
Las mujeres aguardan por noticias de empleo, c. 1960. La División ayudaba a la identificación de empleos para mujeres, desde empleadas domésticas o de la manufactura y/o ayudantes de maestros.

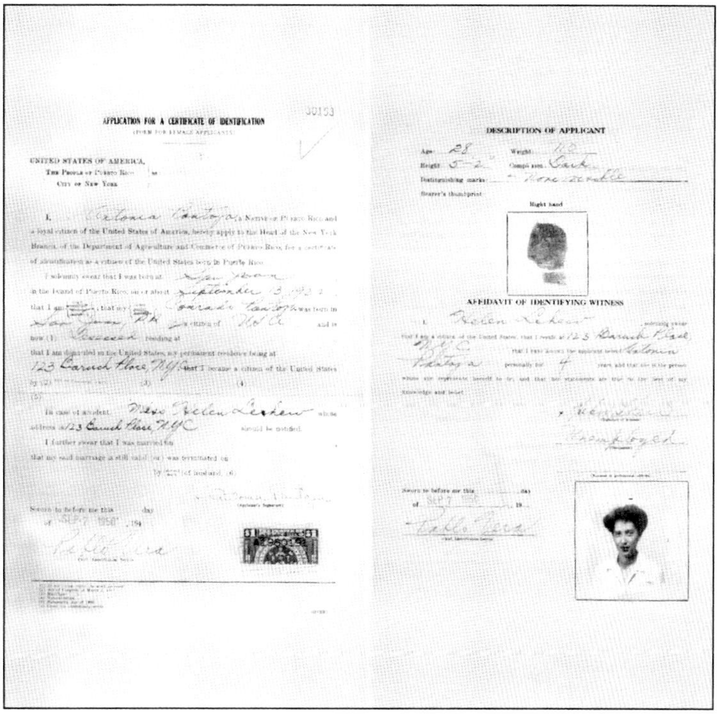
APPLICATION FOR A CERTIFICATE OF IDENTIFICATION

DESCRIPTION OF APPLICANT

AFFIDAVIT OF IDENTIFYING WITNESS

Antonia Pantoja's Identification Document, 1950. Voting also enabled social and political change. Pantoja's citizenship photograph and identifying characteristics are recorded along with the witness's affidavit. (OGPRUS.)

Tarjeta de identidad de Antonia Pantoja, 1950. La participación electoral promueve cambio social y político. Este documento provee informacion física, incluye una fotografía de la solicitante y provee el nombre de un testigo de la solicitante.

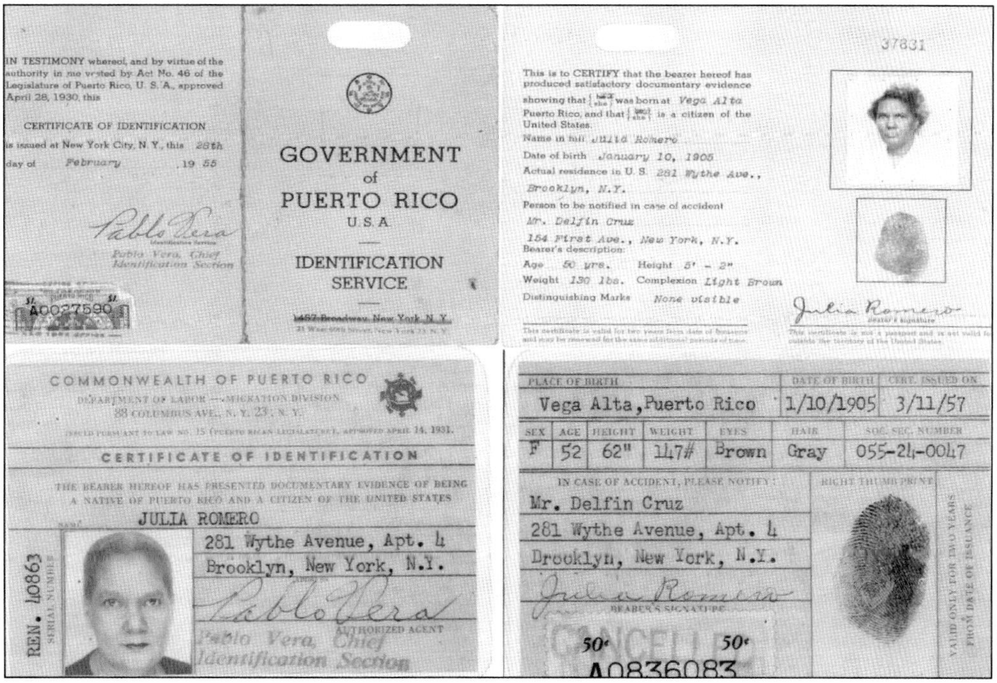
IN TESTIMONY whereof, and by virtue of the authority in me vested by Act No. 46 of the Legislature of Puerto Rico, U. S. A., approved April 28, 1930, this

CERTIFICATE OF IDENTIFICATION

is issued at New York City, N. Y., this 28th day of February, 19 55

Pablo Vera, Chief Identification Section

A0027590

GOVERNMENT of PUERTO RICO U.S.A.

IDENTIFICATION SERVICE

37631

This is to CERTIFY that the bearer hereof has produced satisfactory documentary evidence showing that she was born at Vega Alta Puerto Rico, and that she is a citizen of the United States.

Name in full Julia Romero

Date of birth January 10, 1905

Actual residence in U. S. 281 Wythe Ave., Brooklyn, N.Y.

Person to be notified in case of accident Mr. Delfin Cruz 154 First Ave., New York, N.Y.

Bearer's description:

Age 50 yrs. Height 5' - 2"

Weight 130 lbs. Complexion Light Brown

Distinguishing Marks None visible

Bearer's signature

COMMONWEALTH OF PUERTO RICO

CERTIFICATE OF IDENTIFICATION

THE BEARER HEREOF HAS PRESENTED DOCUMENTARY EVIDENCE OF BEING A NATIVE OF PUERTO RICO AND A CITIZEN OF THE UNITED STATES

JULIA ROMERO

281 Wythe Avenue, Apt. 4

Brooklyn, New York, N.Y.

REN. 40863

Pablo Vera, Chief Identification Section

AUTHORIZED AGENT

PLACE OF BIRTH	DATE OF BIRTH	CERT. ISSUED ON
Vega Alta, Puerto Rico	1/10/1905	3/11/57

SEX	AGE	HEIGHT	WEIGHT	EYES	HAIR	SOC. SEC. NUMBER
F	52	62"	147#	Brown	Gray	055-24-0047

IN CASE OF ACCIDENT, PLEASE NOTIFY:

Mr. Delfin Cruz

281 Wythe Avenue, Apt. 4

Brooklyn, New York, N.Y.

BEARER'S SIGNATURE

RIGHT THUMB PRINT

VALID ONLY FOR TWO YEARS FROM DATE OF ISSUANCE

50¢ 50¢

A0836083

Julia Romero's Identification Documents, 1955–1959. The Certificate of Identification states that Julia Romero of Vega Baja, Puerto Rico, is a citizen of the United States. (OGPRUS.)

Documentos de identidad de Julia Romero, 1955–1959. Los documentos de identidad de la solicitante que era oriunda de Vega Baja, Puerto Rico, confirman que ella era ciudadana norteamericana.

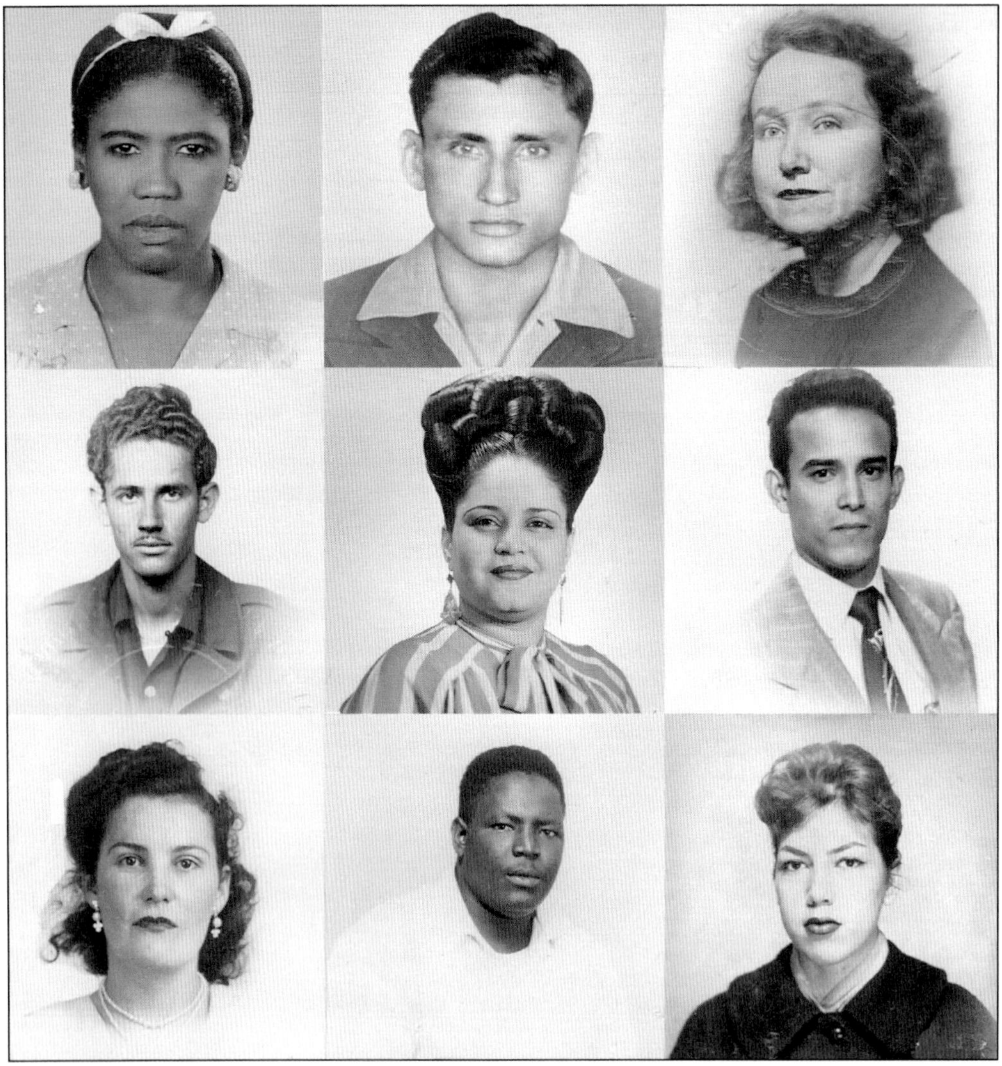

Identification Documents for Proof of Birth, 1948–1959. Pictured from left to right are (top row) Justina Rámos, Fernándo Medina, and Petra Victoria; (middle row) Pedro Mercado, Antonia Rodríguez, and Reinaldo Seguí; (bottom row) Alicia Martínez, Pilar Rámos, and María Andino. The composite of faces is taken from identification documents used to prove Puerto Rican birth and American citizenship. (OGPRUS.)

Fotografías de los solicitantes de documentos de identidad, 1948–1959. Los rostros de los solicitantes de este documento que avalaban que ellos eran oriundos de Puerto Rico y por ende ciudadanos norteamericanos (de izquierda a derecha de arriba hacia abajo): Justina Rámos, Fernándo Medina, Petra Victoria/Pedro Mercado, Antonia Rodríguez, Reinaldo Seguí/Alicia Martínez, Pilar Rámos, and María Andino.

WOMAN AT FACTORY SEWING MACHINE, 1960S. Skilled in the needle trades for generations, women found employment in the city's garment industry. These jobs declined during the 1970s with the shift from industry to technology. (OGPRUS.) **COSTURERA, 1960S.** Las mujeres con destrezas con la aguja de coser aprendidas de la generación anterior encontraron con facilidad trabajos en la industria de la costura. Estos trabajos mermaron en la década de los setenta con la transición del trabajo manufacturero a la tecnología.

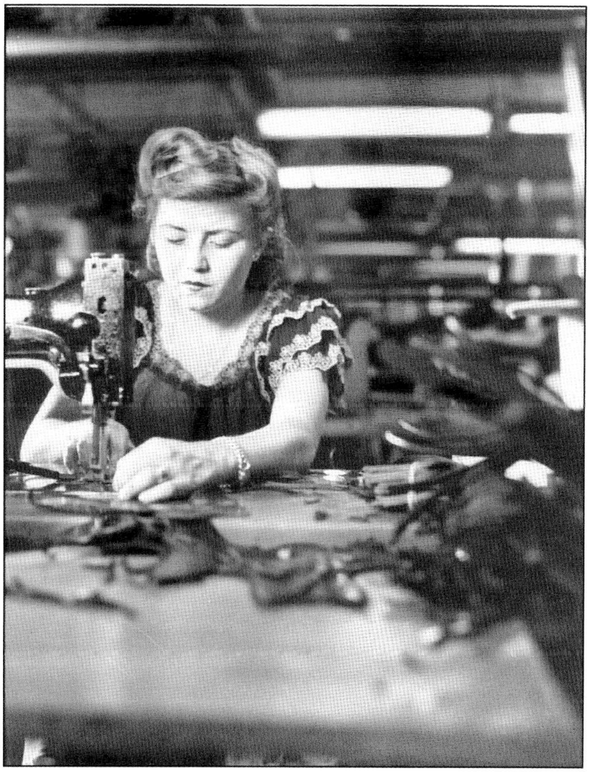

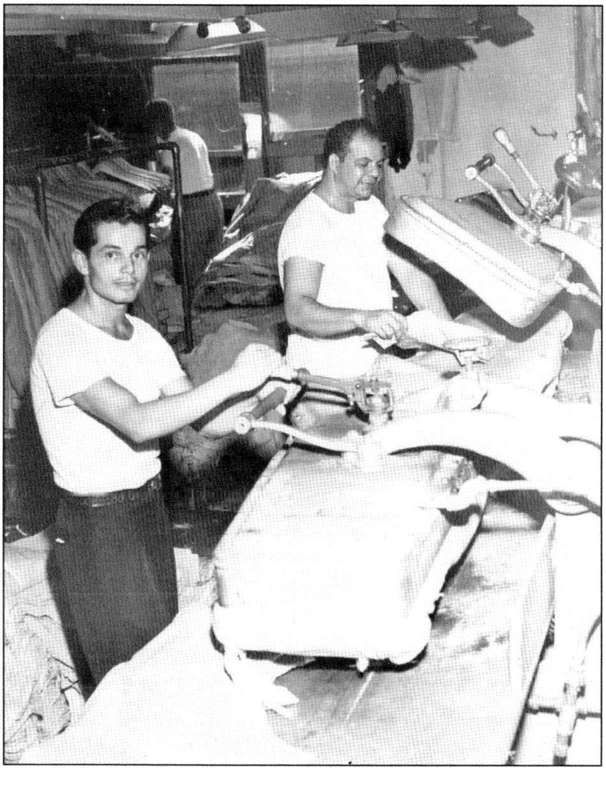

MEN WORKING IN THE LAUNDRY BUSINESS, C. 1965. Concentrated in the city's service sector, these men engage in heavy-duty commercial laundry work. (OGPRUS.) **HOMBRES TRABAJANDO EN LAVANDERÍAS, C. 1965.** Estos trabajadores del sector de servicios empleados en una lavandería industrial.

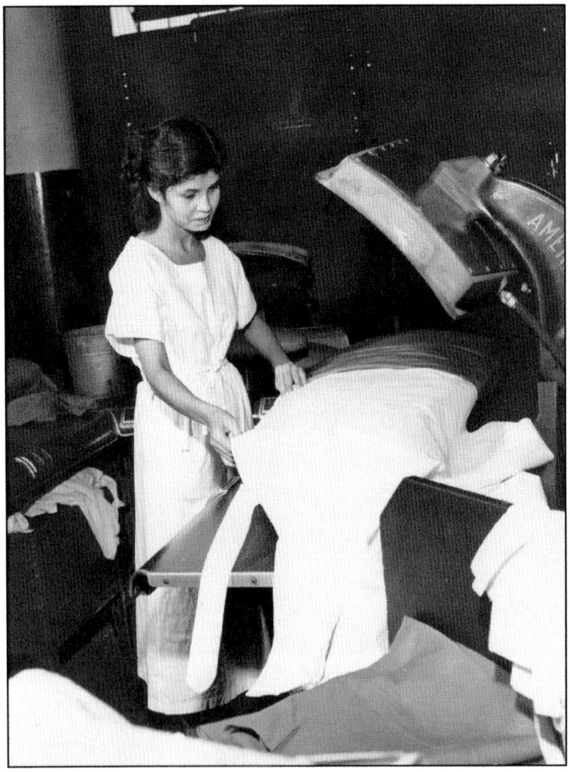

WOMAN IRONING IN A LAUNDRY, 1950s. Besides working in garment sewing, women often worked in other aspects of the clothing business. Here a woman handles a heavy ironing press. (OGPRUS.)
MUJER PLANCHANDO EN LAVANDERÍA, 1950s. Además de trabajar en la industria de vestidos, las mujeres también se empleaban en otros sectores de ese tipo de actividad, por ejemplo como planchadoras.

COOKS AND RESTAURANT WORKERS, C. 1965. Both men and women worked in the restaurant sector as cooks, dishwashers, busboys, and wait staff and in fast-food places. (JAMa.)
COCINEROS Y EMPLEADOS EN LOS RESTAURANTES, C. 1965. Tanto hombres como mujeres trabajaban en restaurantes y negocios de comida ligera en el sector de servicio como cocineros, lavaplatos y meseros.

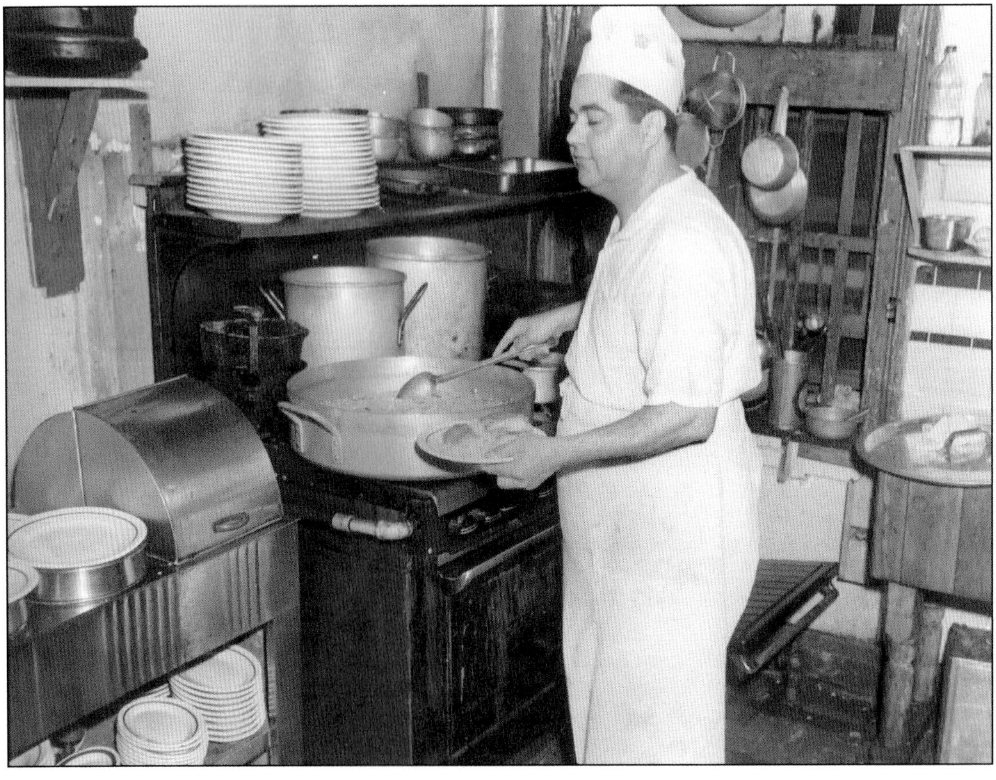

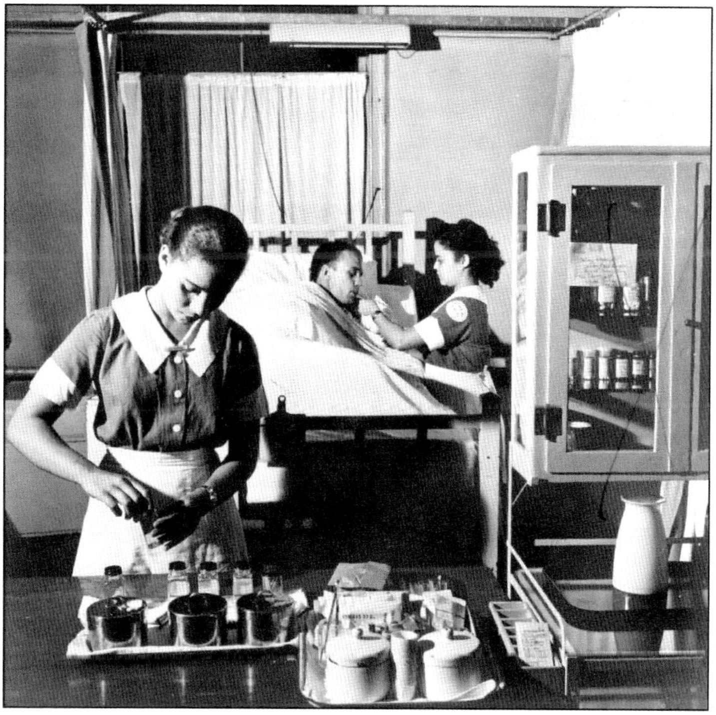

Hospitals and Health Care Workers, 1970s. Here a nurse's aide helps a patient at Lenox Hills Hospital while another dispenses medication. (OGPRUS.)
Personal de hospitales y cuidado de la salud, 1970s. Una auxiliar de enfermera ayuda a un paciente en el Hospital Lenox Hills mientras otra prepara los medicamentos recetados.

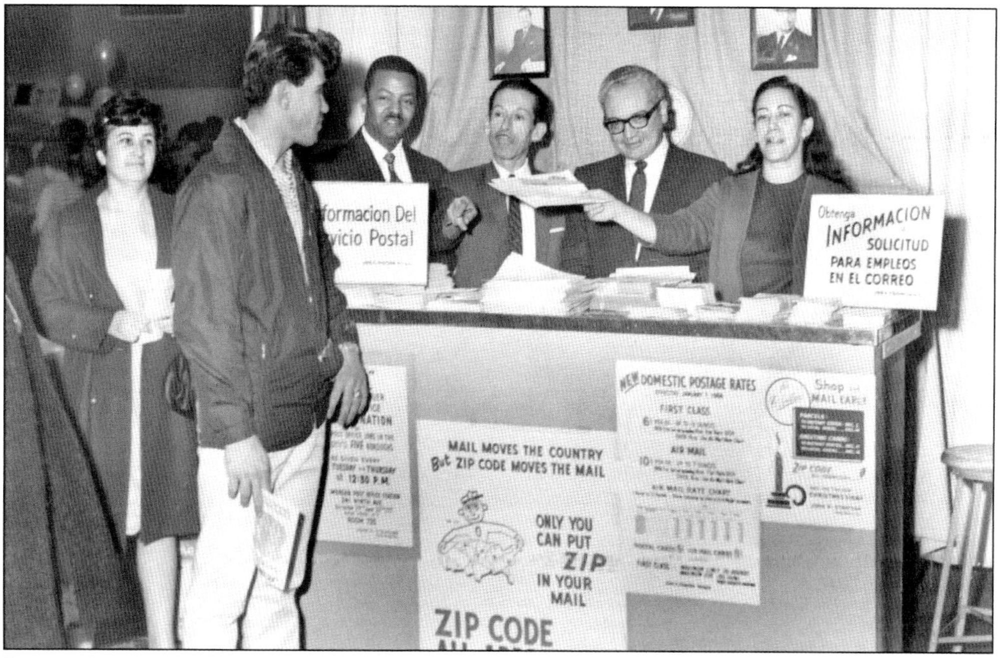

Postal Service Employees, 1969. Joseph Monserrat, next to the woman handing out paperwork, headed the Migration Division from 1951 until 1969. Puerto Ricans with bilingual skills were valuable to the post office. (OGPRUS.)
Empleados del Servicio de Correos, 1969. Joseph Monserrat, Director de la División desde 1951 hasta el 1969, al lado de la mujer, distribuye solicitudes de empleo. Los puertorriqueños bilingües eran un buen recurso para la Oficina Postal.

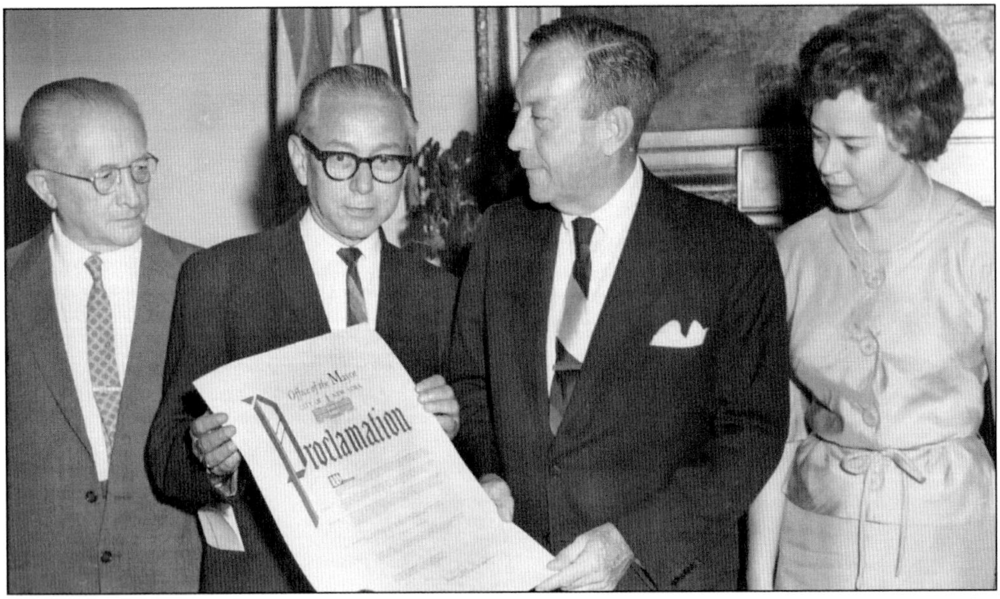

Learning English, 1960s. From left to right, Leonard Covello, Ralph Rosas, and Rosa Estades of the Migration Division accept a Proclamation from Mayor Robert Wagner for the Learning English campaign. (OGPRUS.)

Aprendiendo Inglés, 1960s. Los representantes de la División de Migración, de izquierda a derecha: Leonard Covello, Ralph Rosas y Rosa Estades reciben la Proclama de la Campaña Aprenda Inglés del Alcalde Robert Wagner.

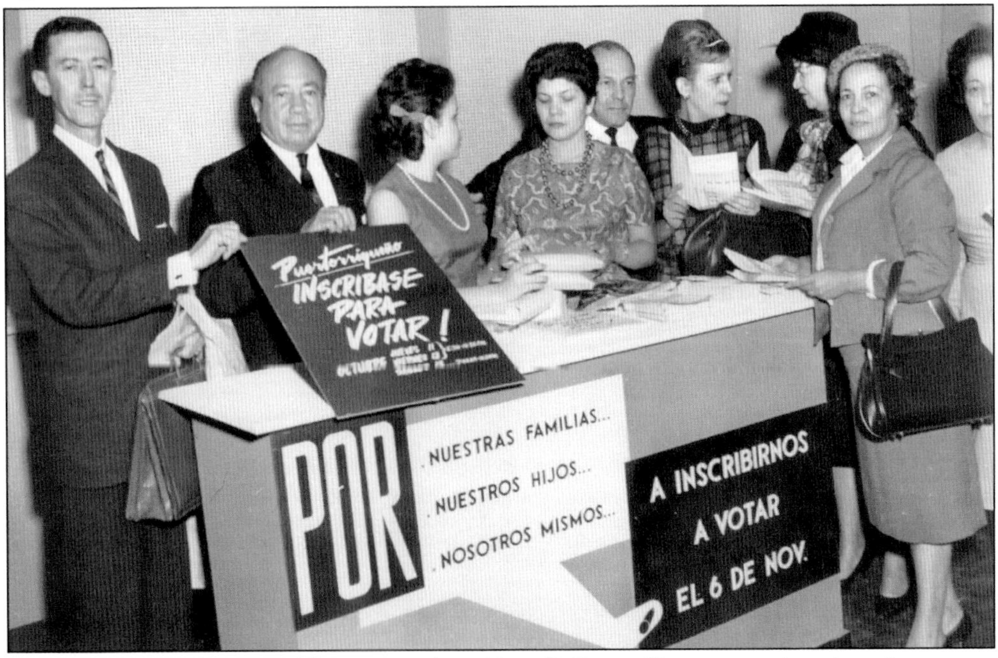

Register to Vote!, 1970s. The sign on the table calls Puerto Ricans to register in order to vote: "For our families, our children and ourselves." (OGPRUS.)

Inscríbete para votar!, 1970s. Los rótulos invitan a los puertorriqueños a incribirse y votar "Por nuestras familias, nuestros hijos y nosotros mismos."

Avanzada, Register and Vote, 1984. Political representation was critical for the city's Spanish-speaking community. As citizens, the Puerto Ricans could vote, but new Latino immigrants could not. (OGPRUS.)
Avanzada, Campaña de inscripción y votación, 1984. La representación política es fundamental para las comunidades hispanoparlantes. Los puertorriqueños, a diferencia de otros inmigrantes latinos, pueden votar en las elecciones mientras muchos de estos no podían.

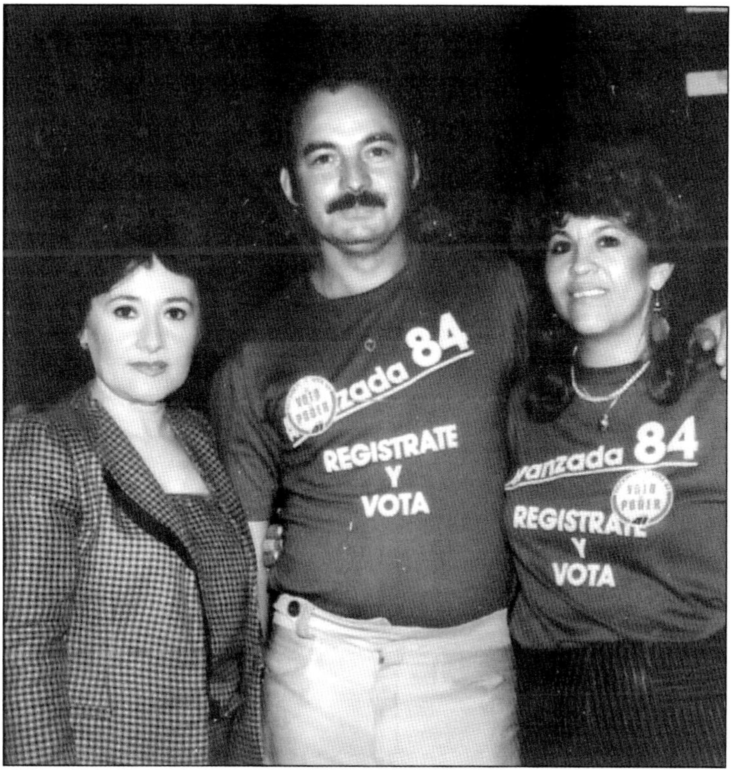

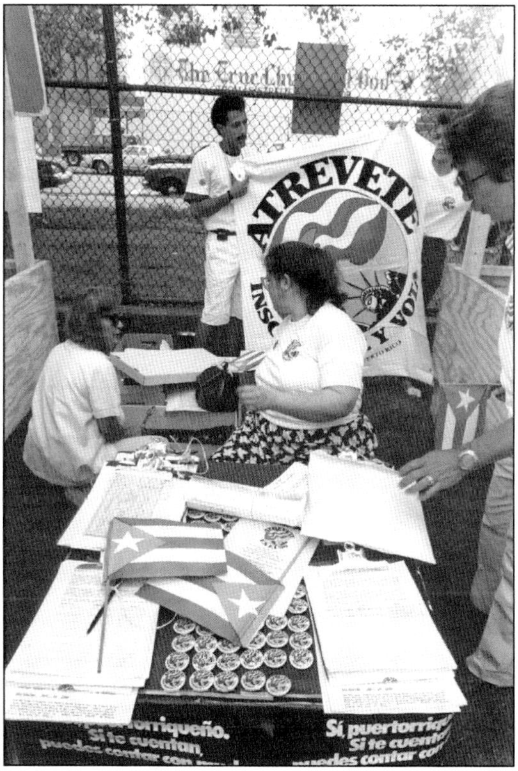

Atrevete, 1992. This organization also mobilized Puerto Ricans to register and vote. The use of the ballot box to bring about change has long been of concern to the community. (OGPRUS. Photograph by Doel Vázquez.)
Atrévete, 1992. Este programa del Departamento movilizó a muchos puertorriqueños a inscribirse y a votar. La participación en el proceso electoral ha sido una prioridad para la comunidad.

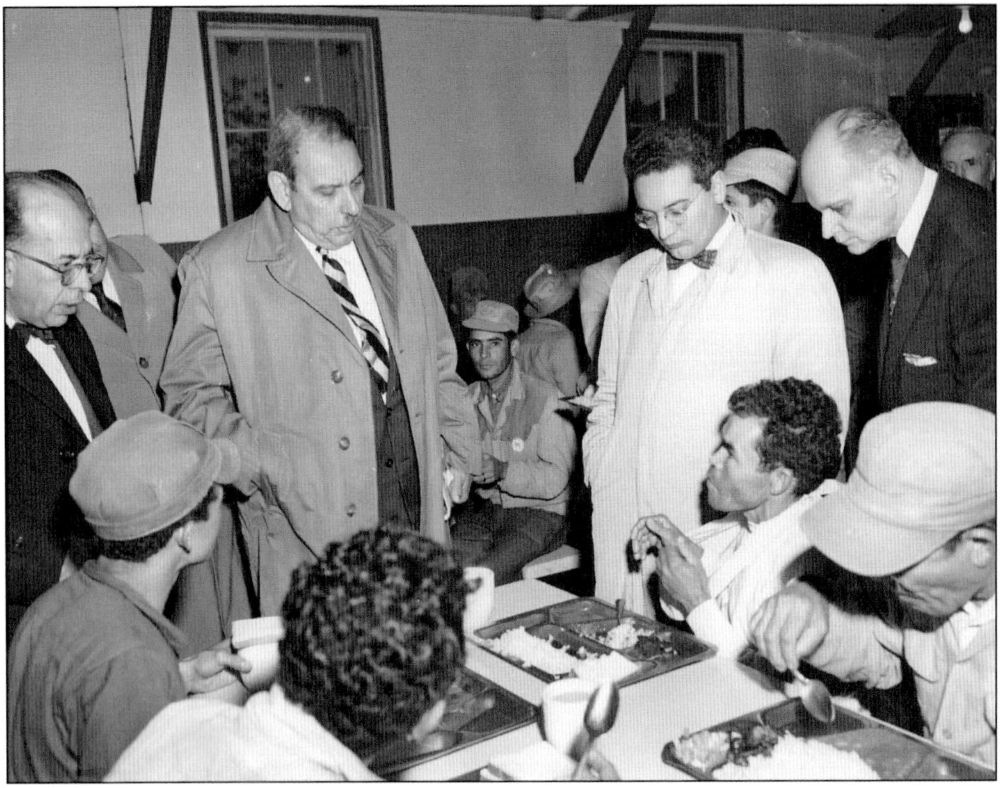

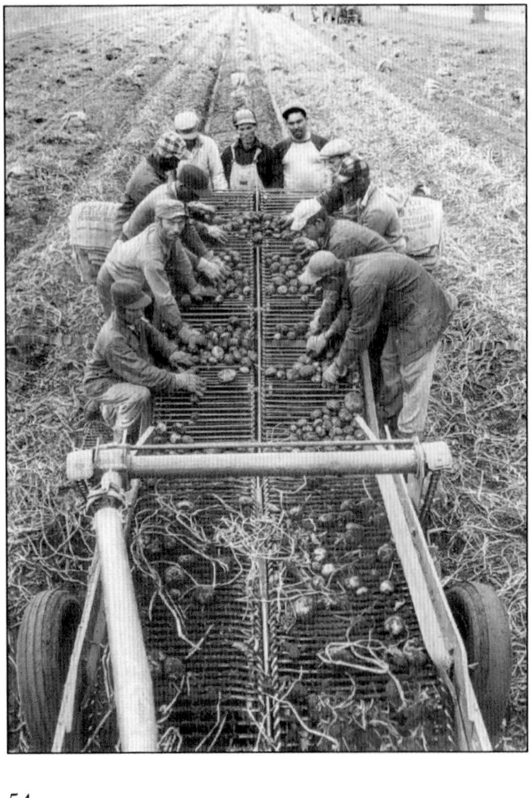

Division Oversight, 1950s. Gov. Luis Muñoz Marín (center) and Joseph Monserrat (dressed in white) visit farm workers and assess conditions. (OGPRUS.)
La División vigilante, 1950s. El Gobernador de Puerto Rico Luis Muñoz Marín (al centro) y Joseph Monserrat (vestido de blanco) visitan un campamento agrícola y verifican las condiciones de trabajo.

Agricultural Workers Sort Crops in the Fields, 1992. Seasonal contract laborers were closely monitored by the Migration Division. They worked throughout the New England states, the Midwest, and the Southeast. (OGPRUS. Photograph by Doel Vázquez.)
Trabajadores agrícolas ciernen la cosecha, 1992. Los trabajadores bajo contrato por temporada eran visitados por los representantes del gobierno. Ellos eran contratados en los estados del Noreste, Medio Oeste y Sureste del país.

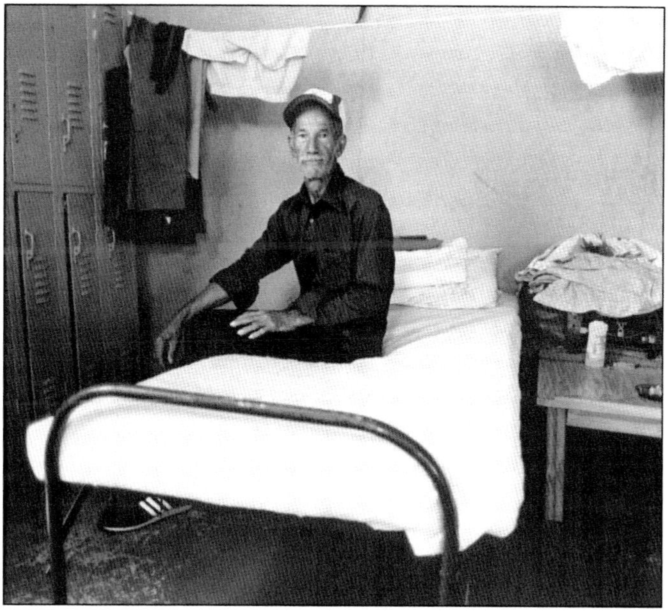

Seasonal Laborer, 1992. Farm workers' living conditions did not change much since the 1940s. From rooms like this, seasonal workers went on to build communities outside of New York. (OGPRUS. Photograph by Doel Vázquez.)
Trabajadores por temporada, 1992. Las condiciones de vida de los trabajadores agrícolas no cambió mucho desde el 1940. De cuartos dormitorios como este muchos trabajadores estacionales salieron para fundar comunidades fuera de Nueva York.

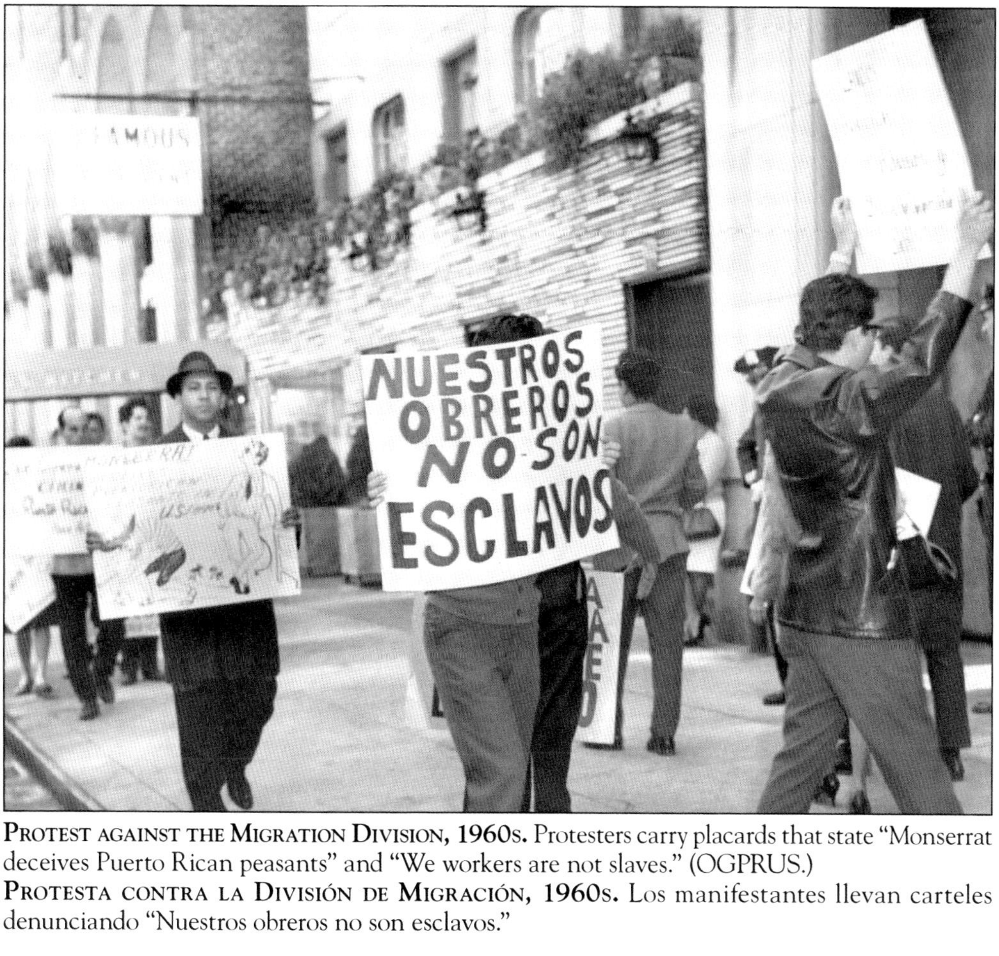

Protest against the Migration Division, 1960s. Protesters carry placards that state "Monserrat deceives Puerto Rican peasants" and "We workers are not slaves." (OGPRUS.)
Protesta contra la División de Migración, 1960s. Los manifestantes llevan carteles denunciando "Nuestros obreros no son esclavos."

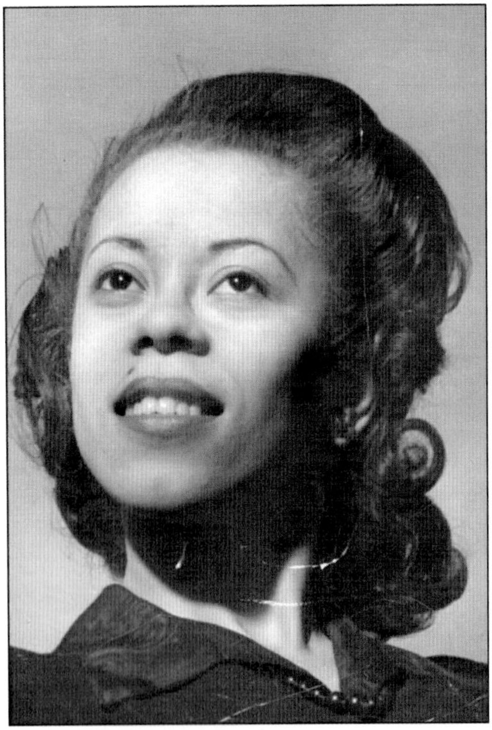

Labor Leader, Ida Inés Torres, c. 1965. Described as a "worker for workers," Torres founded several women's rights and community organizations. (FNTo.)
Dirigente obrera, Ida Inés Torres, c. 1965. Reconocida como "trabajadora de los trabajadores", Torres fue organizadora y fundadora de grupos de derechos de las mujeres y de la comunidad.

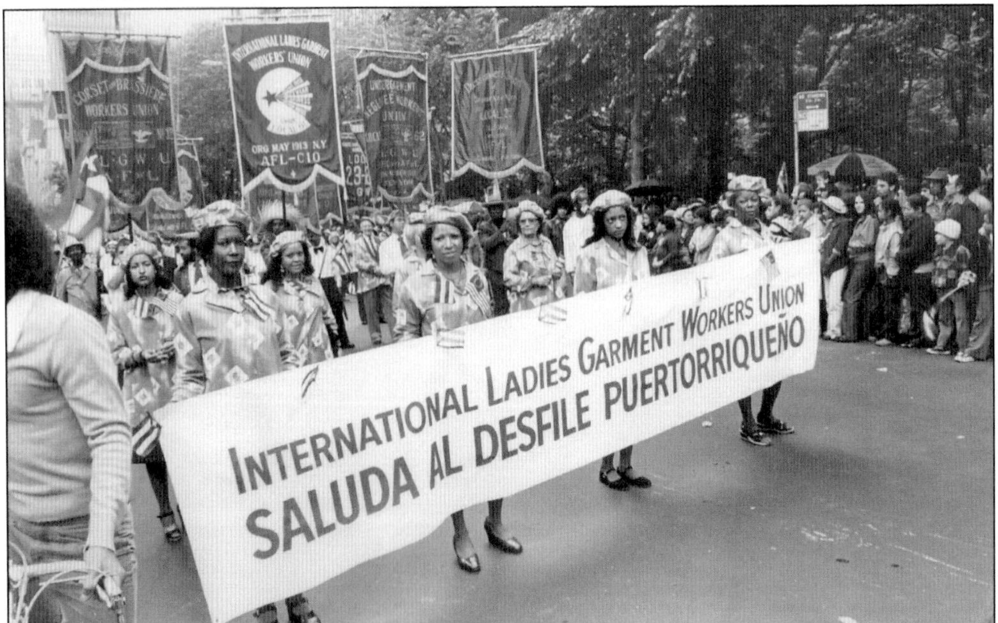

Garment Workers on the March, c. 1965. The International Ladies' Garment Workers' Union salutes the Puerto Rican community at the Puerto Rican Day Parade. (The Kathy Andrade Papers. [KaAn].)
Trabajadoras de la Industria de la costura, c. 1965. El sindicato ILGWU saluda a la comunidad con motivo del Día del Desfile Puertorriqueño.

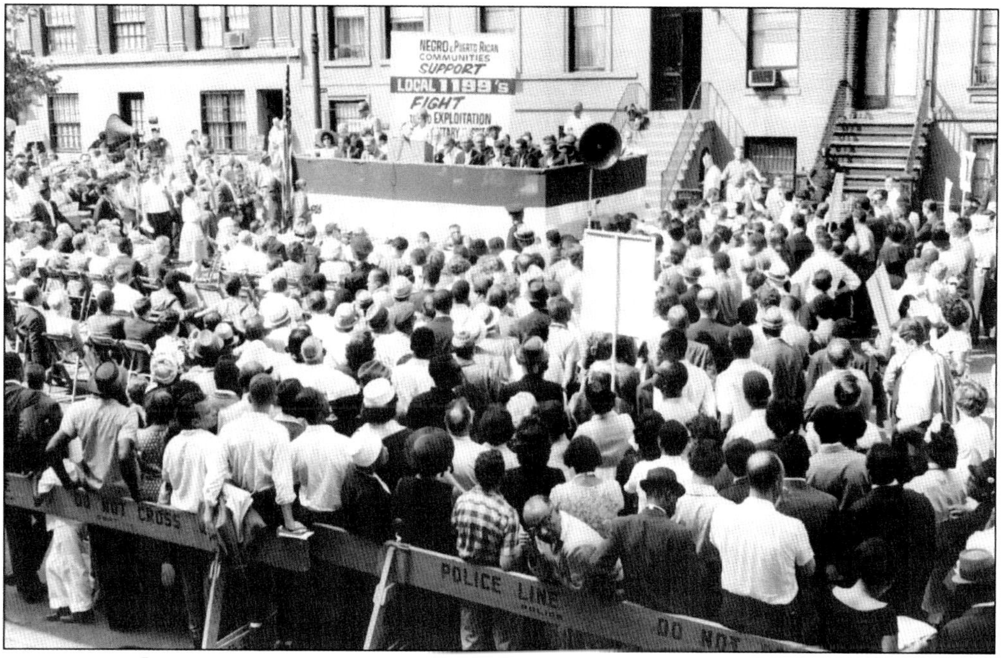

Supportive Coalition, 1970s. Crowds of supporters mill around the speakers' platform. Signs call for an end to exploitation and support of Local 1199. (OGPRUS.)

Coalición de Apoyo, 1970s. Una multitud de simpatizantes, trabajadores y dirigentes de la Local 1199 abogan por el fin de prácticas de explotación y en solidaridad con el gremio.

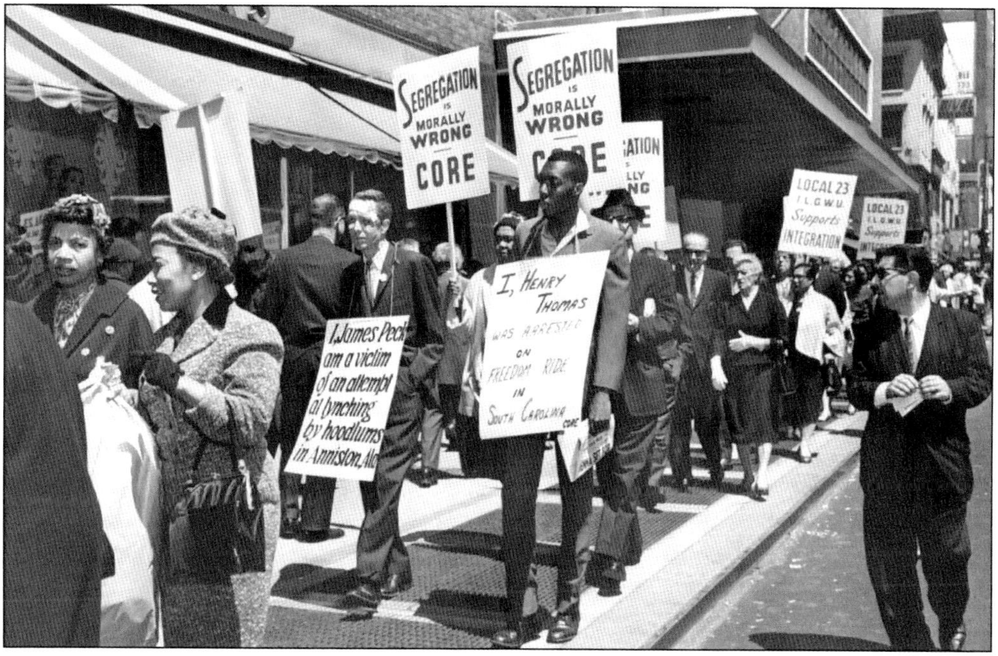

Fighting Segregation, 1970s. Puerto Ricans join members of CORE (Congress of Racial Equality) and march against racial segregation. (KaAn.)

Lucha contra la segregación, 1970s. Un grupo de puertorriqueños y del Congreso Pro Igualdad Racial, CORE (por sus siglas en inglés) protestan contra la segregación racial.

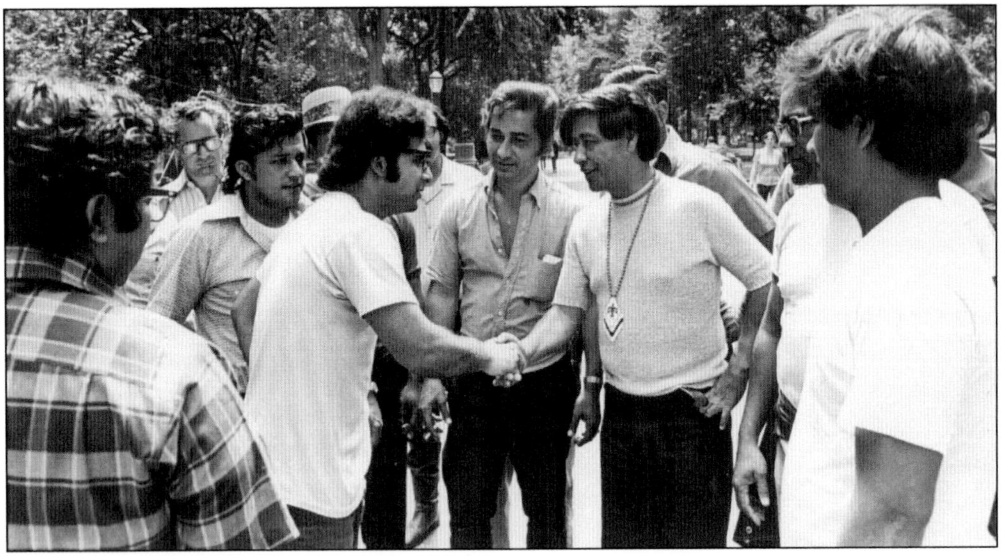

PUERTO RICANS SUPPORT UNITED FARM WORKERS, C. 1978. Shaking hands in solidarity are Chicano farm workers' leader César Chávez (right) and a worker of the Electric Workers Union and the Santiago Iglesias Society. José López, center, observes the moment. (The Edwin López Collection [EdLo].)
PUERTORRIQUEÑOS EN APOYO DE LA UFW, C. 1978. José López observá el apretón de manos entre el dirigente chicano César Chávez y un trabajador del Sindicato de Electricistas y la Sociedad Santiago Iglesias.

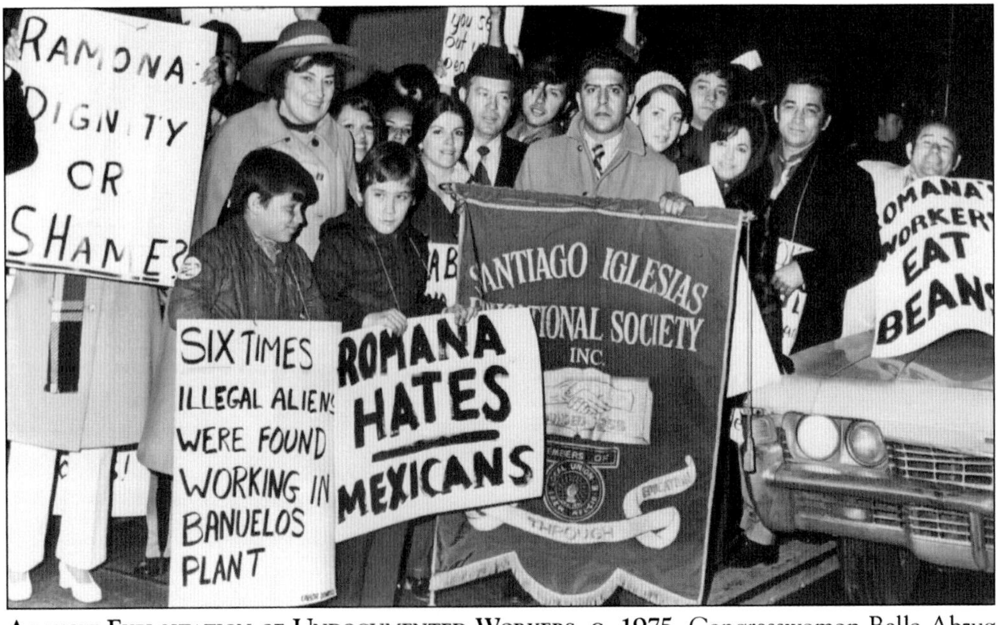

AGAINST EXPLOITATION OF UNDOCUMENTED WORKERS, C. 1975. Congresswoman Bella Abzug (wearing a hat) joins members of the Santiago Iglesias International Society and other demonstrators to protest the abusive treatment of undocumented Mexican workers. (EdLo.)
CONTRA LA EXPLOTACIÓN DE LOS TRABAJADORES INDOCUMENTADOS, C. 1975. La congresista Bella Abzug (con sombrero junto a la pancarta Ramona) y miembros de la Sociedad Santiago Iglesias se unen en solidaridad con trabajadores mexicanos indocumentados y en contra de otros abusos.

A Strike against Starvation Wages, 1970s. Monserrat joins workers on the picket line calling for better wages and improved working conditions at the Manhattan Eye, Ear, and Throat Hospital. (OGPRUS.)
Protesta contra los salarios de miseria, 1970s. Monserrate acompaña a los trabajadores que protestan contra los bajos salarios y las malas condiciones de trabajo en el Hospital Eye, Ear, and Throat de Manhattan.

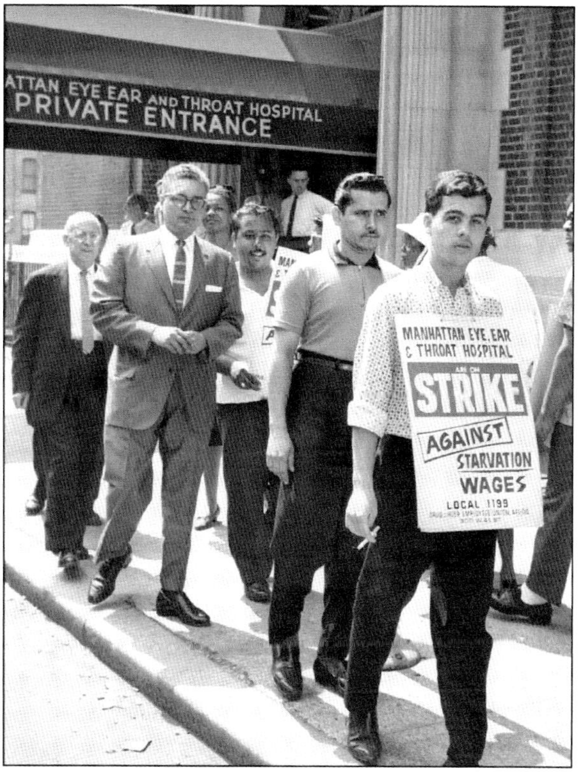

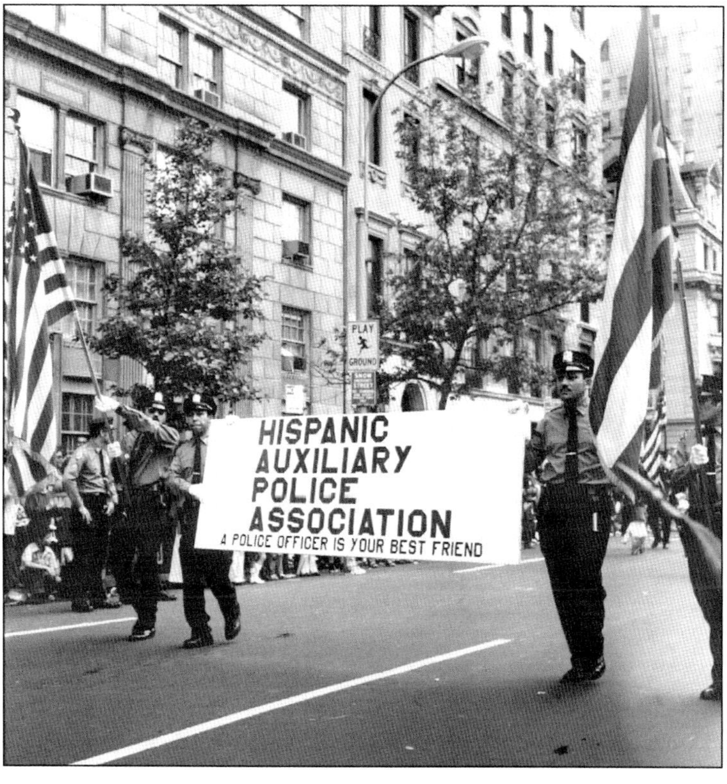

The Auxiliary Police Association, 1970s. Showing their commitment to the Puerto Rican community, the Hispanic Auxiliary Police hold a sign saying, "A Police Officer is Your Best Friend." (The Albors Photograph Collection [Albors].)
La Asociación de Auxiliares de la Policía, 1970s. Integrantes de los Auxiliares Hispanos de la Policía reiteran su compromiso con la comunidad puertorriqueña bajo su banderín "el Policía es tu amigo."

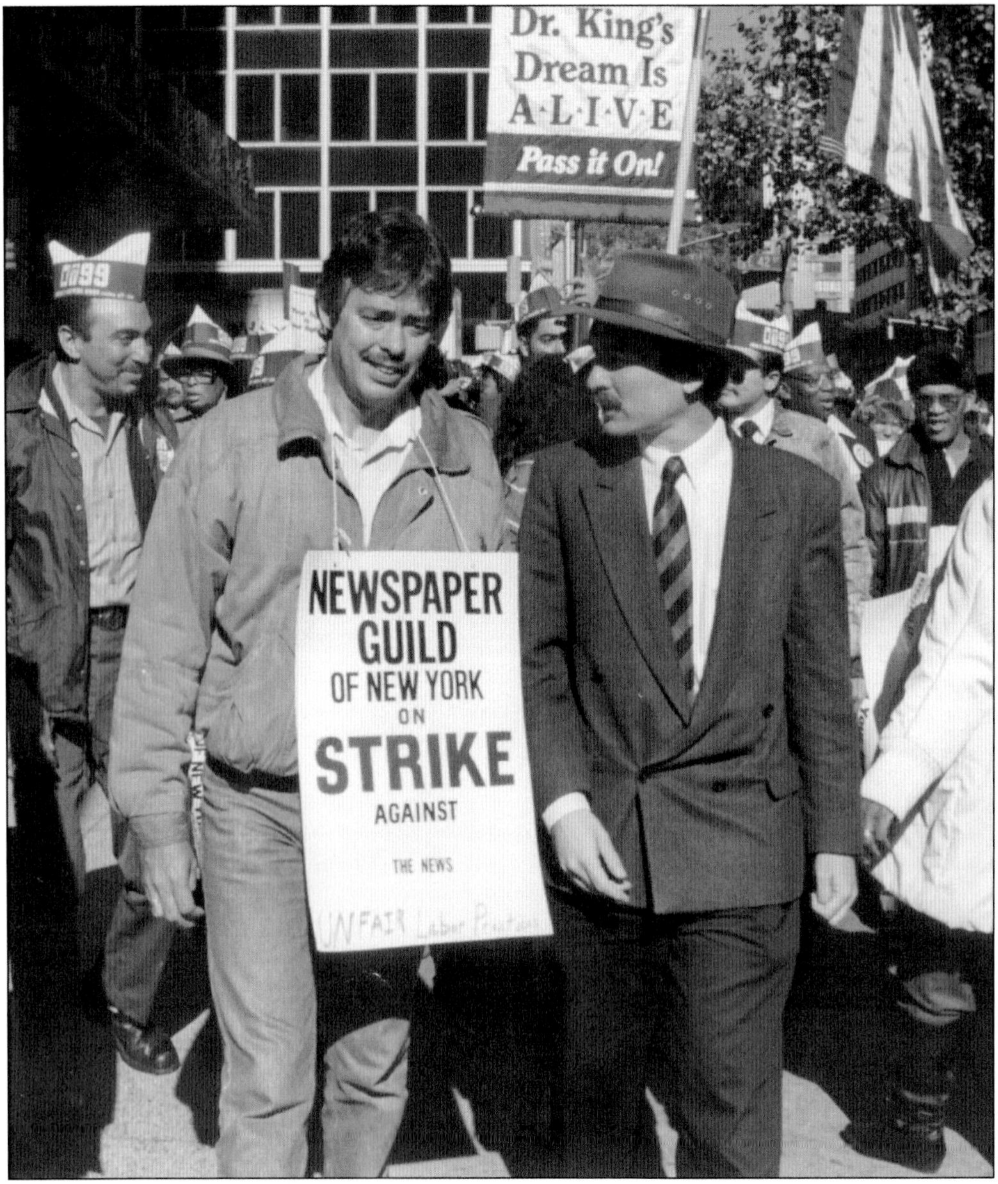

ON STRIKE AGAINST THE *NEW YORK DAILY NEWS*, 1990S. Journalist Juan González represents the Newspaper Guild. With him is labor leader Dennis Rivera of the Hospital Workers' Union 1199. (The Dennis Rivera Collection [DeRi].)
HUELGA CONTRA EL *NEW YORK DAILY NEWS*, 1990S. El periodista Juan González representante del Gremio de Periodistas junto al dirigente de la Local 1199 Gremio de Hospitales Dennis Rivera.

Four
Cuatro

Building Community, Business, and Organizations

Formación de comunidades, negocios y organizaciones

A continuous migration, as well as natural increase, aided the growth and spread of the Puerto Rican community. Settlement houses, like Casita María, and the numerous hometown clubs that structured the community, provided opportunities for cultural pride manifestations, educational programs that helped newcomers transition from Spanish to English, or simply a familiar environment for communal action. Social networks also addressed the welfare of the community, which continued to be concentrated in working-class neighborhoods and low-income occupations. A distinct cultural and intellectual life reproduced the nation in absentia through a myriad collection of organizations and institutions that ranged from early associations such as the Club Borinquen to university programs and centers for research and education. Complemented by a well-developed business community with its attendant associations and social and outreach networks, Puerto Rican barrios became vibrant pockets of urban life. Businesses varied and included the earliest bodegas, bakeries, and barbershops to serve the city's growing Spanish-speaking population. The Puerto Rican Merchants' Association, for example, played a role not only in maintaining commercial networks but also in its philanthropic practices.

La continua migración y su propio crecimiento natural ayudaron al desarrollo y dispersión de la comunidad puertorriqueña. Casas de beneficencias como Casita María y las asociaciónes de pueblos que organizaron a la comunidad crearon oportunidades para expresar el orgullo cultural, programas para ayudar la transición del español al inglés o simplemente crearon un ambiente apropiado para la acción comunal. Las redes sociales también prestaron atención al bienestar de la comunidad que en su mayoría formaban parte de la clase trabajadora y de bajos ingresos salariales. Una vida cultural e intelectual propia floreció fuera de la patria gracias a diversos tipos de organizaciones e instituciones desde el Club de Borinquén, programas unversitarios y centros de investigación y de educación. Complementado por comunidades de negocios, asociaciones y redes sociales, los barrios puertorriqueños se convirtieron en vibrantes enclaves de vida urbana. Los negocios de diferentes tipos entre ellos: las bodegas, reposterías y barberías/peluquerías sirvieron a la creciente población hispanoparlante de la ciudad. La Asociación de Comerciantes Puertorriqueños por ejemplo sirvió más allá de su alcance empresarial y asumieron funciones filantrópicas también.

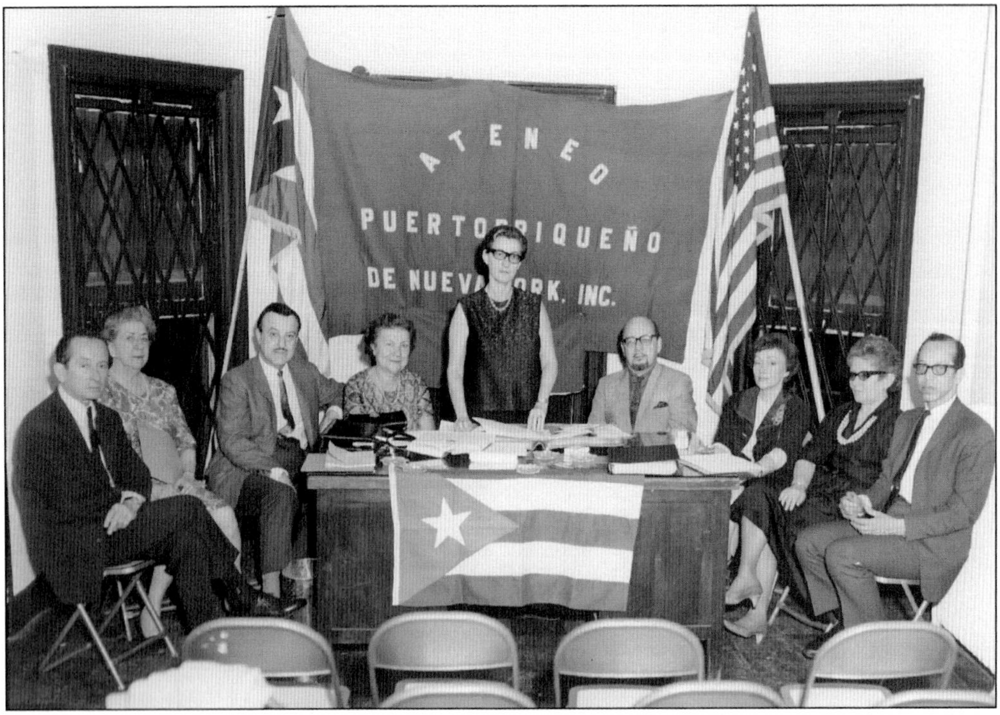

ATENEO PUERTORRIQUEÑO DE NUEVA YORK, 1965. Writer Díana Ramírez, standing in front of the banner, presides over a meeting of the group Ateneo Puertorriqueño de Nueva York, an important literary association. (JAMa.)

ATENEO PUERTORRIQUEÑO DE NUEVA YORK, 1965. La escritora Díana Ramírez, de pie frente al estandarte de la organización, preside una reunión del círculo literario donde los intelectuales compartían y diseminaban sus trabajos literarios.

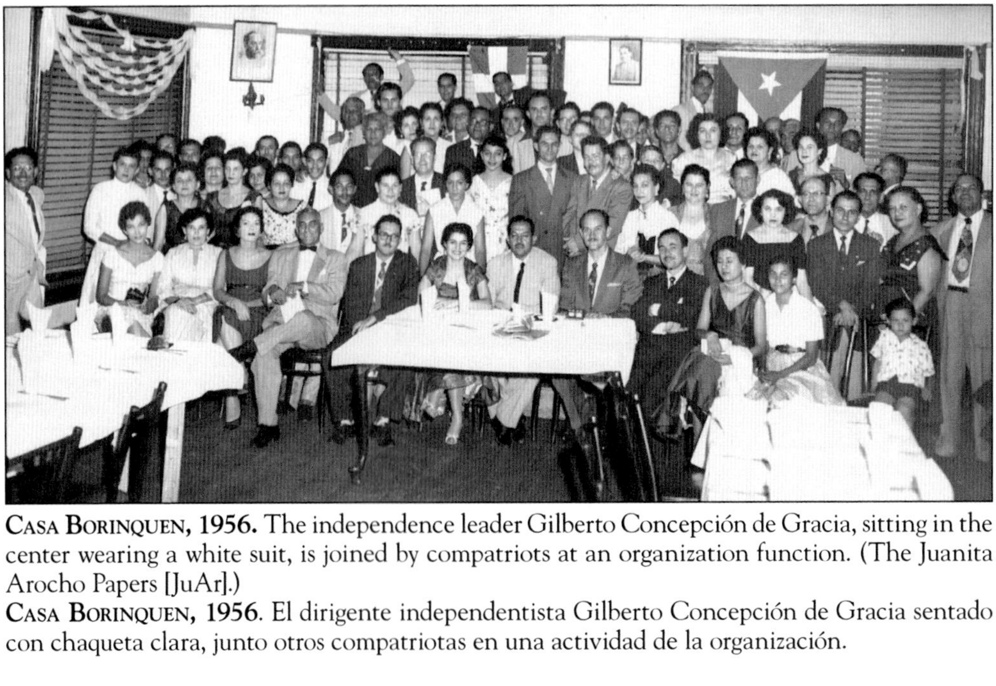

CASA BORINQUEN, 1956. The independence leader Gilberto Concepción de Gracia, sitting in the center wearing a white suit, is joined by compatriots at an organization function. (The Juanita Arocho Papers [JuAr].)

CASA BORINQUEN, 1956. El dirigente independentista Gilberto Concepción de Gracia sentado con chaqueta clara, junto otros compatriotas en una actividad de la organización.

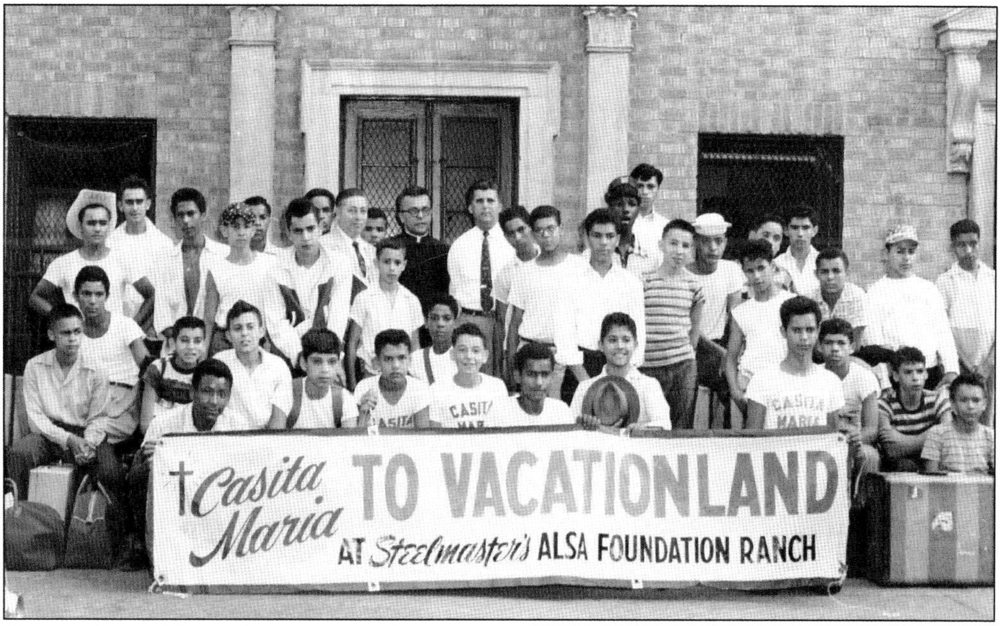

Casita María Takes Children on Vacation, 1970s. Among the many services and programs that this institution offered was a chance to leave the city for a ranch vacation. (OGPRUS.)
Casita María organiza campamentos de verano, 1970s. Entre los servicios que esta organización proporcionaba estaba la oportunidad de asistir a campamentos de verano para jóvenes en las afueras de la ciudad.

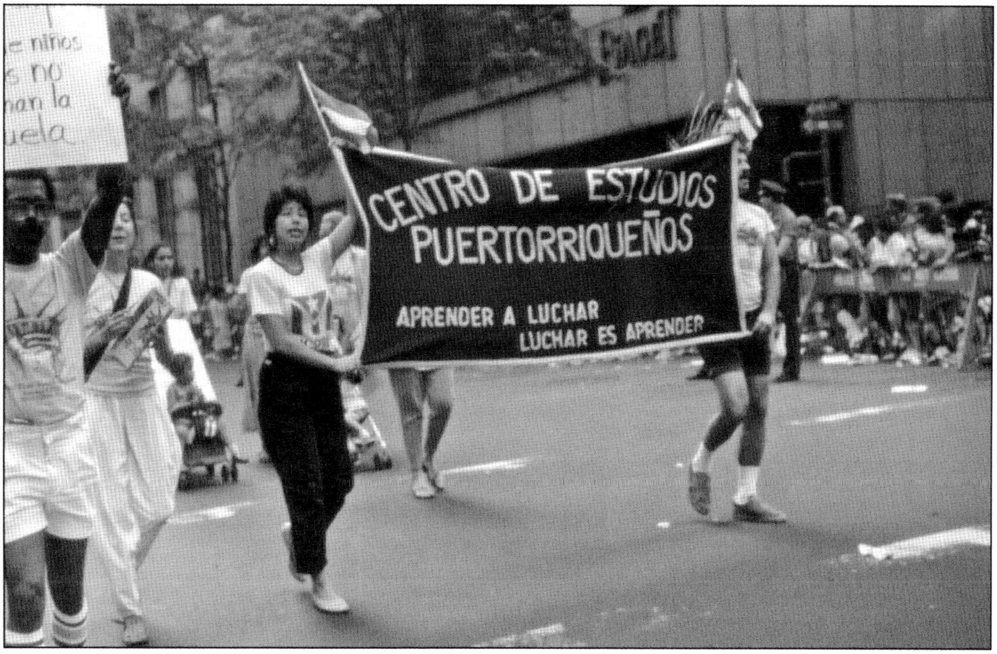

Center for Puerto Rican Studies, CUNY, c. 1978. Founded in 1973, the motto of the center appears on the banner: "To learn is to struggle; to struggle is to learn." (Centro.)
Centro de Estudios Puertorriqueños, CUNY, c. 1978. El Centro, fundado en el 1973, tenía como lema "Aprender a luchar, Luchar es aprender."

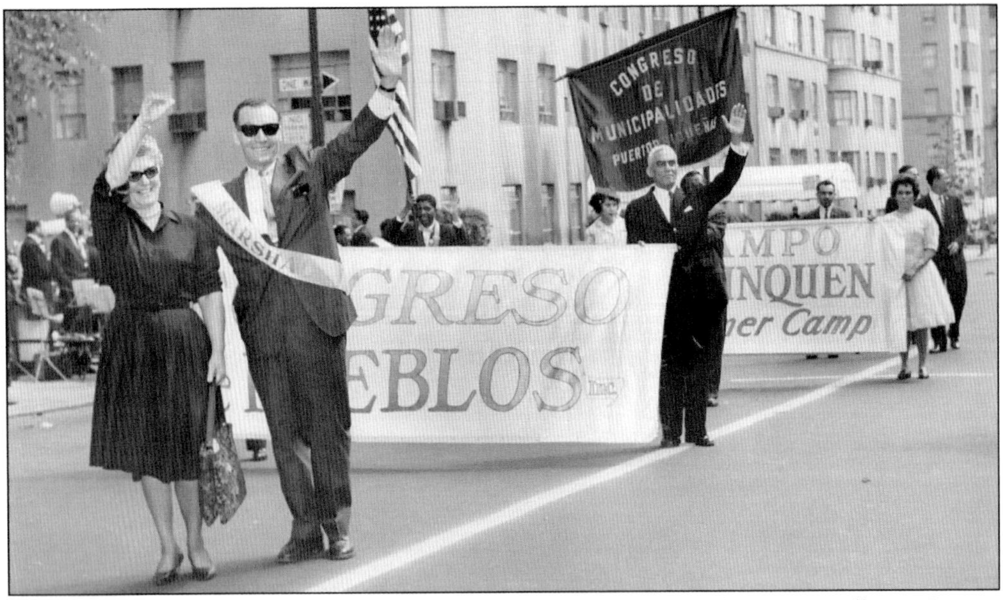

Leading the Congress of Home Town Clubs, 1960s. Francia Lubán joins Gilberto Gerena Valentín, grand marshal of the Puerto Rican Day Parade, to lead the march. (JaMa.)
Dirigiendo el Congreso de Pueblos, 1960s. Francia Lubán en compañía de Gilberto Gerena Valentín, gran mariscal del Desfile Puertorriqueño, encabezan la delegación del Congreso.

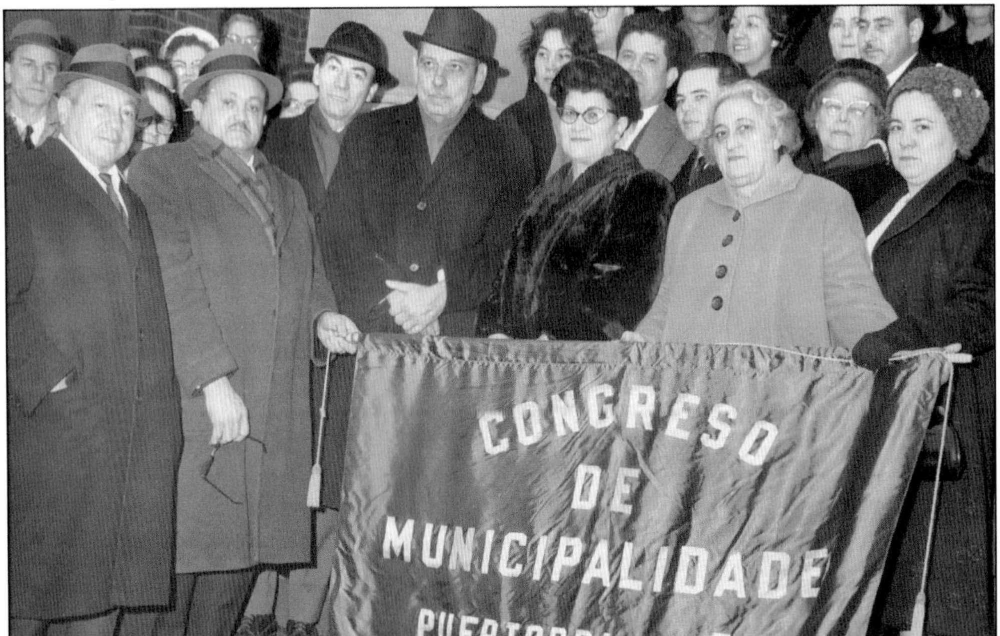

The Association of Home Town Clubs, c. 1960. The backbone of the Puerto Rican Day Parade, today the city's largest cultural pride parade, began with associations like this one. (OGPRUS.)
El Congreso de Municipios, c. 1960. La médula del Desfile Puertorriqueño hoy en día uno de los desfiles culturales más grandes de la ciudad comenzó con el respaldo de organizaciónes como ésta.

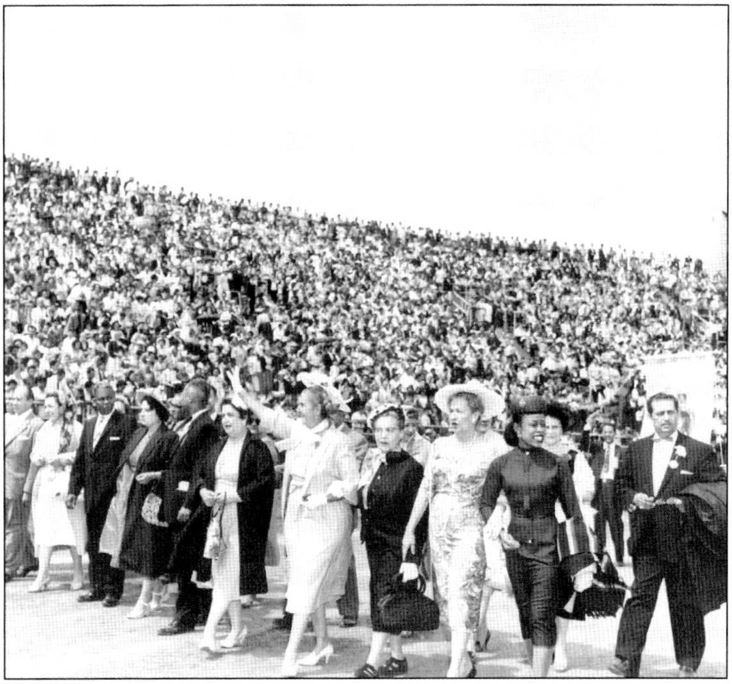

Fiesta de San Juan, 1970s. Celebrants observe the feast day of San Juan, patron saint of the island. The mayor of San Juan, Felisa Rincón de Gautier (center, wearing white), waves to the crowds. (FNTo.)
Fiesta de San Juan, 1970s. Los participantes celebran el Día de San Juan, el santo patrón de Puerto Rico. La alcaldesa de San Juan Felisa Rincón de Gautier (al centro vestida de blanco) junto a dignatarios de la ciudad saludan a los presentes.

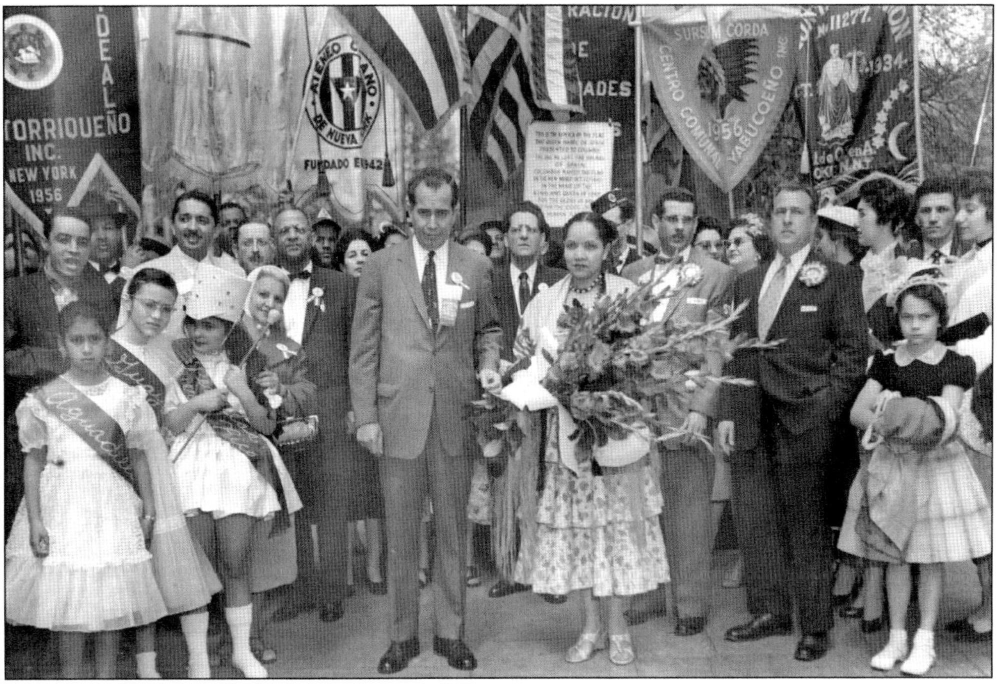

Hispanic Day Parade, 1957. Hispanic organizations display their banners. Many of the signs and the ribbons worn by the children bear names of Puerto Rican hometowns. These organizations were founded by Puerto Ricans and other Hispanic ethnic groups. (JAMa.)
Día del Desfile Hispano, 1957. Las organizaciónes hispanas que algunos puertorriqueños junto a otzos latinos aqudaron a fundar lucen sus estandartes. Los niños lucen cintas con los nombres de sus pueblos, organizaciones y grupos étnicos.

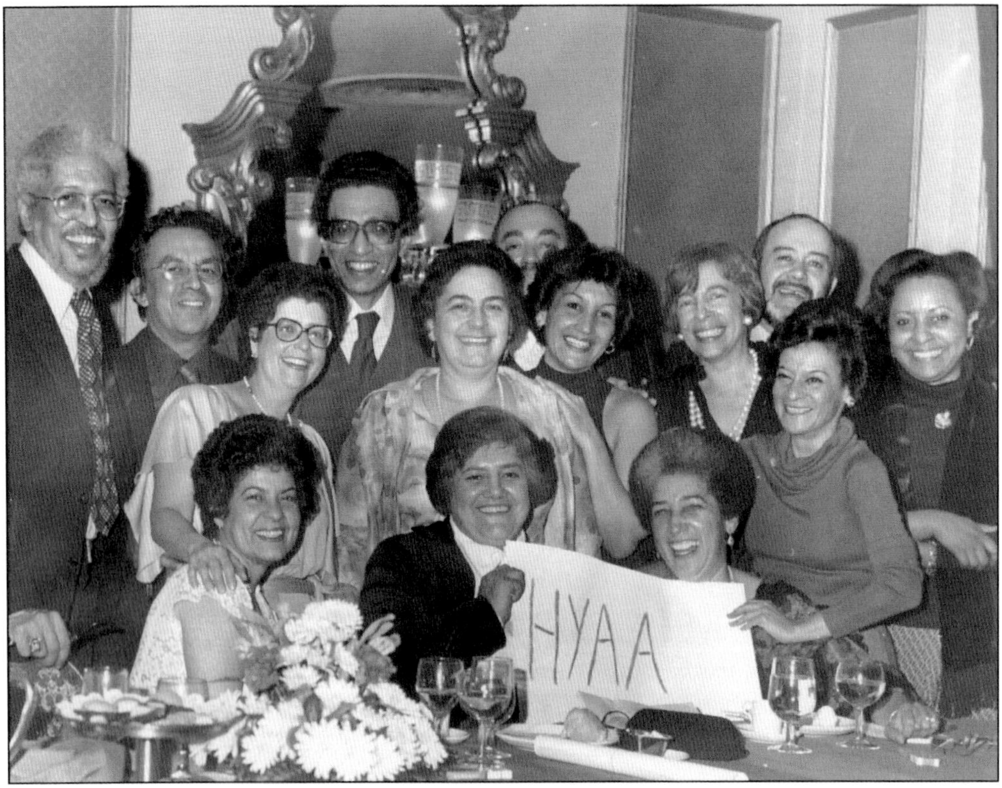

Hispanic Young Adult Association Group, c. 1955. The Hispanic Young Adult Association was the precursor to the Puerto Rican Association for Community Affairs. Pictured are Antonia Pantoja, Luis and Cecilia Nuñez, and Alice Cardona, among others. (AnPa.)
La Asociación de Jóvenes Adultos Hispanos, c. 1955. Algunos de los miembros de esta organización precursora de la Puerto Rican Association for Community Affairs aparecen en esta fotografía; entre ellos: Antonia Pantoja, Alice Cardona, Luis y Cecilia Nuñez entre otros.

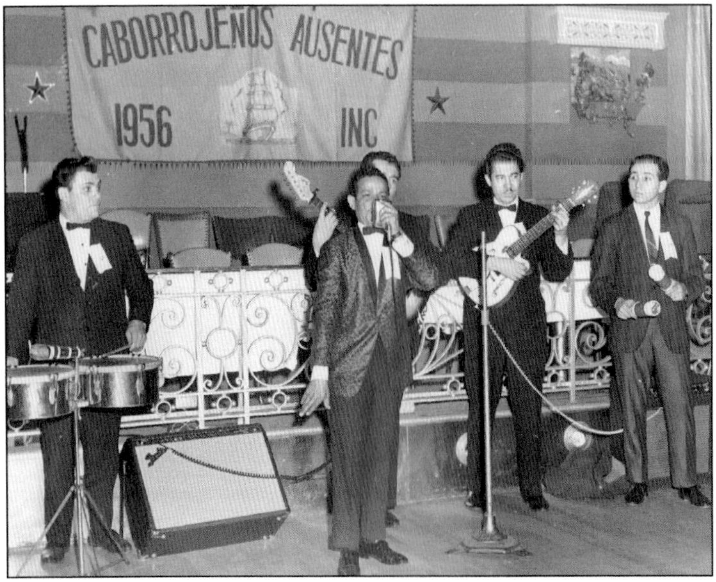

Caborrojeños Hometown Club, c. 1960. The banner behind the band indicates the year the club Caborrojeños Ausentes was founded and its municipal seal. (OGPRUS.)
La Asociación de Caborrojeños, c. 1960. El estandarte detrás del grupo musical resalta que el grupo de esta municipalidad se organizó en 1956.

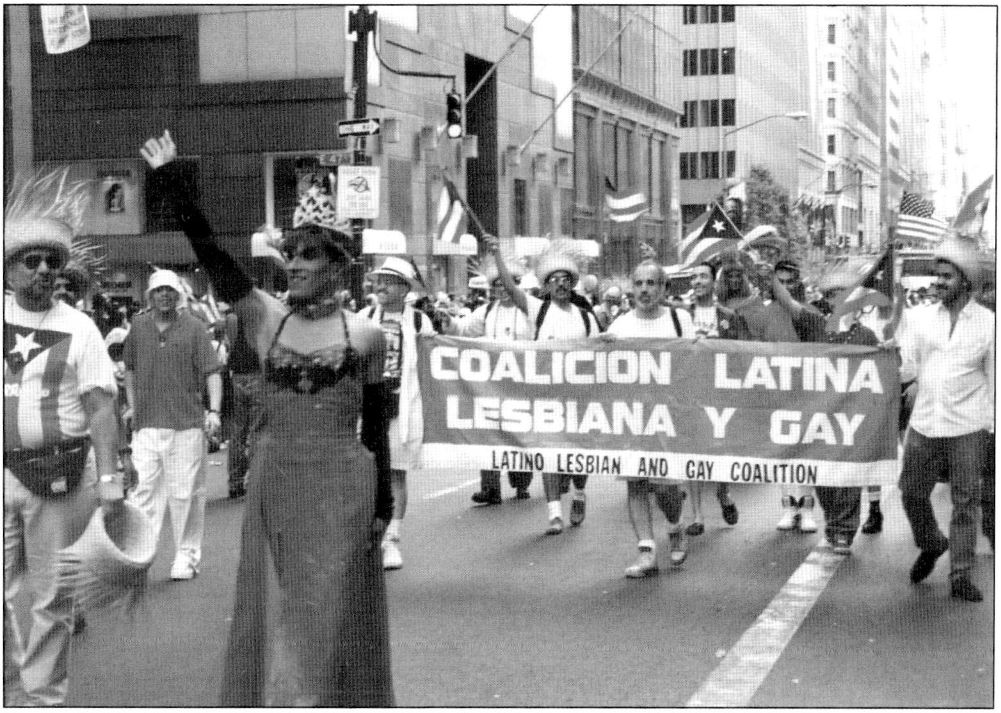

LESBIAN AND GAY COALITION, 1995. Puerto Rican flags are carried in the Puerto Rican Day Parade by members of HoMoVisiones, Manhattan's community access television station. (The Records of HoMoVisiones [HoMoVisiones].)
COALICIÓN LATINA LESBIANA Y "GAY," 1995. El grupo auspiciado por HoMoVisiones, un programa de televisión de circuito cerrado en Manhattan, despliegan sus banderas y pavas puertorriqueñas en el Desfile Puertorriqueño.

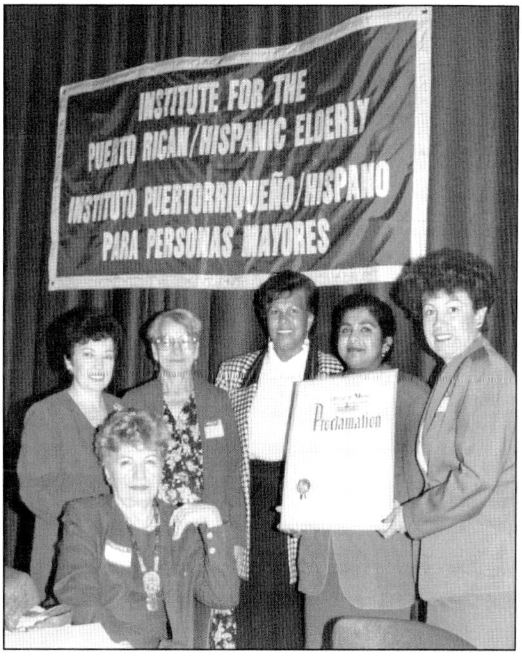

THE INSTITUTE FOR THE PUERTO RICAN/HISPANIC ELDERLY, C. 1980. Working for one of the largest organizations providing services to the elderly, officials receive a proclamation at a conference. (PeAl.)
EL INSTITUTO PUERTORRIQUEÑO/HISPANO PARA PERSONAS MAYORES, C. 1980. La organización es una de las más importantes que prestan servicios para los envejecientes y como tal recibió una proclama de varios dignatarios de gobierno.

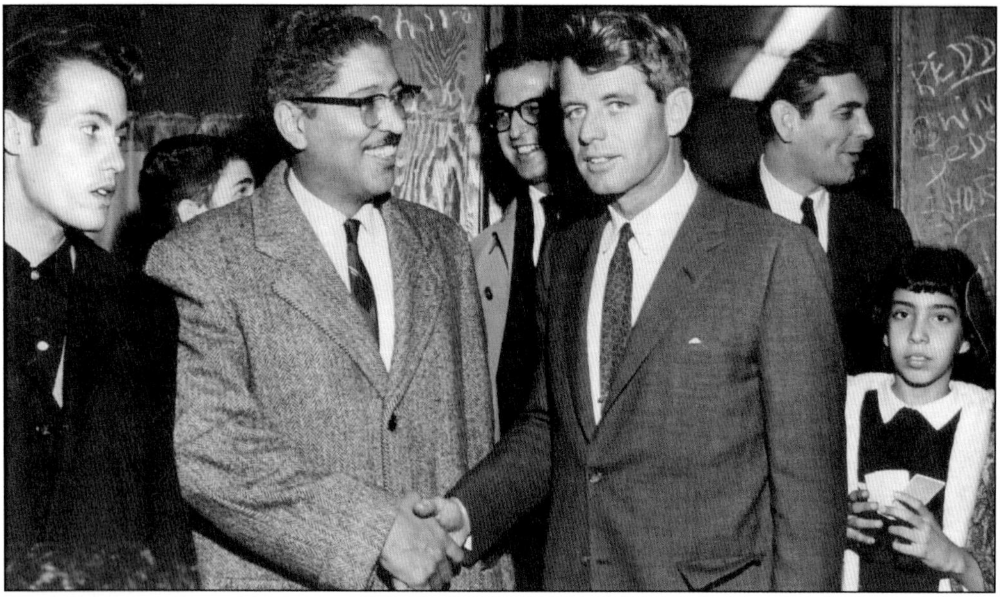

LOUIS NUÑEZ WELCOMES ROBERT F. KENNEDY, 1963. Pictured at the Neighborhood Service Center, Nuñez went on to become director of the National Puerto Rican Coalition in 1977. (The Louis Nuñez Papers [LoNu].)
LOUIS NUÑEZ DA LA BIENVENIDA A ROBERT F. KENNEDY, 1963. Nuñez que aparece aquí el Neighborhood Service Center/Centro de Servicios a la Comunidad fue designado Director del National Puerto Rican Coalition en 1977.

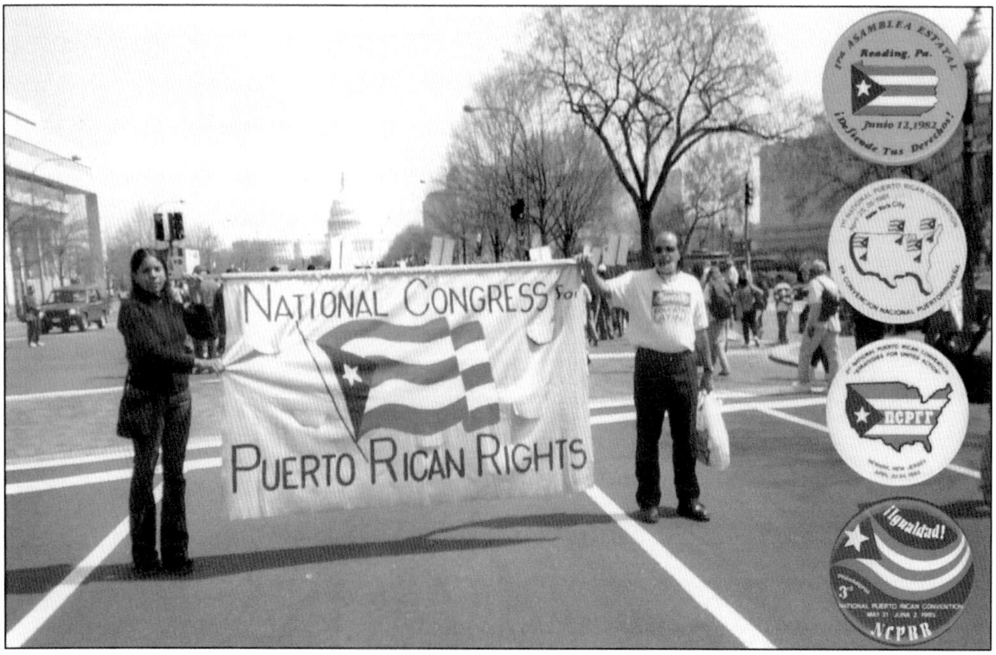

BANNER WAVES IN WASHINGTON, D.C., 1990s. Members of the National Congress of Puerto Rican Rights take their issues to the Capital. (The Richie Pérez Papers [RiPe].)
ONDEA EL ESTANDARTE EN WASHINGTON, D.C., 1990s. Miembros del Congreso Nacional Pro Derechos de los Puertorriqueños presentan los problemas que los aquejan en la capital del país.

National Conference of Puerto Rican Women, 1980s. Julia Jorge and a fellow officer of the New York chapter are pictured. The organization was founded in 1973. (The Julia Jorge Papers [JuJo].)
El Congreso Nacional de Mujeres Puertorriqueñas, 1980s. Julia Jorge posa junto a otra deponente en este congreso organizada por este grupo que se fundó en 1973.

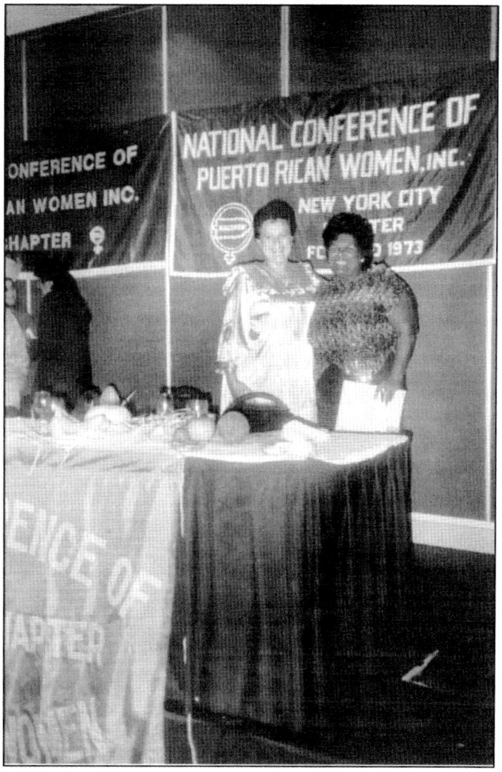

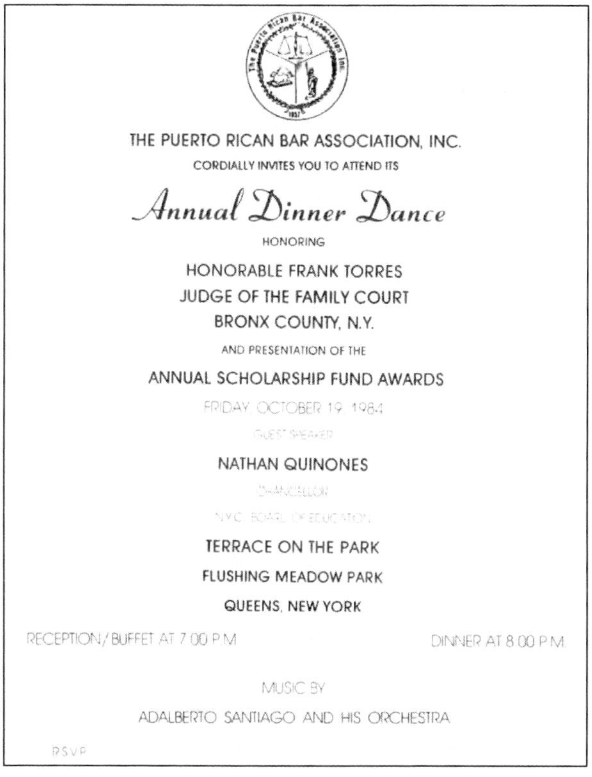

THE PUERTO RICAN BAR ASSOCIATION, INC.

CORDIALLY INVITES YOU TO ATTEND ITS

Annual Dinner Dance

HONORING

HONORABLE FRANK TORRES

JUDGE OF THE FAMILY COURT

BRONX COUNTY, N.Y.

AND PRESENTATION OF THE

ANNUAL SCHOLARSHIP FUND AWARDS

FRIDAY, OCTOBER 19, 1984

GUEST SPEAKER

NATHAN QUINONES

CHANCELLOR

N.Y.C. BOARD OF EDUCATION

TERRACE ON THE PARK

FLUSHING MEADOW PARK

QUEENS, NEW YORK

RECEPTION/BUFFET AT 7:00 P.M. DINNER AT 8:00 P.M.

MUSIC BY

ADALBERTO SANTIAGO AND HIS ORCHESTRA

RSVP

The Puerto Rican Bar Association, Inc., 1984. The annual dinner dance honors the Honorable Frank Torres, judge of the Bronx Family Court, for his service and dedication. (FrTo.)
La Asociación de Abogados Puertorriqueños, Inc, 1984. Invitación al banquete en honor al Honorable Juez de la Corte de la Familia del Condado del Bronx Frank Torres por sus servicios y dedicación.

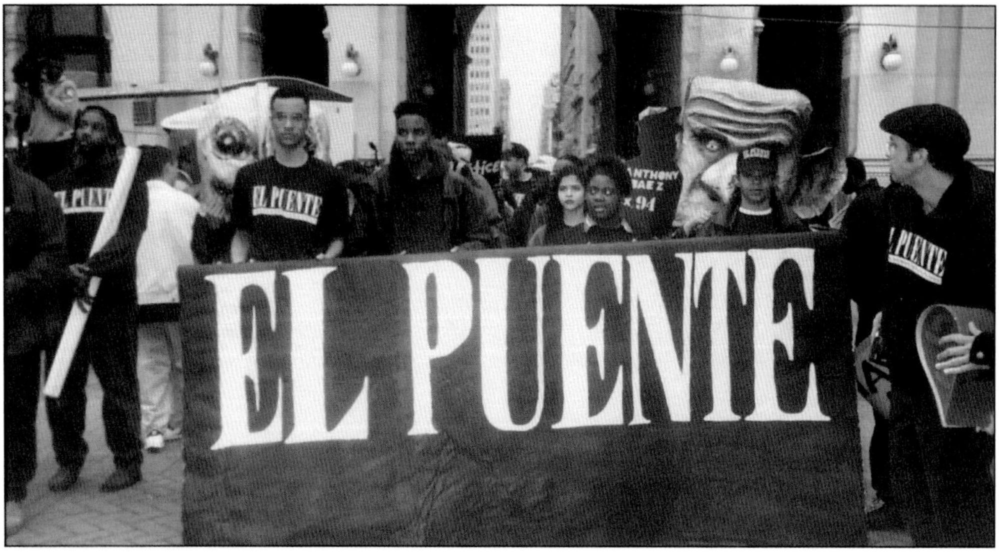

El Puente, 1980s. This organization, named for the Brooklyn Bridge, provides educational and youth-oriented services to the community. (RiPe.)
El Puente, 1980s. El nombre de esta organización educativa y de servicios a la juventud de Williamsburg alude a la estructura del puente de Brooklyn.

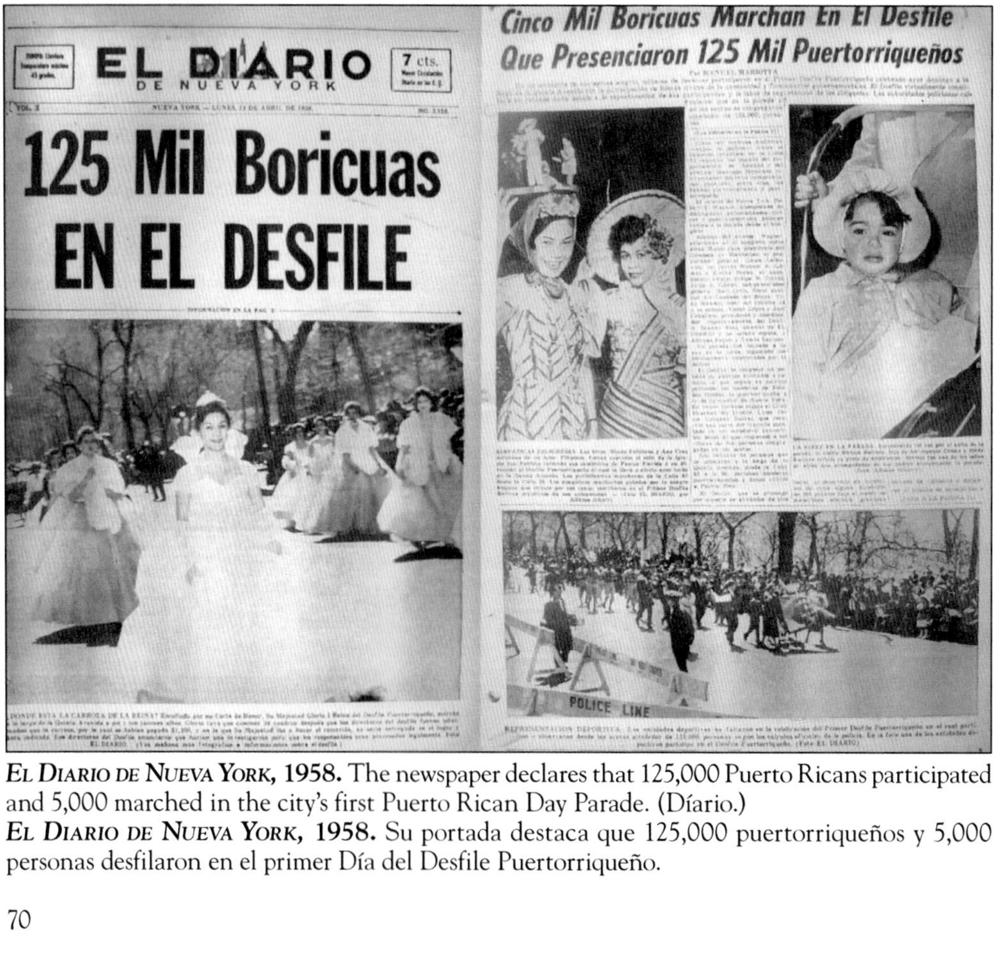
EL DIARIO
DE NUEVA YORK
7 cts.

125 Mil Boricuas
EN EL DESFILE

Cinco Mil Boricuas Marchan En El Desfile
Que Presenciaron 125 Mil Puertorriqueños

POLICE LINE

El Diario de Nueva York, 1958. The newspaper declares that 125,000 Puerto Ricans participated and 5,000 marched in the city's first Puerto Rican Day Parade. (Díario.)
El Diario de Nueva York, 1958. Su portada destaca que 125,000 puertorriqueños y 5,000 personas desfilaron en el primer Día del Desfile Puertorriqueño.

Puerto Rican Legal Defense and Education Fund, 1993. Founded in 1973 in New York City, the organization's invitation celebrates community responsibility. (The Records of the Puerto Rican Legal Defense and Education Fund [PRLDEF].)
PRLDEF, 1993. Esta organización de servicios legales fue fundada en 1973 en la ciudad de Nueva York. La invitación al banquete anual resalta la importancia de una comunidad responsable.

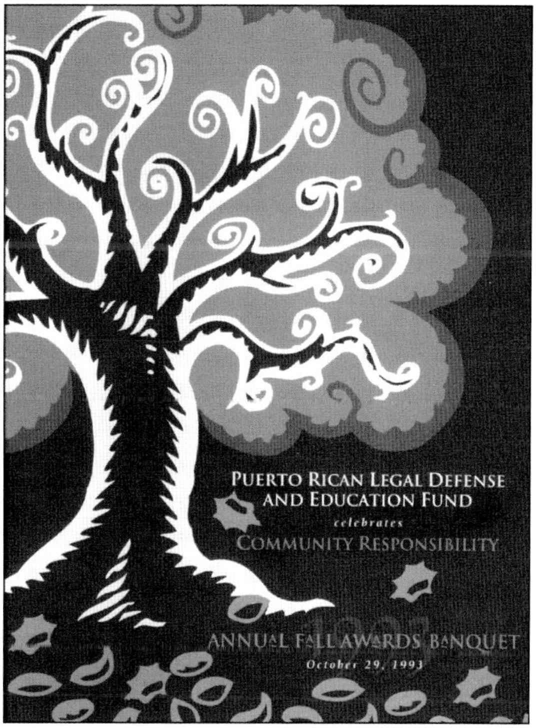

The Puerto Rican Merchants' Association, c. 1975. Founded in the early 1970s by writer/activist Clemente Soto Vélez, this organization protected the rights of pioneering entrepreneurs. (JAMa.)
La Asociación de Comerciantes Puertorriqueños, c. 1975. Fundada en los primeros años de la década de 1970 por el escritor y activista Clemente Soto Vélez protegía los derechos de los primeros empresarios.

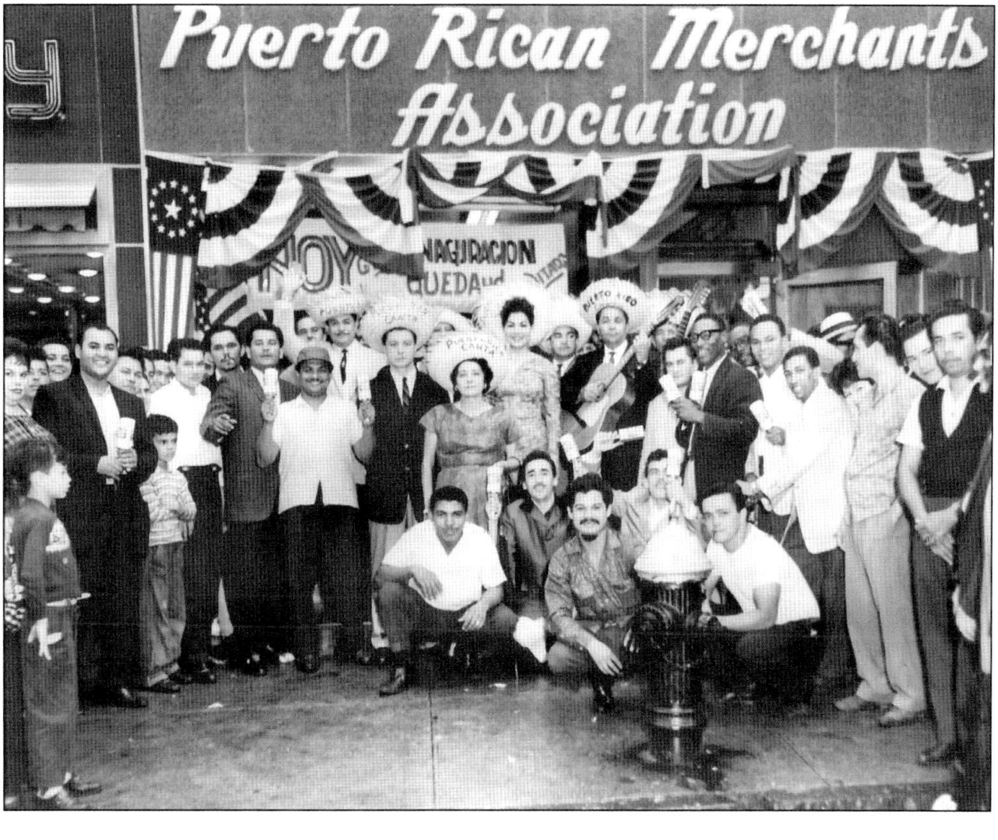

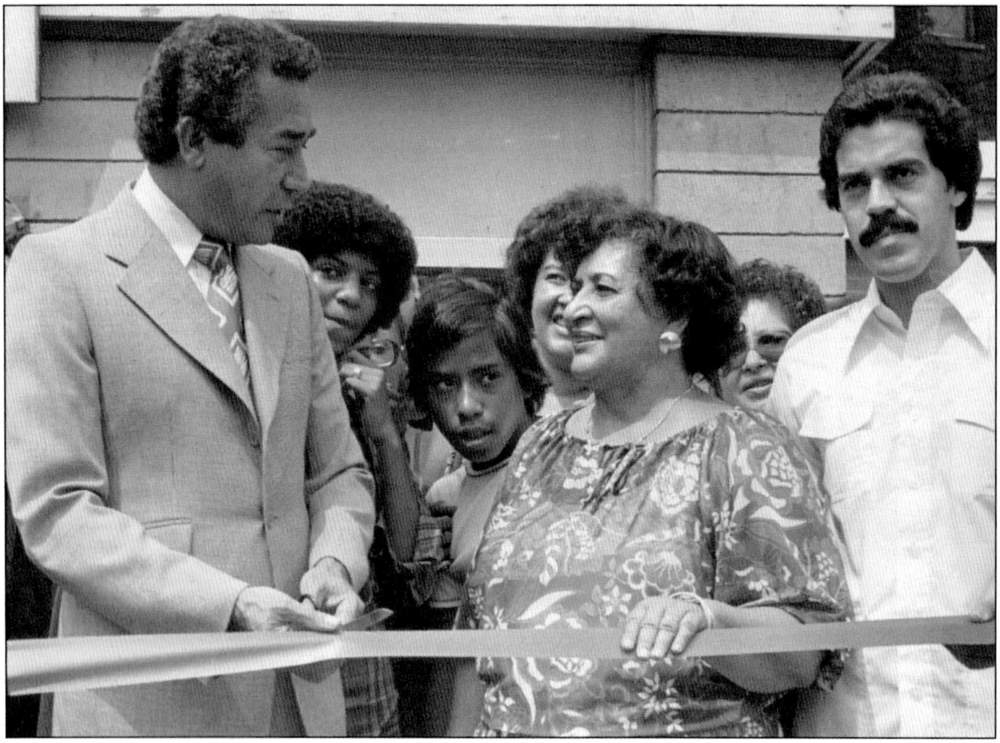

INAUGURATION OF UNITED BRONX PARENTS, INC., 1965. The founder of the organization, Evelina López Antonetty, holding the ribbon, is assisted by politicians, from left to right, Herman Badillo and José Serrano. (The Records of the United Bronx Parents, Inc. [UBP].)
PADRES UNIDOS DEL BRONX, 1965. La fundadora de la organización de los Padres Unidos del Bronx Evelina López Antonetty sostiene la cinta junto a los líderes políticos Herman Badillo y José Serrano, a la extrema derecha.

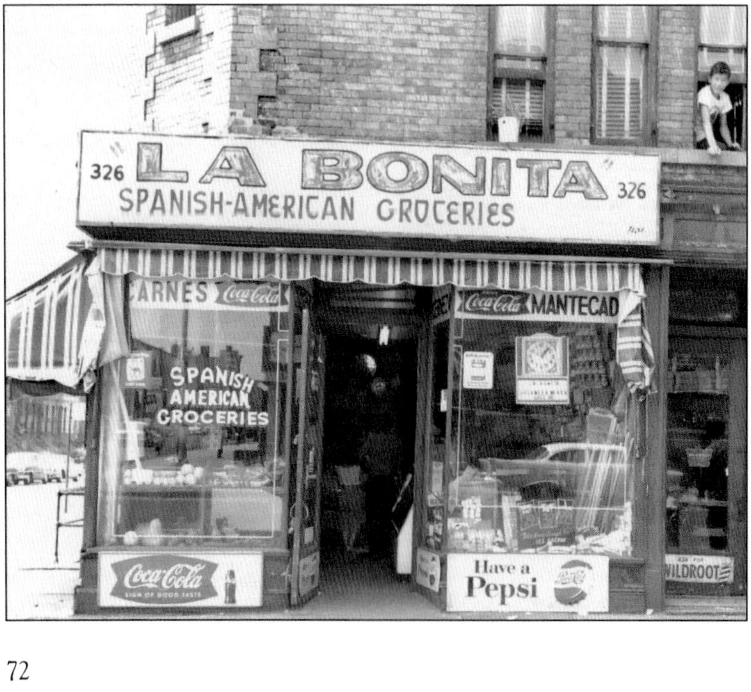

LA BONITA SPANISH-AMERICAN GROCERIES, 1960S. Typical of the many Puerto Rican–owned bodegas found in the barrios, La Bonita advertised its wares in both Spanish and English. (JAMa.)
LA BODEGA HISPANA LA BONITA, C. 1960. Esta bodega como muchas de las bodegas propiedad de puertorriqueños que surgieron en los barrios tenían anuncios de sus productos en ambos idiomas.

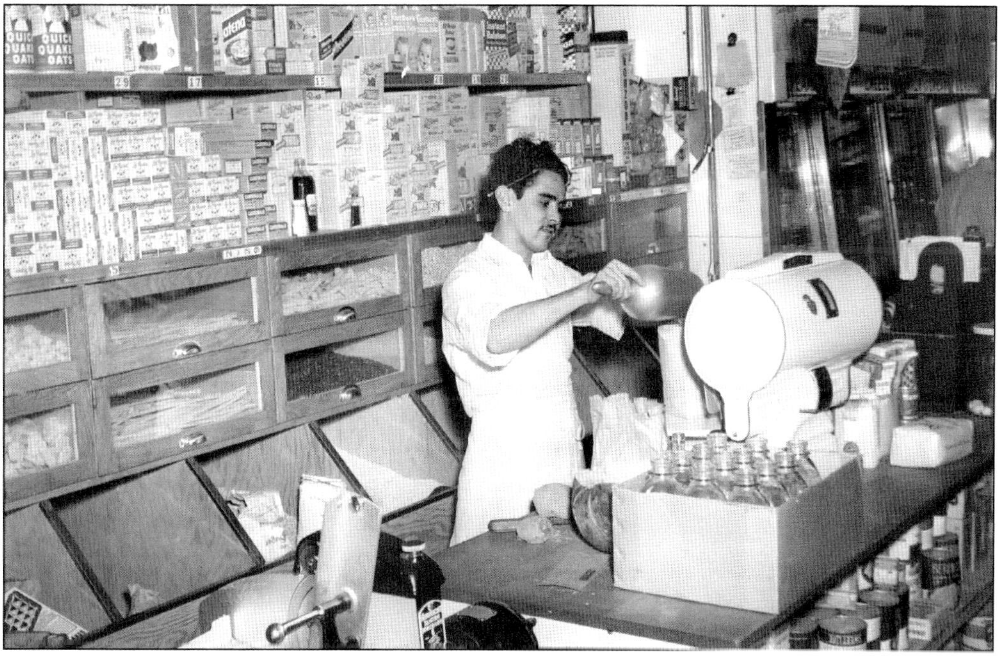

The Bodega Inside View, c. 1959. A store clerk measures and weighs a customer's order. Purchases were often made in bulk. Note the cases filled with loose products behind him. (JAMa.)
El interior de una bodega, c. 1959. El dependiente mide y pesa los productos comprados por los clientes de la tienda que con frecuencia se vendían a granel.

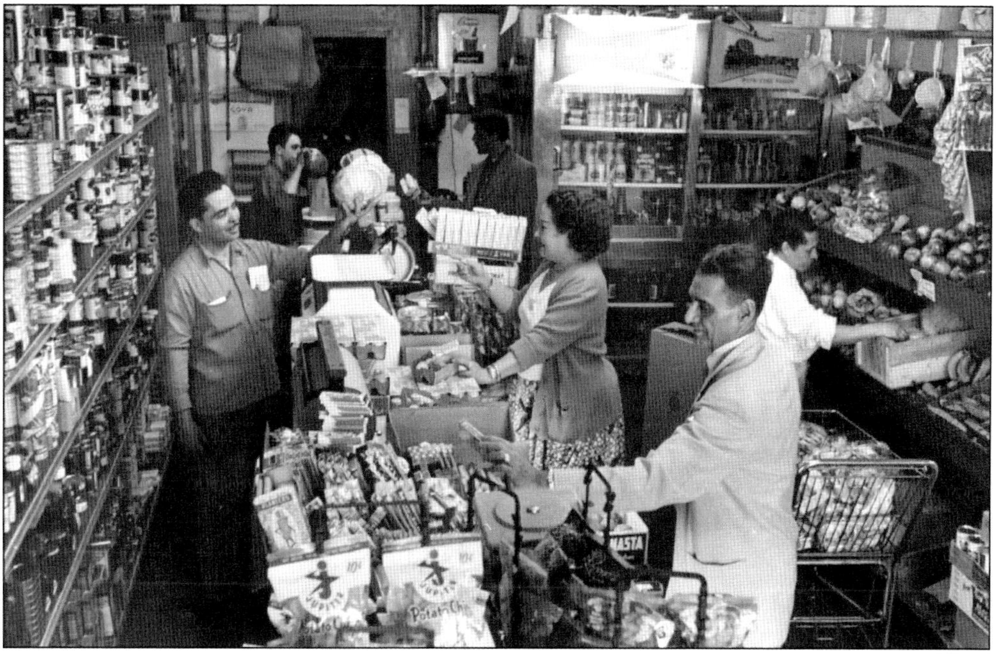

Bodega Interior, c. 1975. Approximating a mini-market, this bodega provides shopping carts and a wide variety of products for its customers. (OGPRUS.)
Interior de bodega en el Bronx, c. 1975. Esta bodega funciona como pequeño colmado proveyendo carros para cargar la compra y ofrece una gran variedad de productos a los consumidores.

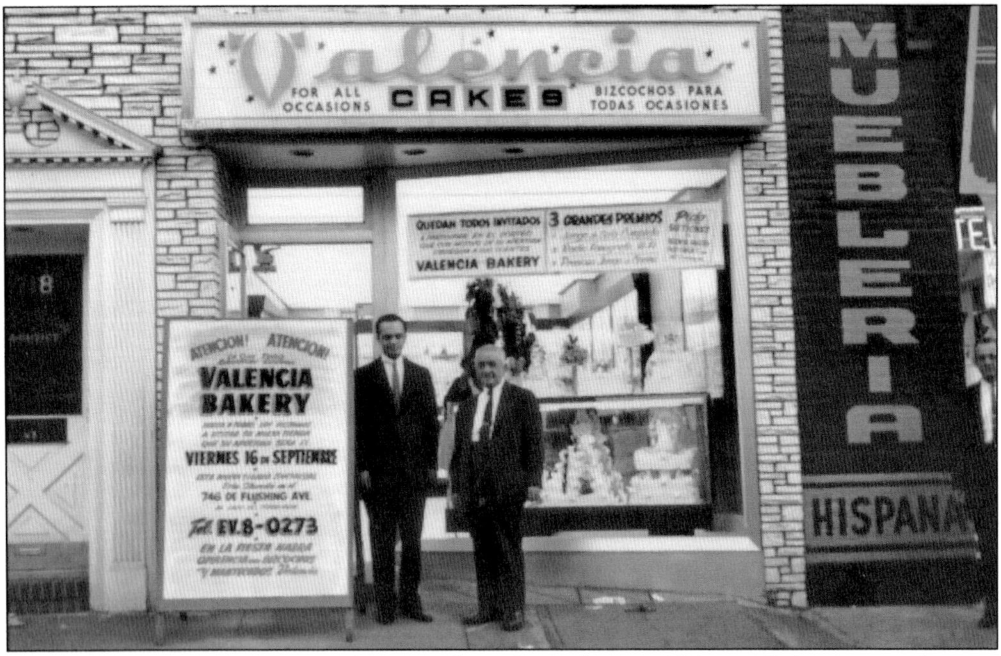

Valencia Bakeries, 1980s. With stores throughout the city, Valencia Bakery was a thriving business. Their cakes were advertised on the radio, and the owners participated in a number of community activities. (JAMa.)
Reposterías Valencia, 1980s. Con sucursales por toda la ciudad, la Repostería Valencia prosperó. Los dueños de la repostería anunciaban la venta de bizcochos en la radio y participaban en muchas de las actividades de la comunidad.

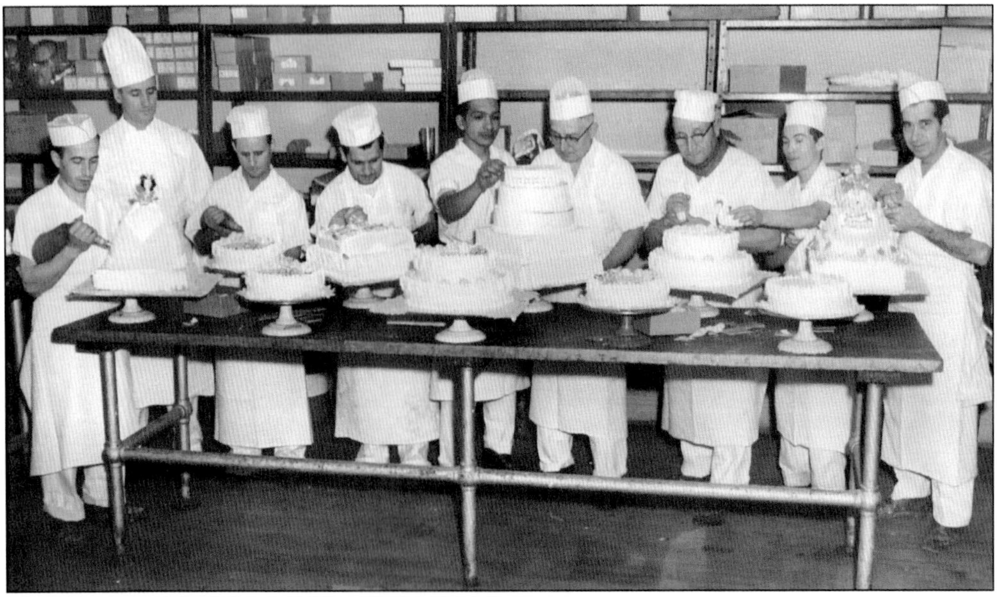

The Perfect Cake for All Occasions, 1980s. Bakers put the finishing touches on their cakes. (JAMa.)
El mejor bizcocho para todas las ocasiones, 1980s. Los reposteros dan los últimos toques a los bizcochos para la venta.

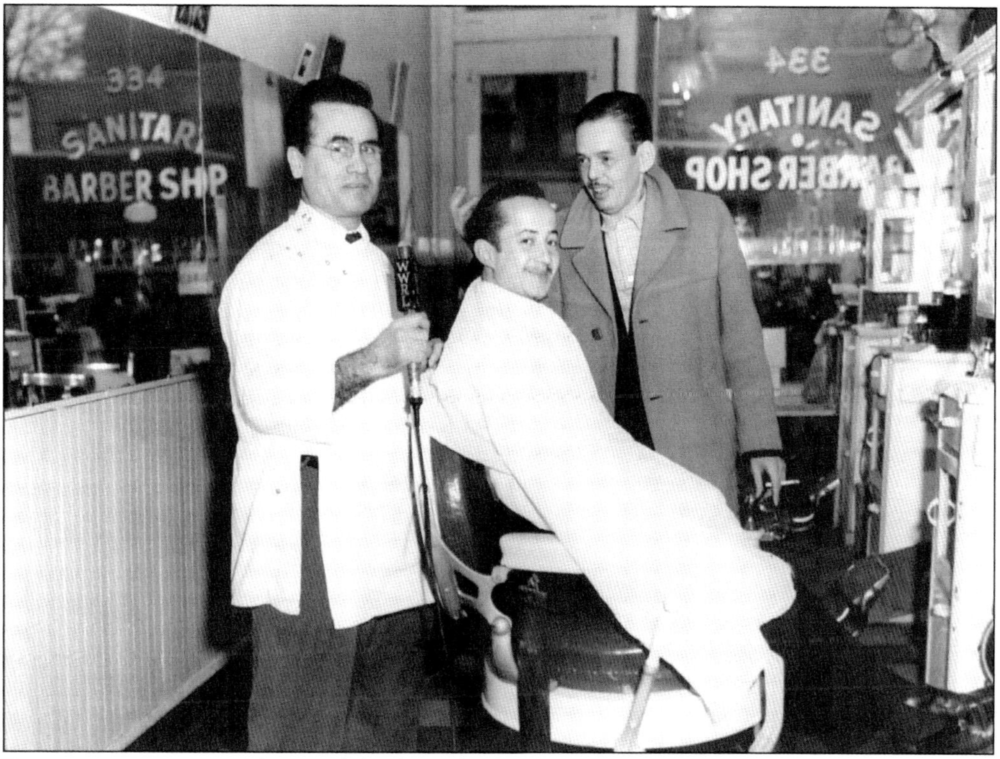

BARBERSHOPS, 1970s. Along with bodegas, barbershops represented another typical business in the barrios. Note the name of the store is Sanitary Barber Shop. (JAMa.)
BARBEROS, 1970s. Junto a las bodegas, las barberías eran otro de los negocios típicos en los barrios. Observen que el letrero resalta que siguen las normas de sanidad.

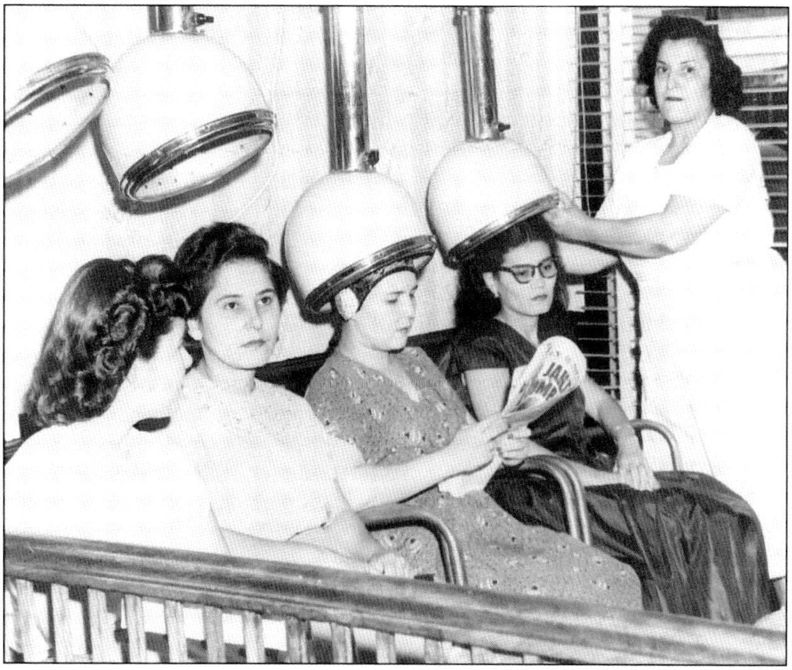

BEAUTY SALONS, 1980s. Women sit under the dryers to complete the final touches to their new hairdos. (JAMa.)
SALÓN DE BELLEZA, 1980s. La peinadora da los últimos toques a los peinados de sus clientes.

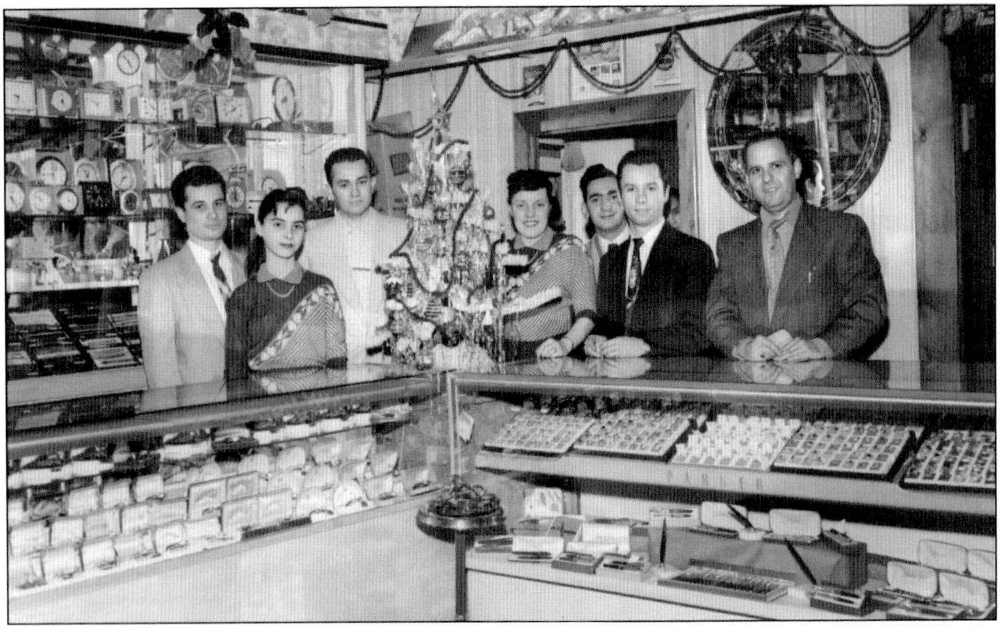

JEWELRY AND RECORD STORE, 1980s. All decked out for the Christmas season, this store sells small electronic equipment and music records as well as jewelry. The staff are probably family members. (OGPRUS.)

JOYERÍA Y TIENDA DE DISCOS DEL CARMEN, 1980s. Listos para las fiestas navideñas, esta joyería también vendía discos y equipos electrónicos. Es probable que este era un negocio de familia.

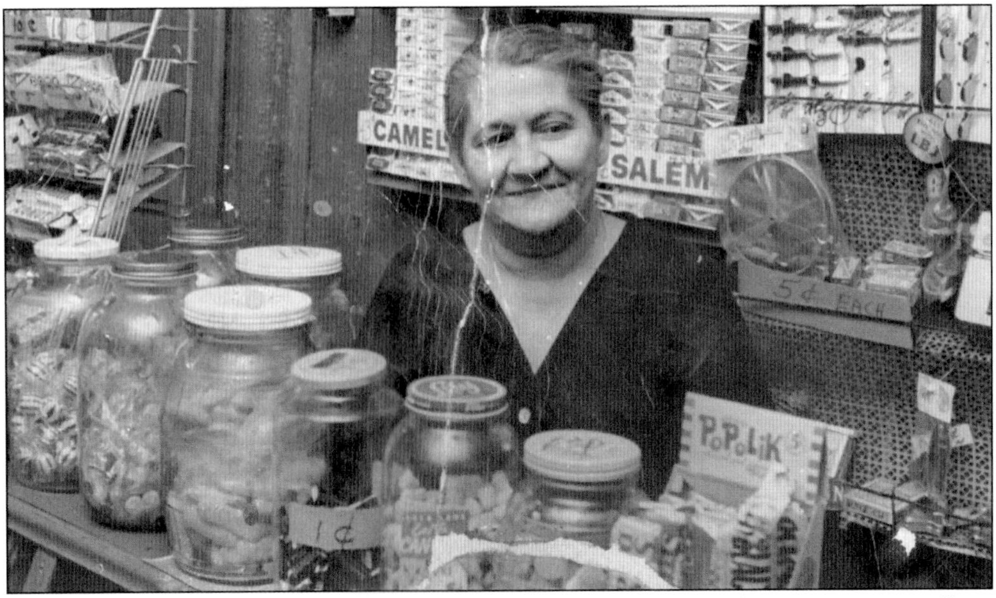

A COMMUNITY LEADER AND BUSINESSWOMAN, C. 1983. A dynamic leader in community affairs, Petra Santiago was also an organizer. Among her many activities, she founded Mobilization for Mothers in the Lower East Side. (The Petra Santiago Papers [PeSa].)

DIRIGENTE DE LA COMUNIDAD Y PEQUEÑA COMERCIANTE, C. 1983. Petra Santiago era un dínamo defendiendo y organizando a su comunidad. Ella fue la fundadora de la organización "Mobilization for Mothers" de Loisaida. Aparece en su pequeña tienda de comestibles y dulces.

Five
Cinco

Creating Culture, Society, and Identity

Haciendo cultura, sociedad e identidad

An artistic tradition has long been part of the Puerto Rican experience. Music, performance, and the visual arts rapidly flourished in the New York community. Blending island sounds with an urban influence that ultimately came to be known throughout the world, the city incubated the genre that is today's Latin music. From mambo mania to salsa and Latin jazz, orchestras played for enthusiastic, ethnically mixed audiences who, in turn, created the most innovative, sophisticated dance movements of the day. In similar fashion, literature combined elements of the island tradition and the New York experience, giving rise to a new consciousness, the Nuyorican expression. Interestingly, artistic representation was highly diverse and functioned at many levels. World-class opera singers commanded a loyal following among Puerto Ricans, but the murals boldly painted on the sides of barrio buildings expressed the views of the common people. They visually reflected political sentiments, denounced injustice and discrimination, and gave voice to the disempowered.

Las tradiciones artísticas han sido parte fundamental de la experiencia cultural puertorriqueña. La música, la actuación y las artes visuales florecieron entre la comunidad puertorriqueña en Nueva York. La mezcla de los ritmos de la Isla con los de la gran ciudad finalmente se dieron a conocer a través del mundo, la ciudad incubó el género de lo que hoy conocemos como música latina. De la obsesión con el mambo a la salsa y el jazz latino que tocaban las orquestas para la diversas audiencias étnicas terminaron creando ritmos innovadores y sofisticados del momento presente. De la misma manera la literatura combinó elementos literarios de la tradición cultural de la Isla y de la migración en Nueva York dando paso a la creación de una conciencia y expresió nuevarriqueña. La representación artística fue muy rica y funciona a muchos niveles como es el caso de los cantantes de ópera que disfrutaban de fama mundial y tenían muchos seguidores leales entre los puertorriqueños o el de los murales de colores atrevidos pintados en los edificios de los barrios que expresaban el sentir de la gente de pueblo. Ellos todos son un reflejo visual de los sentimientos políticos, denuncian la injusticia y la discriminación y dieron voz a los indefensos.

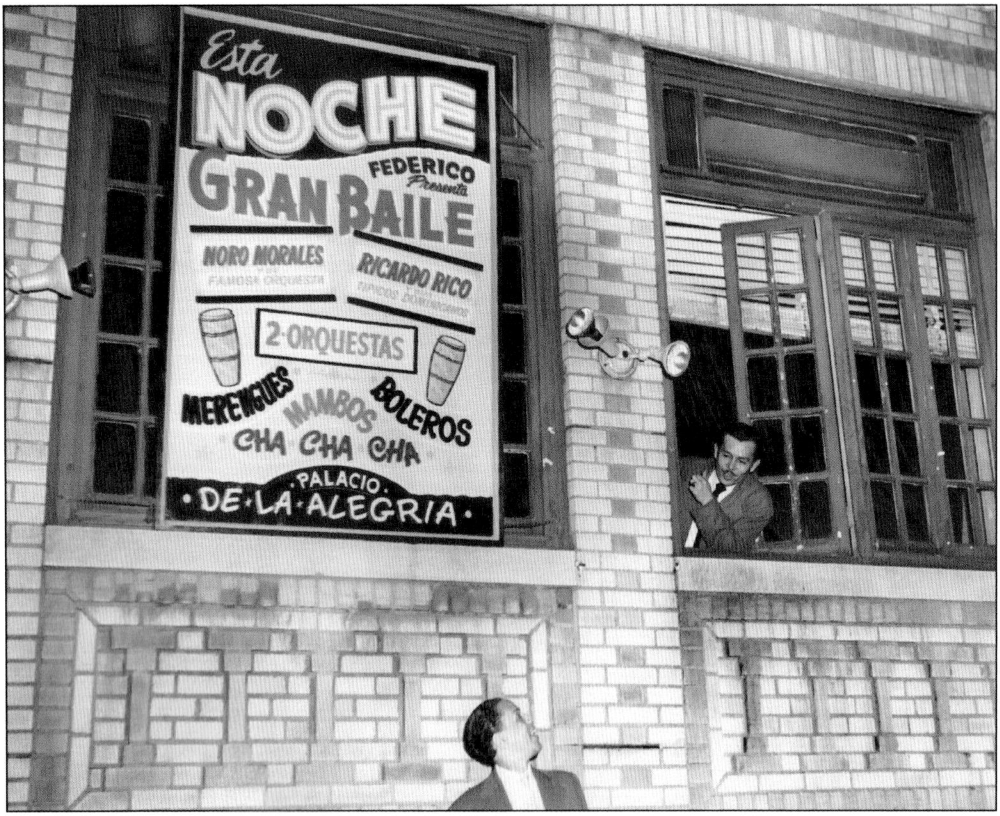

GRAND BALL AT THE PALACIO ALEGRÍA, C. 1955. This advertisement announces that the bands of Noro Morales and Ricardo Rico will be playing a wide selection of dance music at this event. (JAMa.)
GRAN BAILE EN EL PALACIO DE LA ALEGRÍA, C. 1955. El anuncio del baile con las orquestas de Noro Morales y Ricardo Rico promete una gran variedad de ritmos musicales.

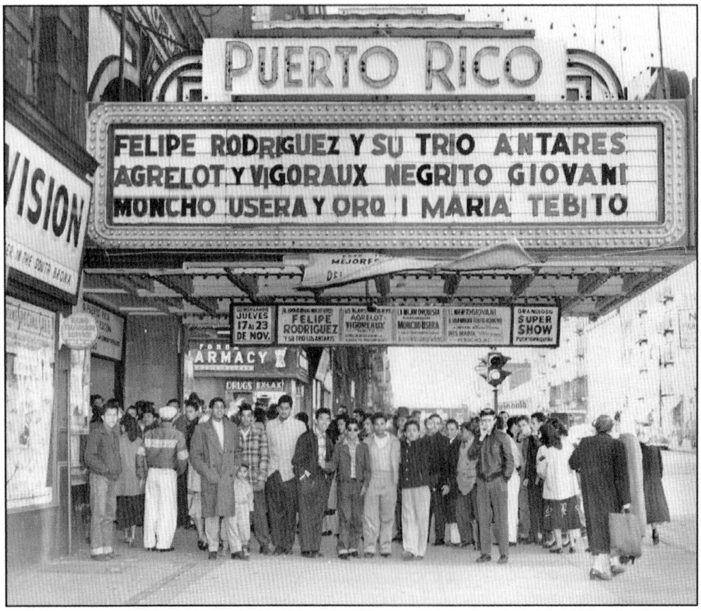

TEATRO PUERTO RICO, C. 1955. The crowd poses under the marquee announcing the performance of several musical acts. Musical groups frequently performed at theaters. (JAMa.)
EL TEATRO PUERTO RICO EN EL BRONX, C. 1955. Los aficionados posan frente a la marquesina que anuncia a los artistas y músicos que aparecen en la revista musical que se presentaban con frecuencia en teatros como este.

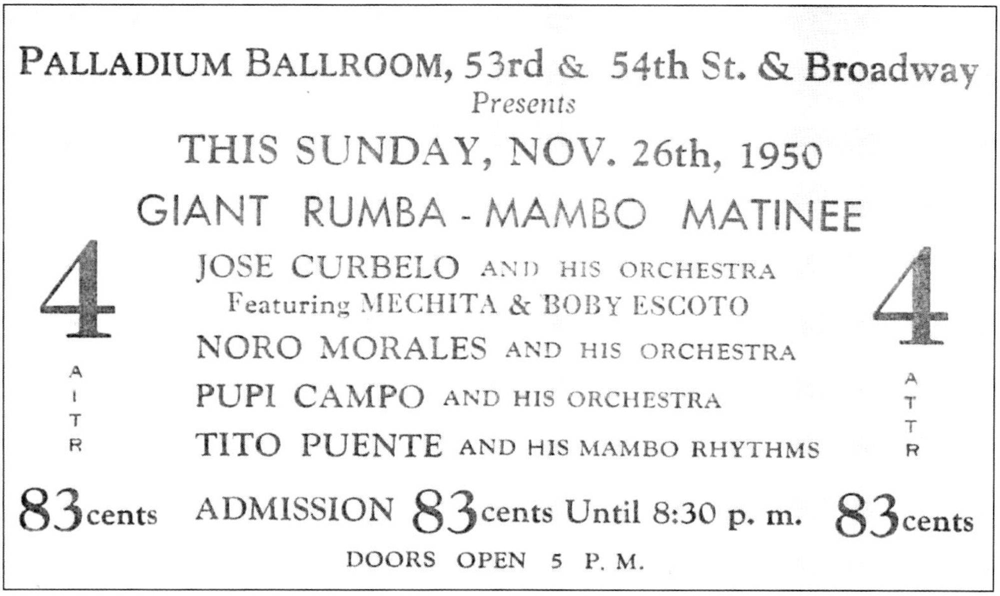

PALLADIUM BALLROOM, 53rd & 54th St. & Broadway

Presents

THIS SUNDAY, NOV. 26th, 1950

GIANT RUMBA - MAMBO MATINEE

4 A I T R

JOSE CURBELO AND HIS ORCHESTRA
Featuring MECHITA & BOBY ESCOTO

NORO MORALES AND HIS ORCHESTRA

PUPI CAMPO AND HIS ORCHESTRA

TITO PUENTE AND HIS MAMBO RHYTHMS

4 A T T R

83cents ADMISSION 83cents Until 8:30 p. m. 83cents

DOORS OPEN 5 P. M.

PALLADIUM BALLROOM ANNOUNCEMENT, 1950. Promoting a giant Rumba-Mambo Matinee, this event featured four major bands at bargain prices. (The José Sánchez Collection; courtesy Carmen Sánchez [JoSa].)

ANUNCIO DEL PALLADIUM, 1950. Menciona cuatro grandes orquestas que aparecerán en esta fiesta de rumba y mambo por tan solo 83 centavos.

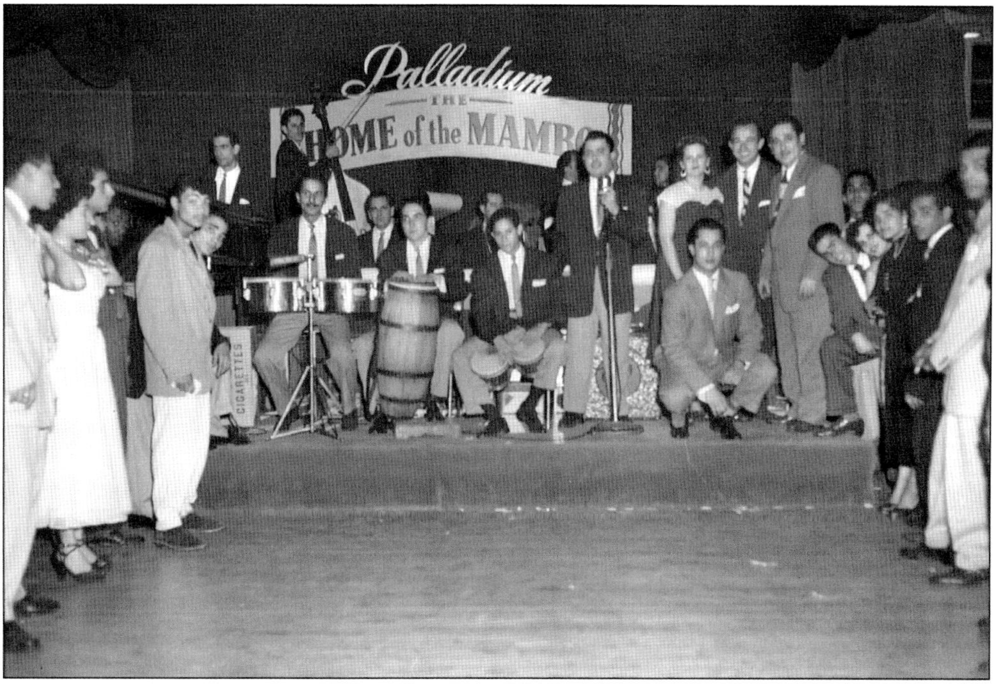

THE PALLADIUM—HOME OF THE MAMBO, C. 1955. The orchestra is pictured under the famous banner declaring the Palladium as the major site for mambo aficionados. (JAMa.)

EL PALLADIUM-EL HOGAR DEL MAMBO, C. 1955. El afamado escenario del Palladium donde se daban cita los aficionados a este ritmo musical.

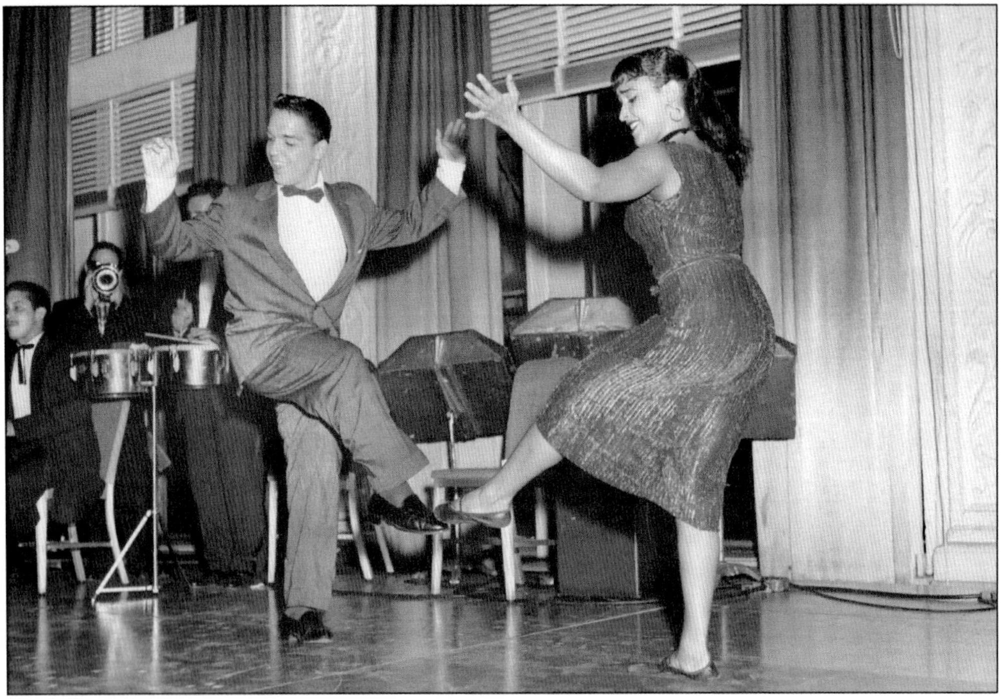

DANCERS POLISH THEIR STEPS, 1957. Jaime and Polly Rogers were a brother and sister team of professional dancers who demonstrated Latin dances in a variety of dance halls. (JeCo.)
PULIENDO SUS PASOS, 1957. Los hermanos Jamie y Polly Rogers eran bailarines profesionales que daban demonstraciones de los bailes latinos en diferentes salones de bailes.

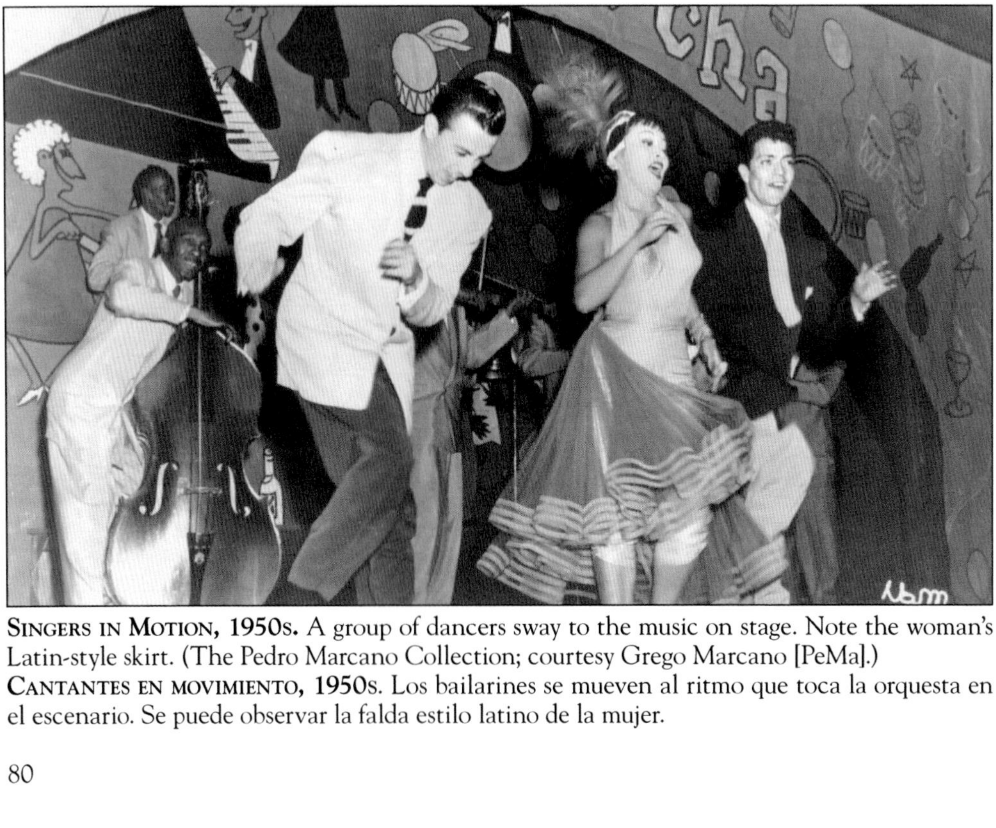

SINGERS IN MOTION, 1950s. A group of dancers sway to the music on stage. Note the woman's Latin-style skirt. (The Pedro Marcano Collection; courtesy Grego Marcano [PeMa].)
CANTANTES EN MOVIMIENTO, 1950s. Los bailarines se mueven al ritmo que toca la orquesta en el escenario. Se puede observar la falda estilo latino de la mujer.

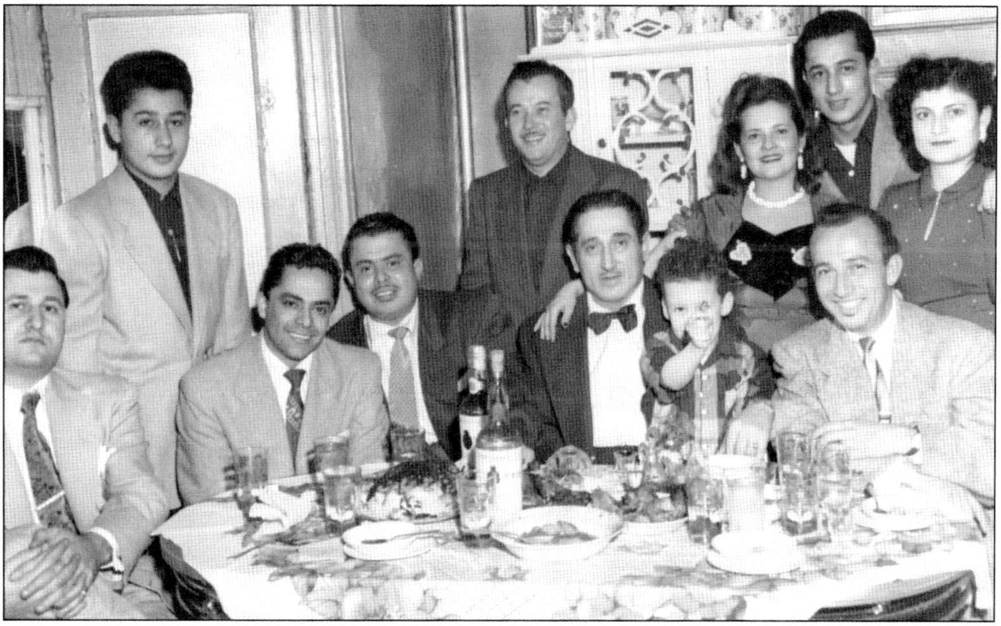

MUSICIANS, ENTERTAINERS, AND FAMILY MEMBERS, 1955. Entertainers gather around the table. Among this group are Tito Rodríguez, César Concepción, Joe Valle, and the Nicholas Rivera family. (JAMa.)
MÚSICOS Y ARTISTAS Y MIEMBROS DE UNA FAMILIA, 1955. La familia de Nicolás Rivera de Brooklyn sirven de anfitriones de un grupo de músicos; entre ellos aparecen Tito Rodríguez, César Concepción y Joe Valle.

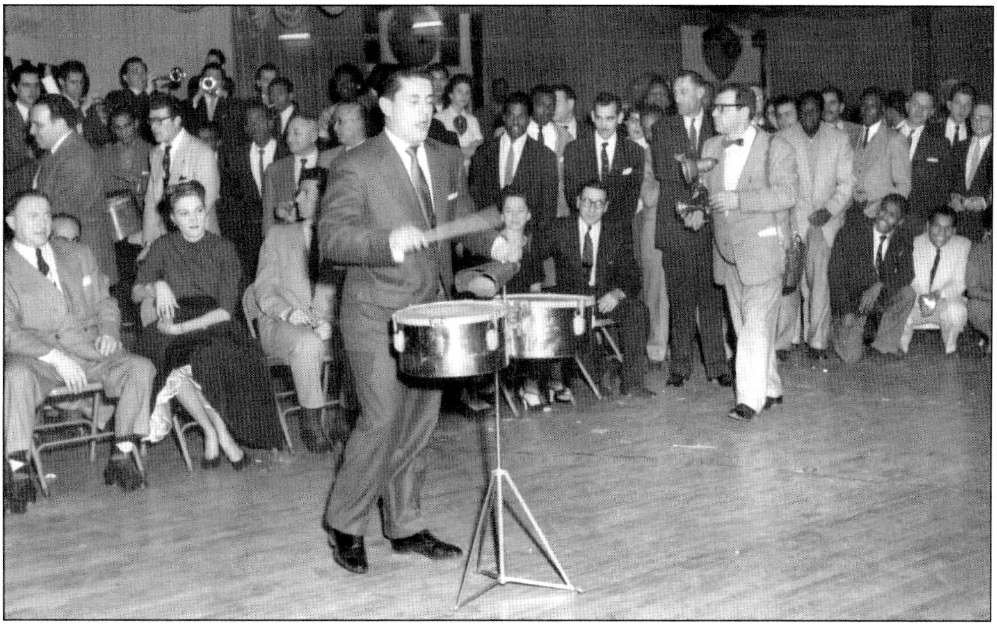

TITO PUENTE AT THE PALLADIUM, C. 1955. A young Tito Puente, one of the leading percussion artists, plays for a New York audience. (JAMa.)
TITO PUENTE TOCA LOS TIMBALES EN EL PALLADIUM, C. 1955. El joven percusionista luce sus talentos ante las audiencias niuyorquinas.

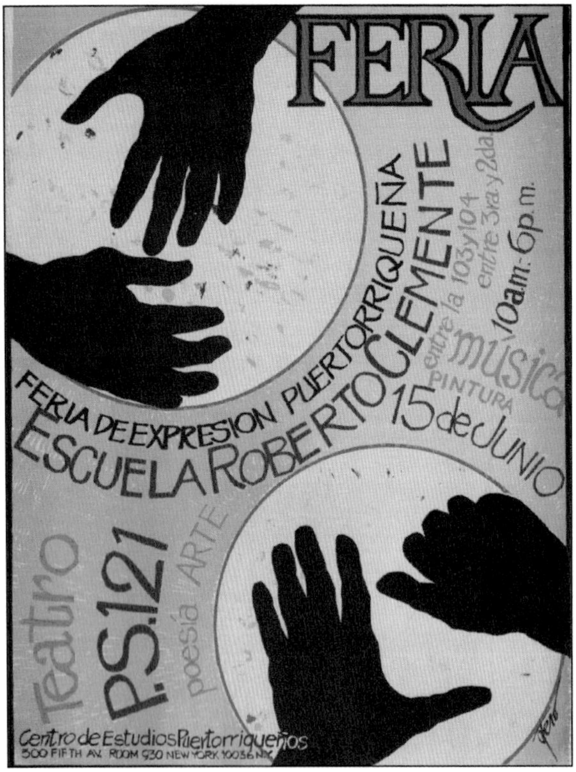

A Forum for Artistic Puerto Rican Expression, 1975. This exhibition of art, music, poetry, and theater was sponsored by the Center for Puerto Rican Studies. (Centro.) **Un foro para los artistas expresar sus talentos, 1975.** El Centro de Estudios Puertorriqueños auspició esta exhibición de arte, música, poesía y teatro.

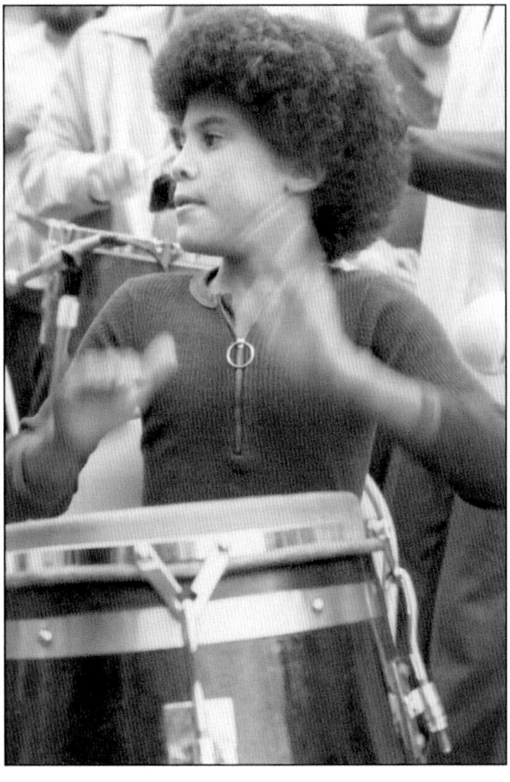

Across Generations, 1975. Youth follows in the footsteps of a proud musical tradition. (Centro.) **Trascendiendo generaciones, 1975.** El conguerito sigue los pasos de una digna tradición musical.

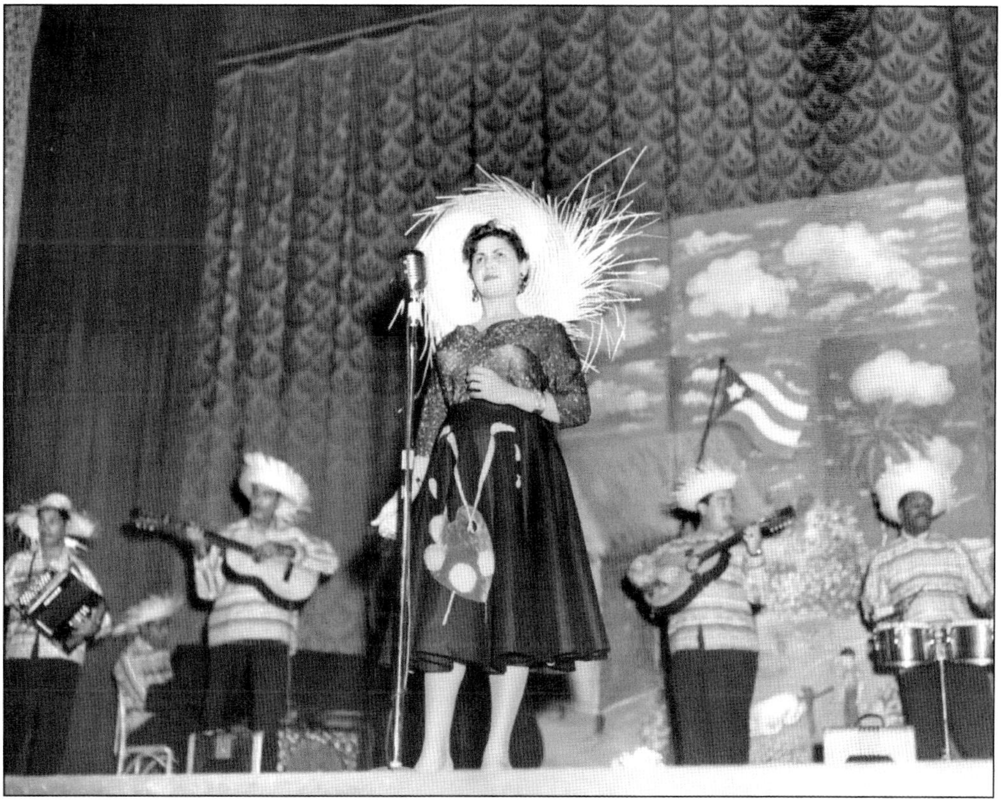

LA CALANDRIA PREPARES TO SING, 1970s. Judging by this group dressed in traditional garb, folkloric music was also popular in New York. (JAMa.)
LA CALANDRIA LISTA PARA CANTAR, 1970s. A juzgar por la vestimenta típica de este conjunto se puede inferir la popularidad que tenía este género de música entre los puertorriqueños en Nueva York.

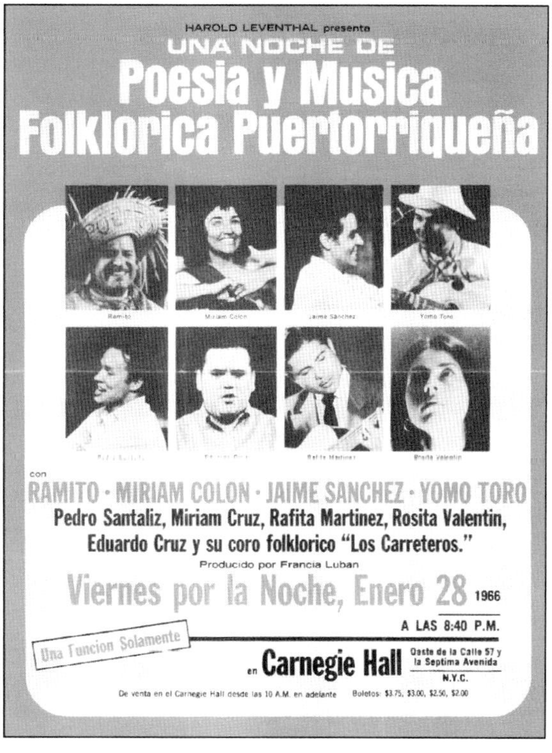

AN EVENING OF POETRY AND FOLKLORIC MUSIC, 1966. One night only at Carnegie Hall, performers include Miriam Colón, Ramito, Yomo Toro, and Jaime Sánchez. (JeCo.)
UNA NOCHE DE POESÍA Y MÚSICA TÍPICA, 1966. Miriam Colón, Ramito, Yomo Toro y Jaime Sánchez eran las principales atracciones de este espectáculo en el Carnegie Hall.

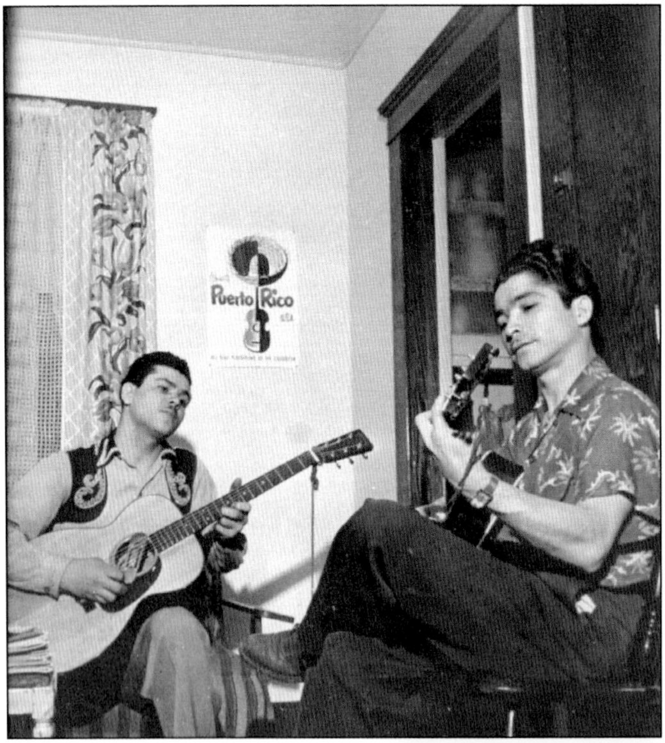

Musicians Play in the Home, 1970s. Live music was frequently played at functions in the home. Here two musicians practice. (OGPRUS.)
Músicos tocan en el hogar, 1970s. La música en vivo se dejaba escuchar con frecuencia en el hogar donde estos dos músicos entonan sus melodías.

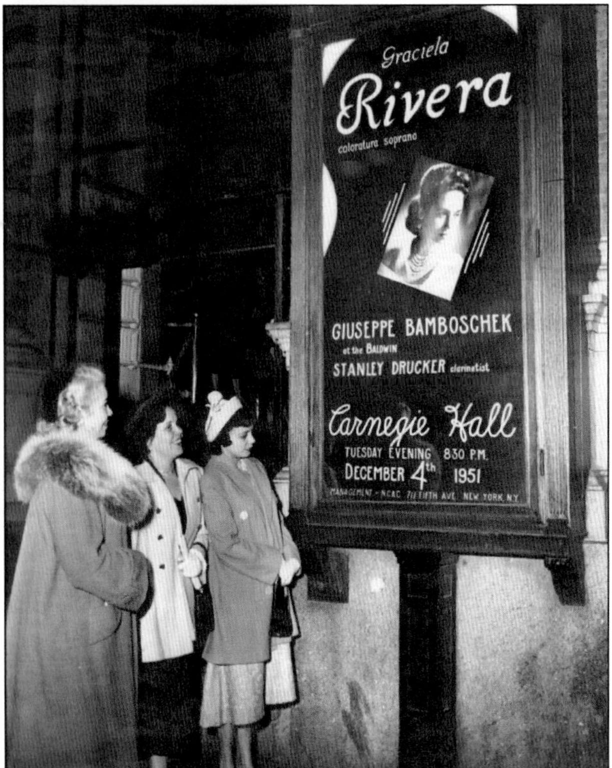

Graciela Rivera Sings at Carnegie Hall, 1951. This performance was a momentous occasion for the Puerto Rican community where musical tastes ranged from folkloric music to the opera. (OGPRUS.)
Graciela Rivera cantando en el Carnegie Halll, 1951. Esta presentación fue una ocasión muy especial para la comunidad puertorriqueña que demostró que sus gustos musicales variaban desde la música jíbara hasta la ópera.

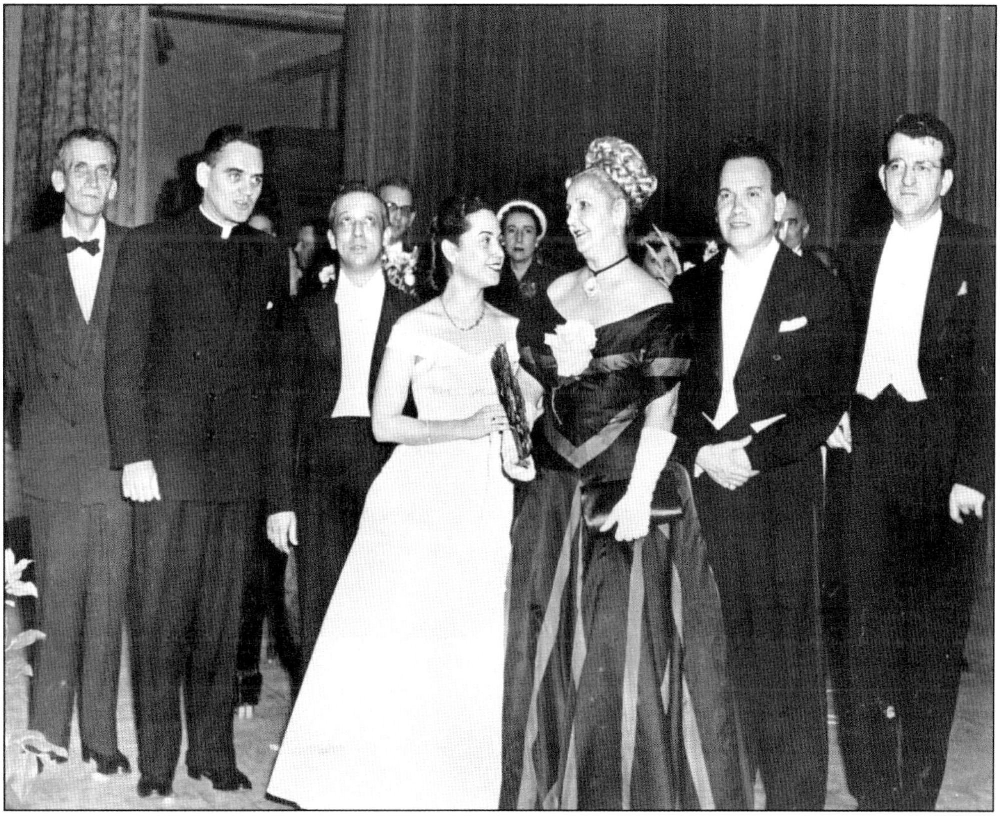

A GALA EVENT, 1951. The soprano, Graciela Rivera, is greeted by the mayor of San Juan, Felisa Rincón de Gautier. (OGPRUS.)
ACTIVIDAD DE GALA, 1951. La soprano Graciela Rivera es felicitada por la Alcaldesa de San Juan, Felisa Rincón de Gautier.

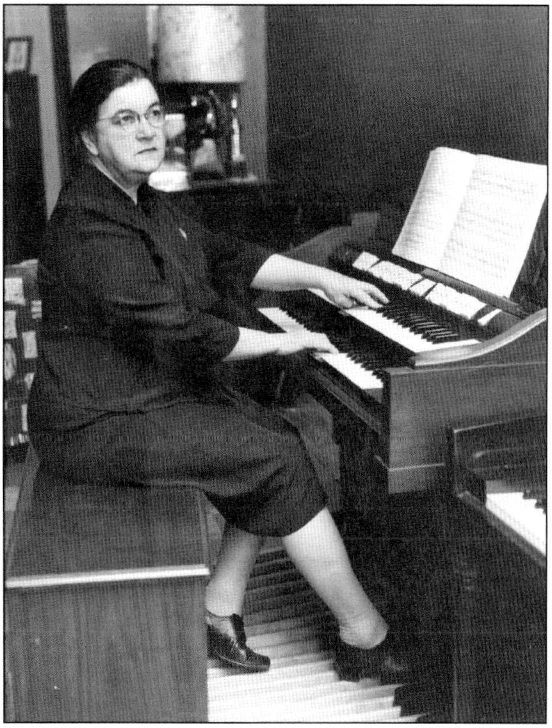

GENOVEVA DE ARTEAGA, C. 1970. Raised in a family of classical musicians, Arteaga was an accomplished pianist, organist, and composer. (The Genoveva de Arteaga Papers [GeAr].)
GENOVEVA DE ARTEAGA, C. 1970. Criada en una familia de músicos clásicos. Arteaga era reconocida como pianista, organista y compositora.

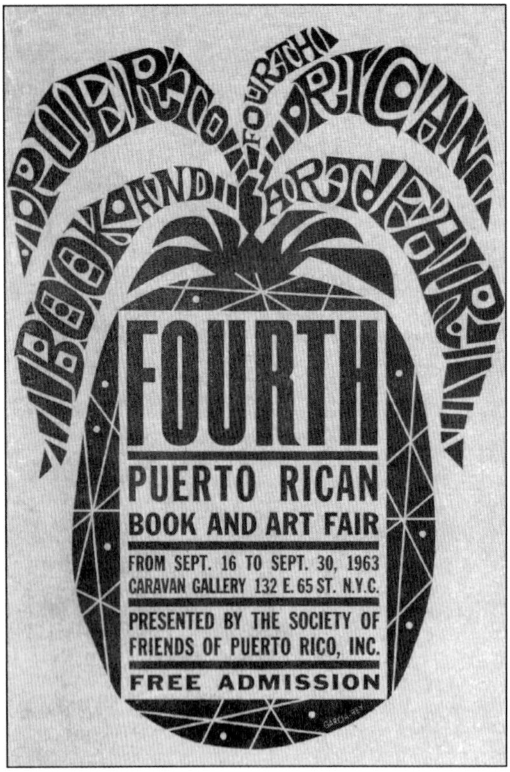

PUERTO RICAN BOOK AND ART FAIR, 1963. The poster announces the fourth book and art fair sponsored by the Society of Friends of Puerto Rico, Inc. (PuBe.)
FERIA DEL LIBRO Y ARTE, 1963. El cartel anuncia la cuarta feria del libro y arte auspiciada por la Sociedad de Amigos de Puerto Rico, Inc.

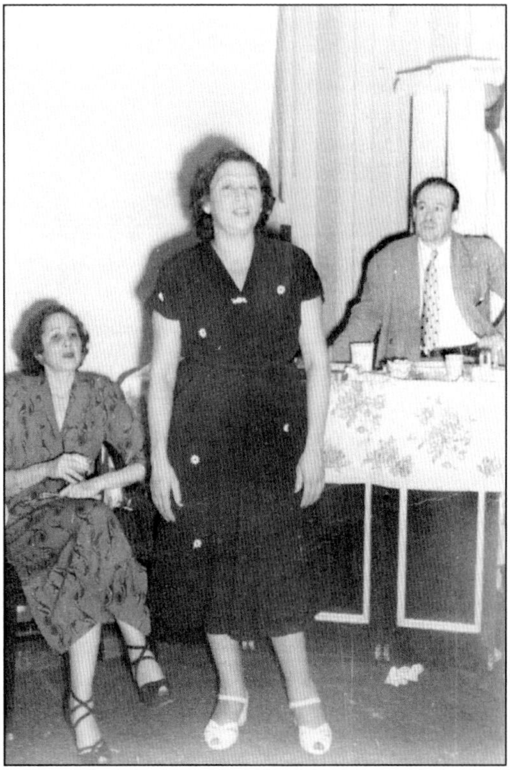

JULIA DE BURGOS, C. 1950. The noted writer and poet Julia de Burgos recites her poetry in public. Juan Avilés stands behind the table. (The Clemente Soto Vélez and Amanda Vélez Papers [ClSV].)
JULIA DE BURGOS, C. 1950. La reconocida poetisa y escritora Julia de Burgos declama uno de sus poemas mientras el escritor Juan Avilés observa al fondo.

CLEMENTE SOTO VELÉZ SPEAKS ON SOCIETY, CULTURE, AND POLITICS IN PUERTO RICO, 1970s. A poet, writer, and political activist, Soto Veléz was a leading figure in the community. (ClSV.) **VOLANTE ANUNCIANDO UNA ACTIVIDAD DE CLEMENTE SOTO VÉLEZ, 1970s.** Soto Vélez, el poeta, escritor y activista político, dictó una conferencia sobre la sociedad, cultura y política en Puerto Rico. El era también un conocido dirigente de la comunidad.

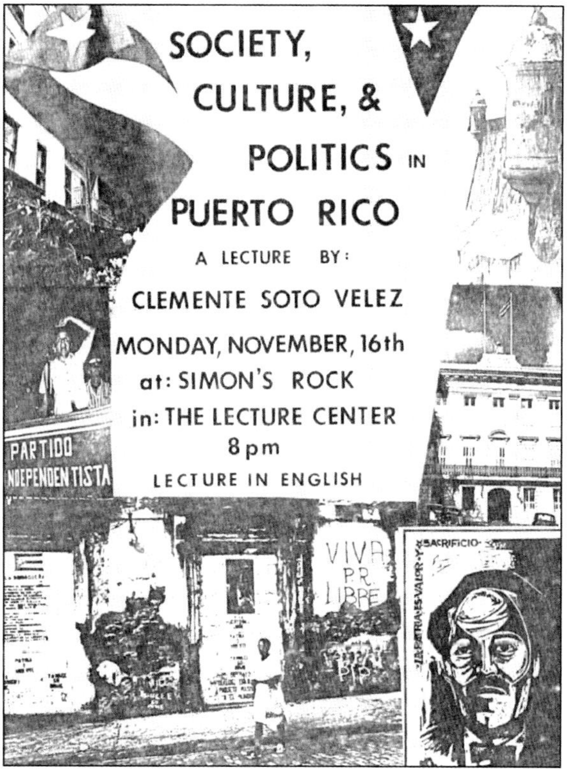

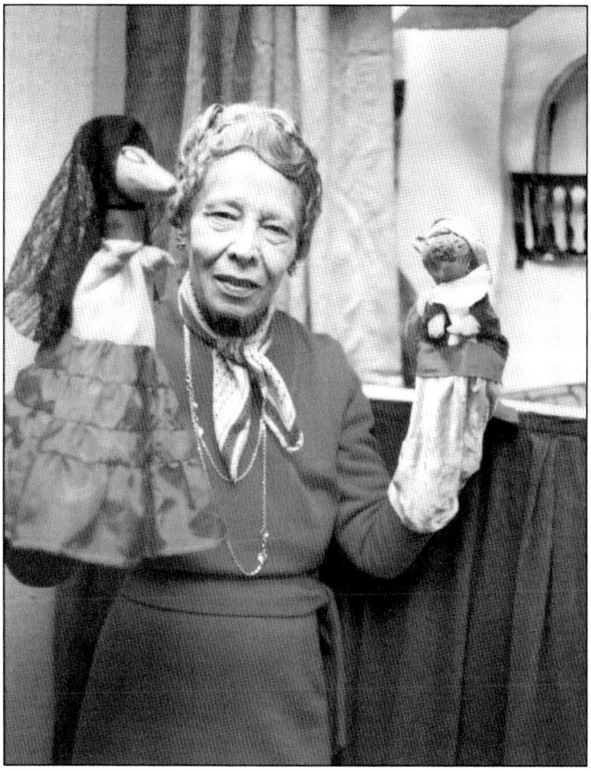

PURA BELPRÉ, C. 1981. Holding puppets of Pérez and Martina, the storyteller and author Belpré recounts their story. (PuBe.) **PURA BELPRÉ, C. 1981.** La cuentista y autora Belpré sostiene las marionetas del cuento de *Pérez y Martina* que ella relató en innumerables ocasiones.

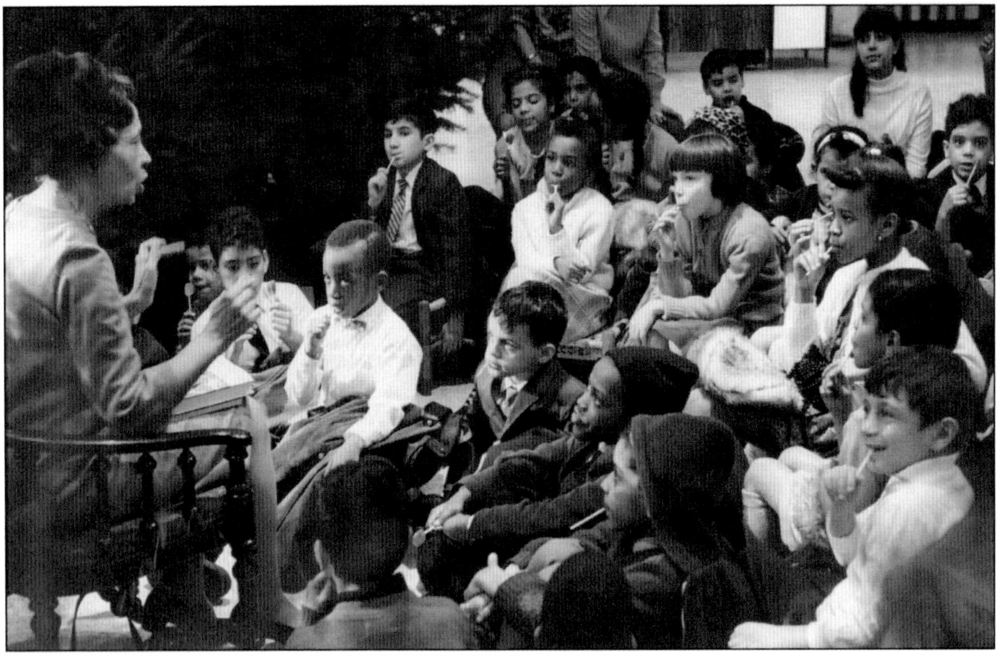

Belpré Spins a Tale for a Rapt Audience, c. 1980. A teacher of teachers, Pura Belpré demonstrates the art of storytelling at El Museo del Barrio. (PuBe.)
Belpré cautiva a su audiencia con su cuento, c. 1980. Maestra entre maestros, Pura Belpré demuestra el arte de narrar un cuento para los niños en el Museo del Barrio.

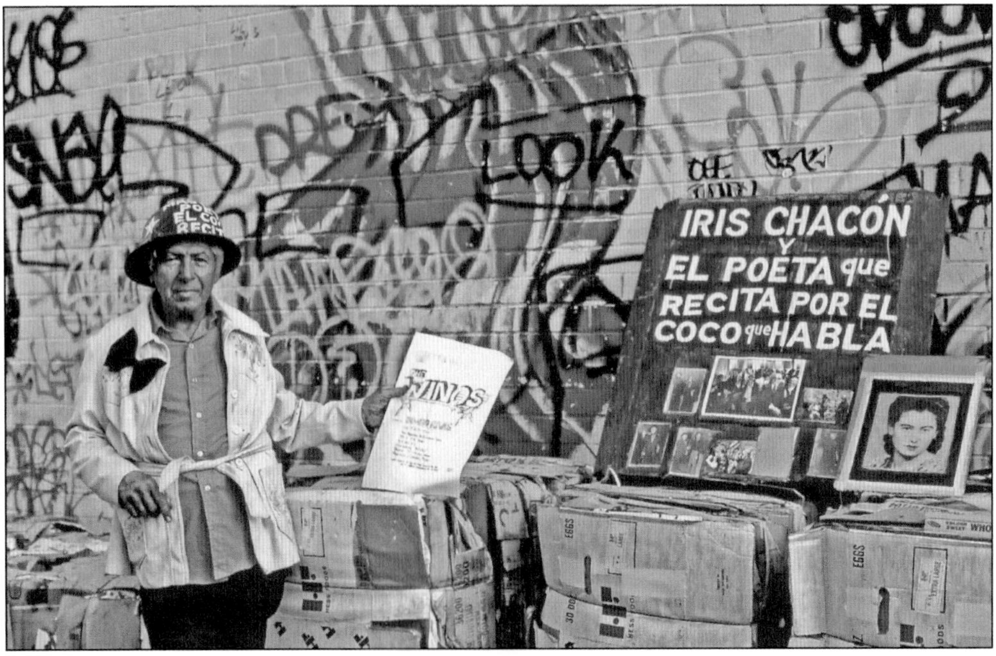

Music and Poetry Display Outdoors, 1970s. Jorge Brandon "el Coco que habla" shows his books, music, and poetry against a painted mural on the Lower East Side. (MMomber.)
Música y poesía muestra en la calle, 1970s. El poeta Jorge Brandon "el Coco que habla" muestra sus libros, música y poemas frente a un mural en Loisaida.

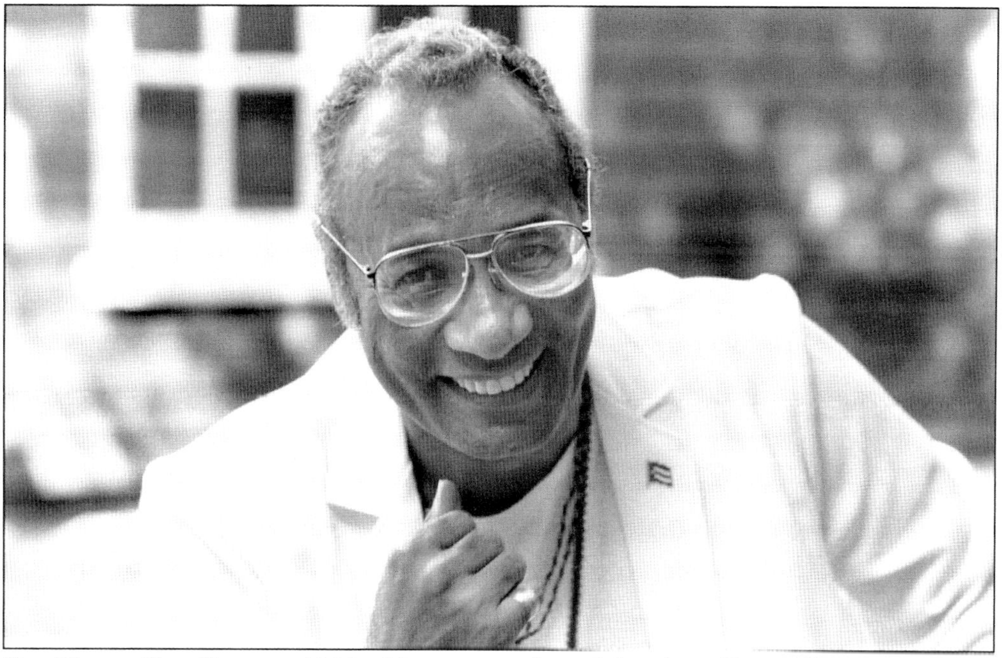

THE WRITER PIRI THOMAS, 1980S. Nuyorican author of the classic *Down These Mean Streets*, Thomas was among the first popular Puerto Rican writers. (Centro.)
EL ESCRITOR PIRI THOMAS, 1980S. El autor nuyorican, del clásico *Down These Mean Streets*, fue uno de los primeros escritores de la diáspora puertorriqueña en ser públicamente aclamado.

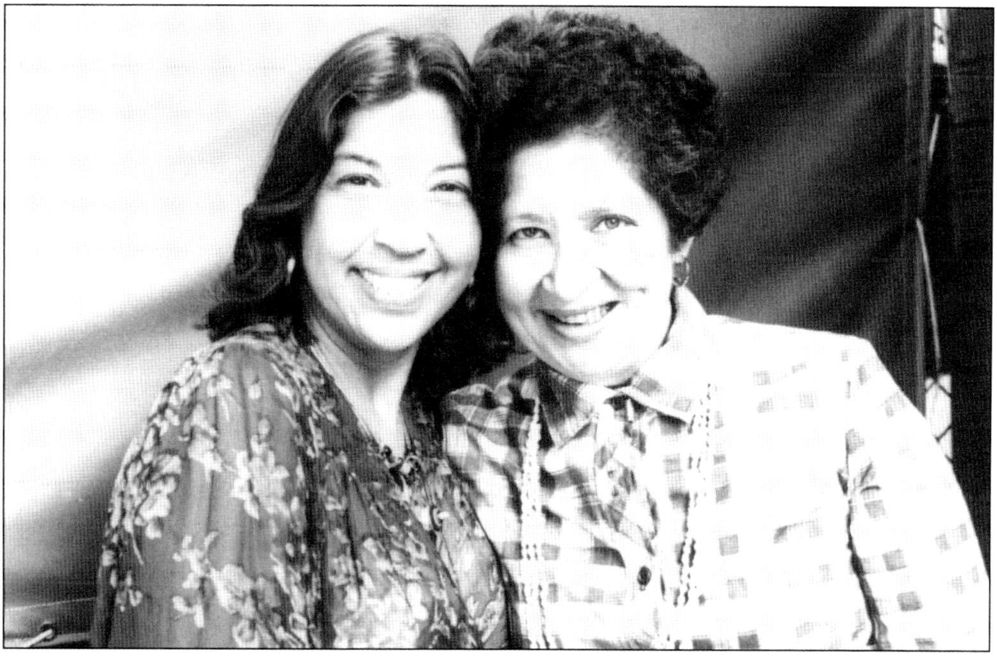

NICHOLASA MOHR AND LILLIAN LÓPEZ, 1980S. Seen on the left, Nuyorican writer Mohr's acclaimed publications include semi-biographical stories about life in the South Bronx. (LiLo.)
NICHOLASA MOHR Y LILLIAN LÓPEZ, 1980S. La escritora Mohr, a la izquierda, fue reconocida por su obra semi-biográfica en el Sur del Bronx.

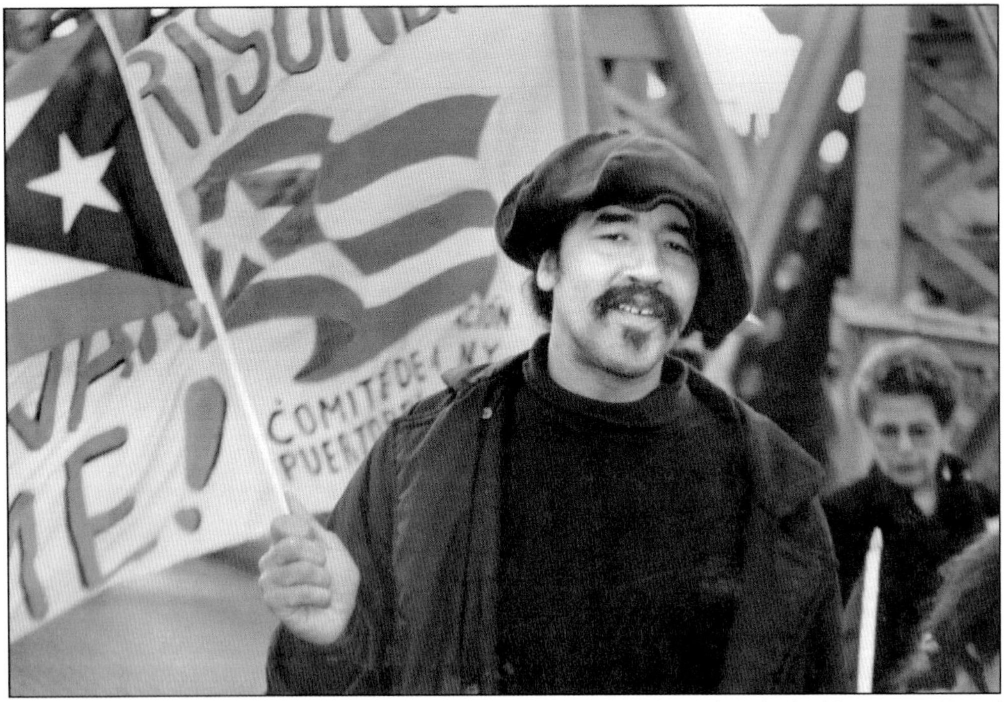

Pedro Pietri Waves Puerto Rican Flag, 1980s. Long connected with the Nuyorican Poets' Cafe on the Lower East Side, Pietri's work has become a literary classic. (The Pedro Pietri Papers; courtesy Margarita Deida Pietri [PePi].)
Pedro Pietri ondea la bandera puertorriqueña, 1980s. La obra de Pietri, asociado por muchos años con el Nuyorican Poets' Café en Loisaida se ha convertido en un clásico de la literatura.

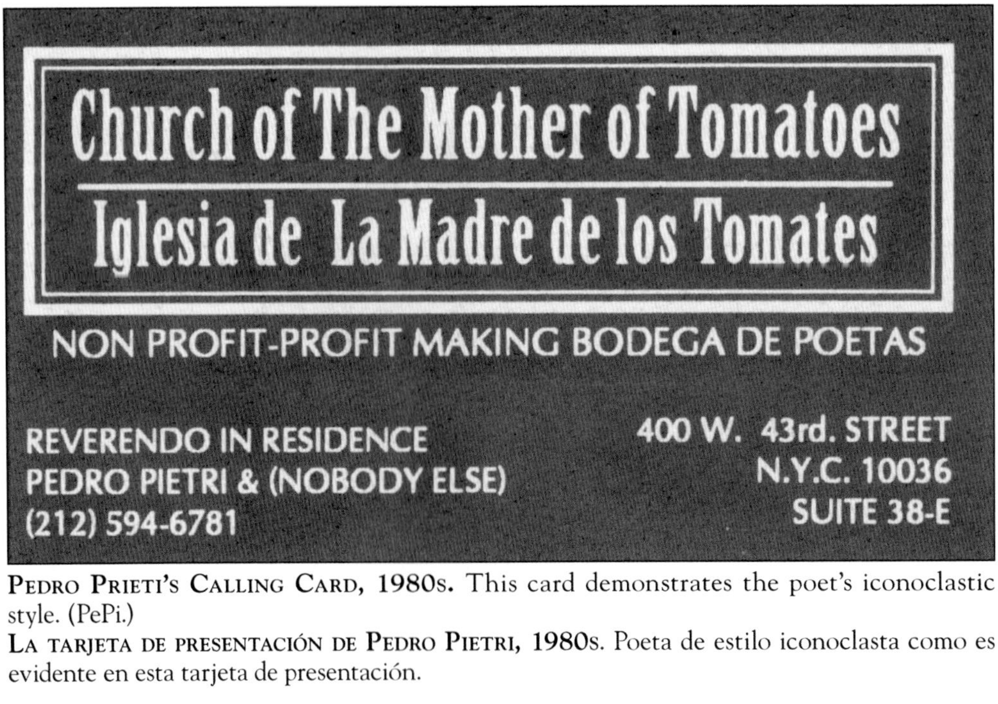

Pedro Prieti's Calling Card, 1980s. This card demonstrates the poet's iconoclastic style. (PePi.)
La tarjeta de presentación de Pedro Pietri, 1980s. Poeta de estilo iconoclasta como es evidente en esta tarjeta de presentación.

African Liberation Day Poster, 1975. Nuyorican poets participate in an event to promote Third World liberation. (ClSV.)
Volante anunciando una actividad en el Día de la Liberación Africana, 1975. Grupo de poetas nuyorican participan en un día de poesía afronorteamericana y puertorriqueña para promover la liberación tercermundista.

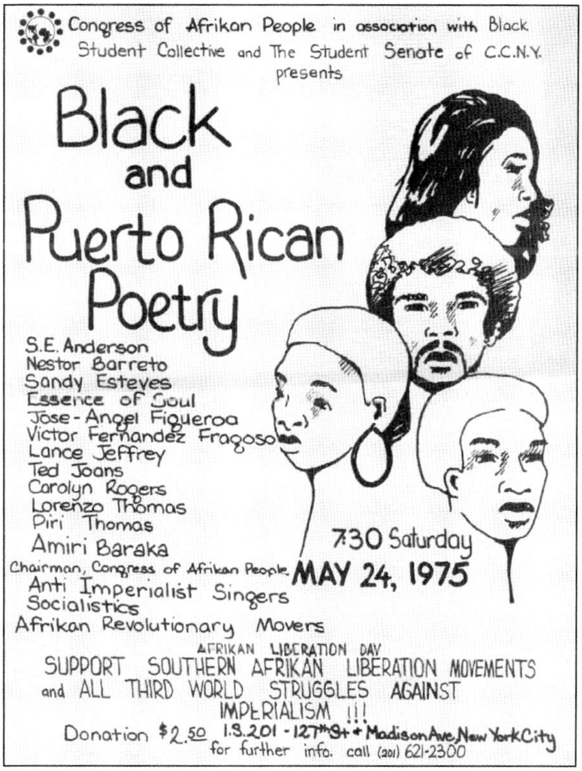

Miriam Colón and Admirers, c. 1965. Acclaimed for her roles in Hollywood films, Colón also founded the Puerto Rican Traveling Theater. Colón is surrounded by fans and supporters. (OGPRUS.)
Miriam Colón y sus admiradores, c. 1965. Sus actuaciones en películas de Hollywood la convirtieron en una celebridad. Ella también es conocida como la fundadora del Teatro Itinerante Puertorriqueño.

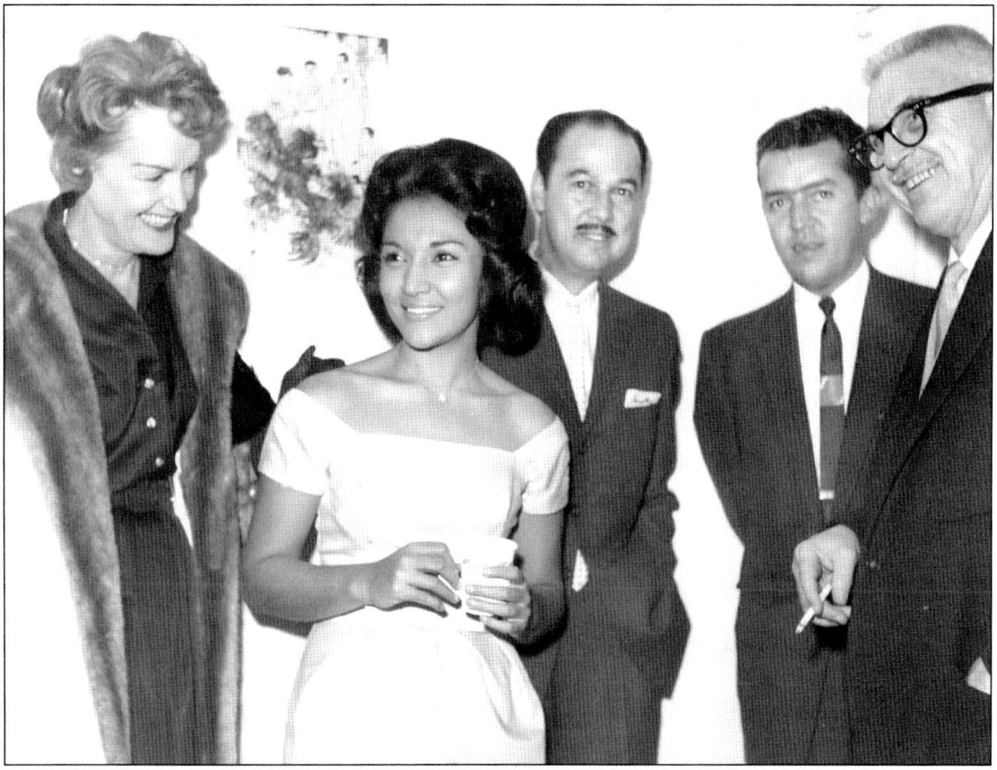

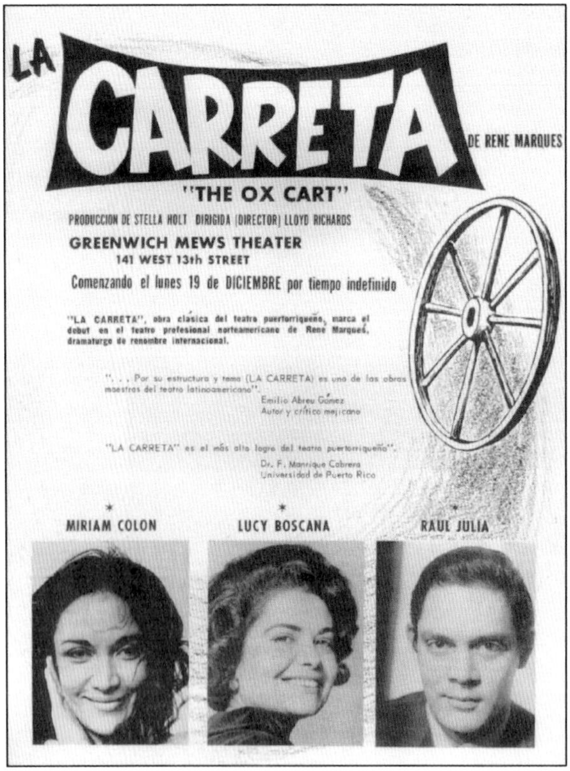

La Carreta, c. 1975. Featured players in the New York production of René Marqués' *La Carreta* include from left to right, Miriam Colón, Lucy Boscana, and Raúl Julia. (PuBe.)
La Carreta, c. 1975. De izquierda a derecha, Miriam Colón, Lucy Boscana y Raúl Julia estaban entre los actores protagónicos de esta producción de René Marqués en Nueva York.

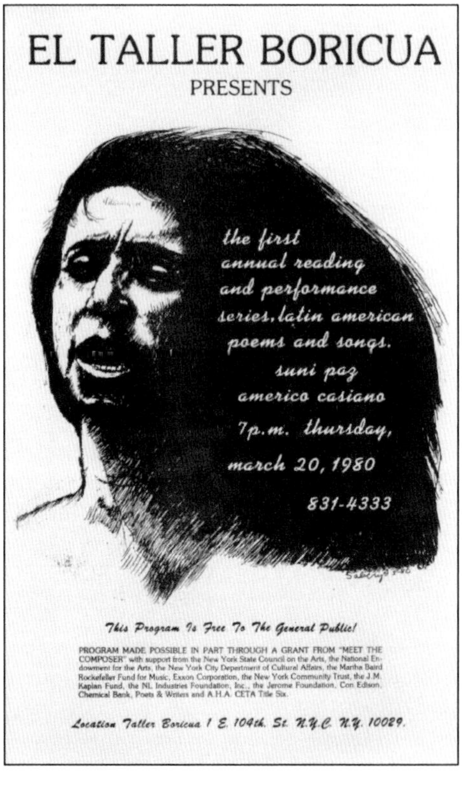

El Taller Boricua Poster, 1980. Free programs, such as this one, indicate the acceptance of Latin American poems and songs as popular entertainment for a general audience. (PuBe.)
Cartel del Taller Boricua, 1980. Este programa gratis auspiciado por el Taller demuestra la popularidad de los recitales y programas músicales como actividad de entretenimiento.

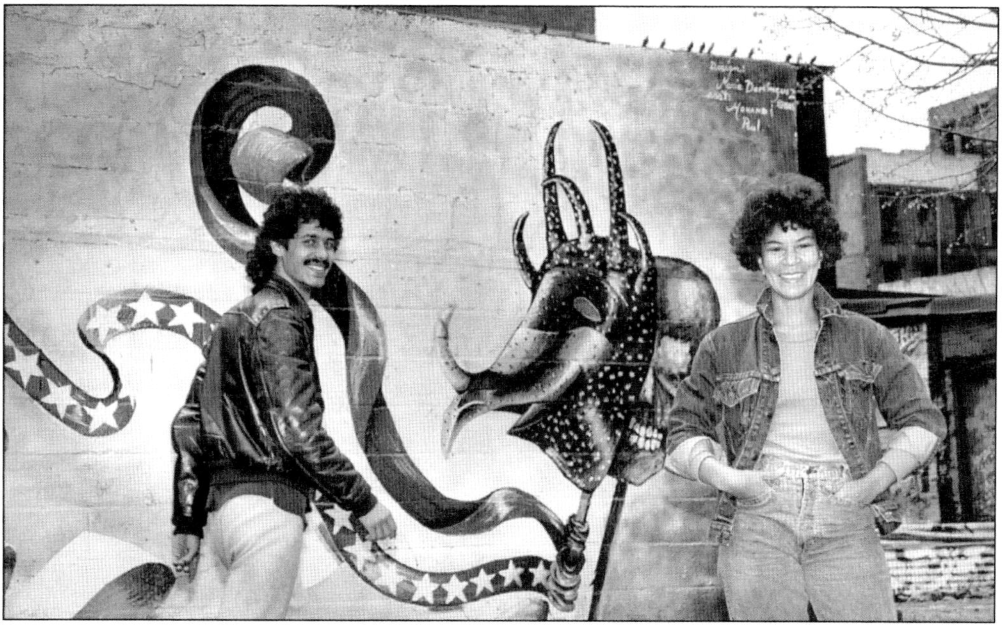

MURAL ART ON THE LOWER EAST SIDE, 1990s. Muralist María Domínguez adorns neighborhood walls with her artwork and teaches new generations of artists the techniques of this artistic expression. (MMomber.)
MURALES EN LOISAIDA, 1990s. La muralista María Domínguez adorna las paredes de la vecindad con su arte y enseña a las nuevas generaciones a cultivar este tipo de expresión artística.

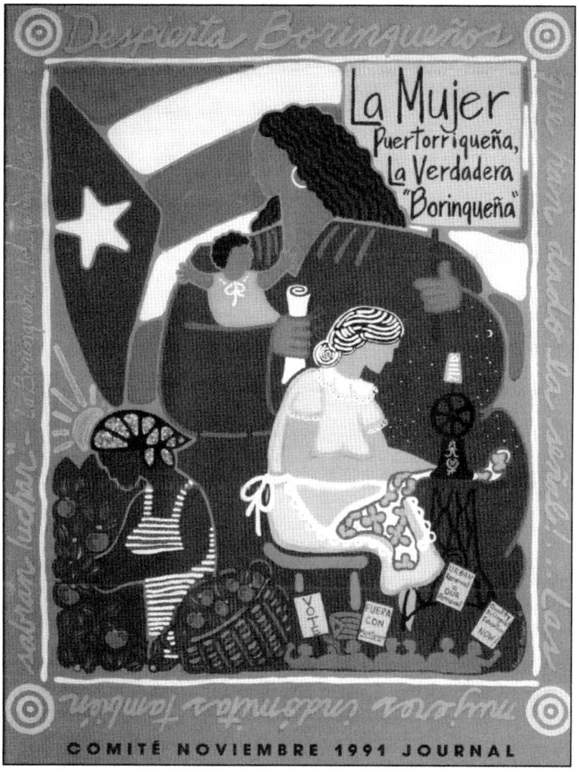

COMITÉ NOVIEMBRE HONORS PUERTO RICAN WOMEN, 1991. This striking poster created by Ernesto Rámos for the Comité Noviembre organization commemorates the history of the Puerto Rican woman and promotes Puerto Rican heritage. (Art by Ernesto Rámos, Centro.)
CARTEL DEL COMITÉ NOVIEMBRE HONRANDO A LA MUJER PUERTORRIQUEÑA, 1991. Este afiche creado por Ernesto Rámos es el cartel oficial del Comité Noviembre para conmemorar la herencia cultural puertorriqueña.

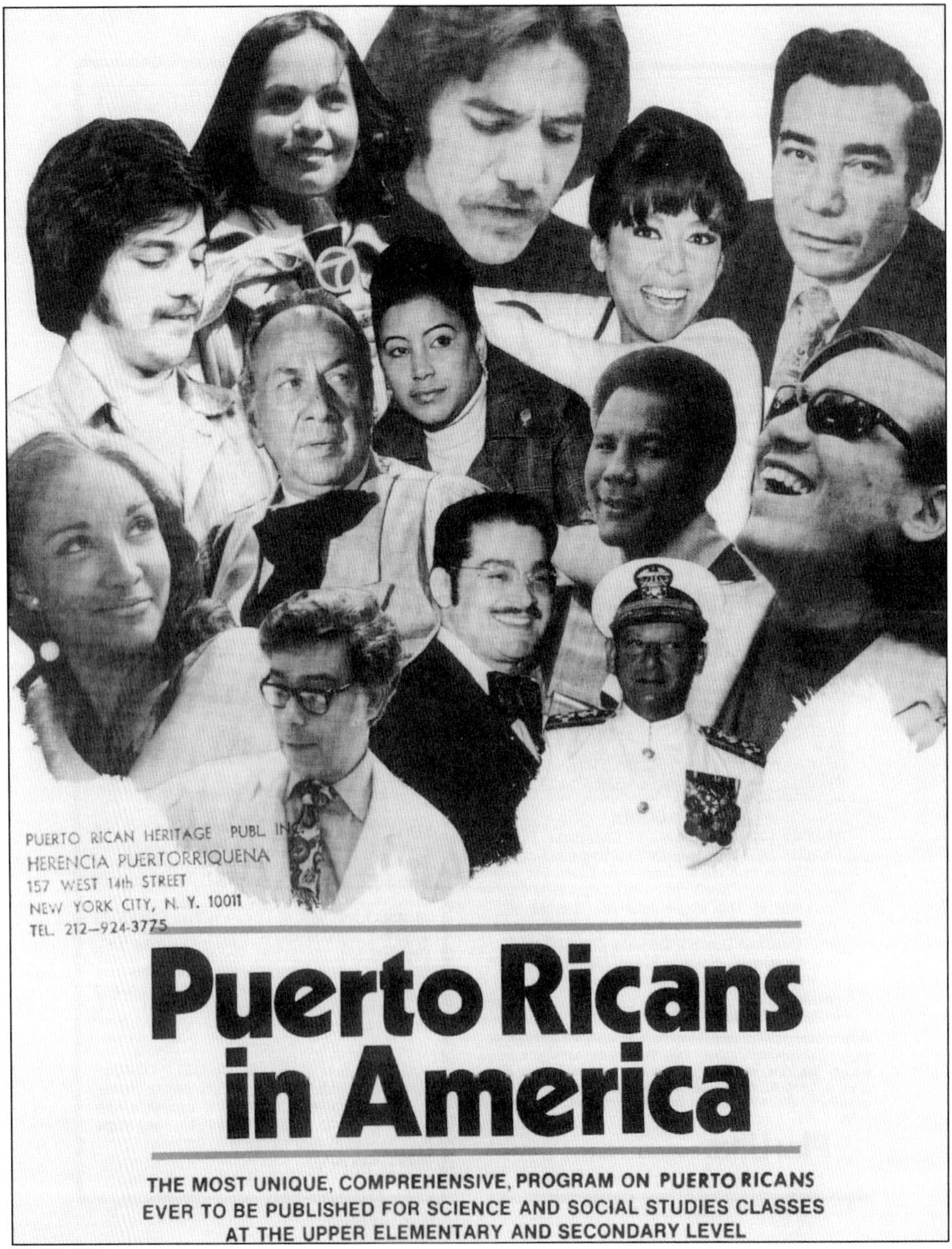

PUERTO RICANS IN AMERICA, 1980S. This curriculum guide was produced by Puerto Rican Heritage Publications for upper elementary and secondary school students. (PuBe.)

AFICHE PUERTORRIQUEÑO EN AMÉRICA, 1980S. Este cartel creado como un recurso educativo para estudiantes a nível superior y de secundaria.

Six
Seis

CLAIMING CIVIL AND EDUCATIONAL RIGHTS

Reclamo de derechos civiles y educativos

The maturation of the New York Puerto Rican community since the era of the civil rights movements led to the creation of national entities and Hispanic representation in the private and public sectors. The 1970s found Puerto Ricans united in solidarity through grassroots movements and aligned with numerous civil rights organizations to confront critical issues affecting the community's welfare. Among these were the lack of decent housing, health services, and jobs; equal opportunity in the schools; and access to colleges and universities. The Puerto Rican community protested against police brutality, racism, and discrimination. Many of the organizations that emerged during this period became national institutions. The influence of associations like ASPIRA, the National Puerto Rican Coalition, and the National Congress for Puerto Rican Rights went well beyond the city limits. By the 1980s and 1990s, Puerto Ricans had made impressive inroads into arenas such as politics, higher education, the health professions, and social services.

La madurez de la comunidad puertorriqueña en Nueva York, alcanzada desde los movimientos que reclamaron sus derechos civiles, condujeron a la creación de entidades nacionales y la incorporación de hispanos en las esferas de los mundos tanto privados como públicos. Durante la década del 1970 los puertorriqueños se unieron en solidaridad con movimientos de bases y con muchas organizaciónes en pro de los derechos civiles para confrontar los más importantes problemas que amenazaban el bienestar de la comunidad, entre los que se destacaban la carencia de viviendas apropiadas, servicios médicos y empleos, igualdad de servicios educativos y por lograr acceso a las universidades. La comunidad puertorriqueña protestó contra la brutalidad policiaca, el racismo y la discriminación. Muchas de las organizaciónes que surgieron en este período se convirtieron en organizaciónes de alcance nacional. La influencia de organizaciónes como ASPIRA, la National Puerto Rican Coalition y el National Congress for Puerto Rican Rights trascendieron los límites de la ciudad. Para las décadas del 1980 y del 1990, los puertorriqueños hicieron impresíonante incursiones en el ámbito político, educación superior y en las profesiones de salud y de servicios sociales.

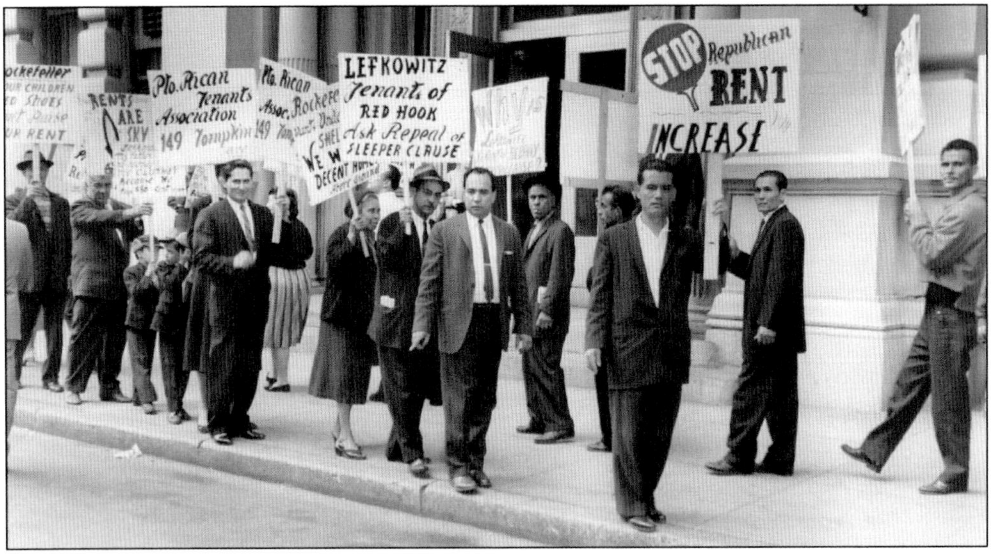

Puerto Rican Tenant's Association of Red Hook Protest Poor Housing, 1961. Led by Brooklyn community leader Antonia Denis, shown here, protesters call for lower rents and adequate living conditions. (JAMa.)

La Asociación de Residentes Puertorriqueños de Red Hook organizan una protesta sobre condiciones de vivienda, 1961. Dirigidos por la líder comunitaria Antonia Denis reclaman reducciones en los alquileres.

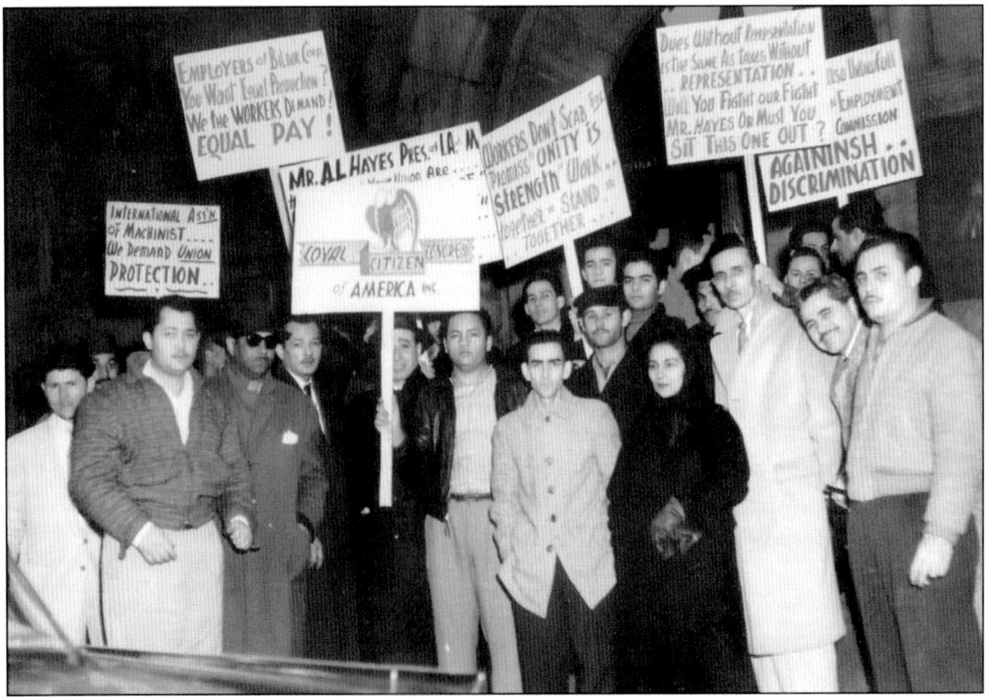

Demands for Equal Pay, c. 1965. Protesters demand protection from their unions against discrimination. (JAMa.)

Demanda por un salario justo y equitativo, c. 1965. Los trabajadores exigen protección sindical en contra de la discriminación.

EL BARRIO SUPPORTS NELSON A. ROCKEFELLER, 1960s. "Rockefeller speaks our language," reads one sign in this campaign. Holding the flag, Laura Santiago encourages support for Rockefeller, praising his stand against police brutality. (JAMa.)
SEGUIDORES DE ROCKEFELLER EN EL BARRIO, 1960s. Laura Santiago enarbolando la bandera norteamericana arenga a los residentes de El Barrio en apoyo a Rockefeller porque "habla nuestro idioma" y acabará con la brutalidad policiaca.

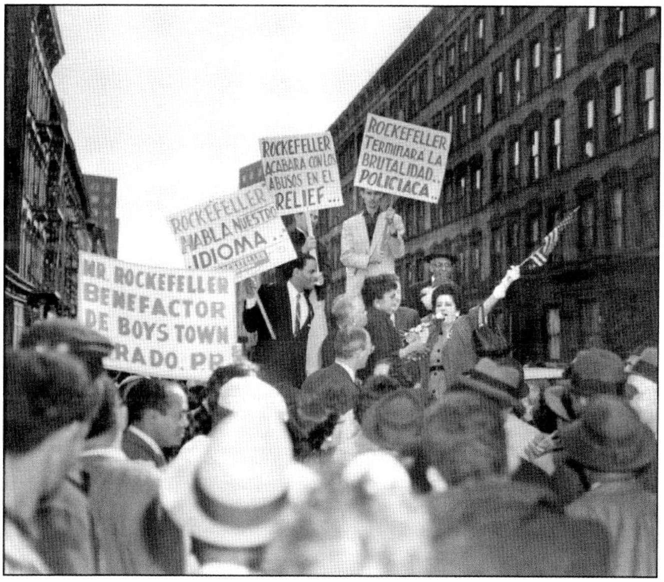

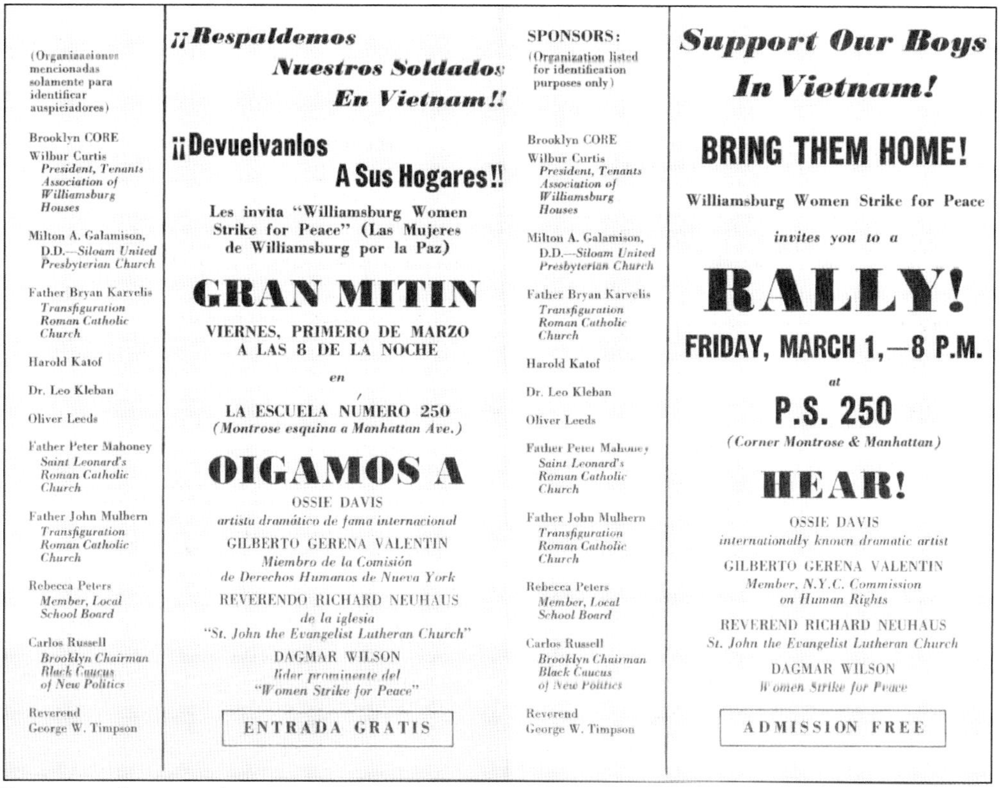

RALLY TO SUPPORT SOLDIERS IN VIETNAM, C. 1965. Sponsored by the Williamsburg Women Strike for Peace, the poster announces that Ossie Davis and Gilberto Gerena Valentín were the featured speakers. (JeCo.)
MARCHA APOYANDO EL REGRESO DE NUESTRO JÓVENES QUE LUCHAN EN VIETNAM, C. 1965. Ossie Davis y Gilberto Gerena Valentín eran oradores invitados a esta manifestación auspiciada por las Mujeres de Williamsburg por la Paz.

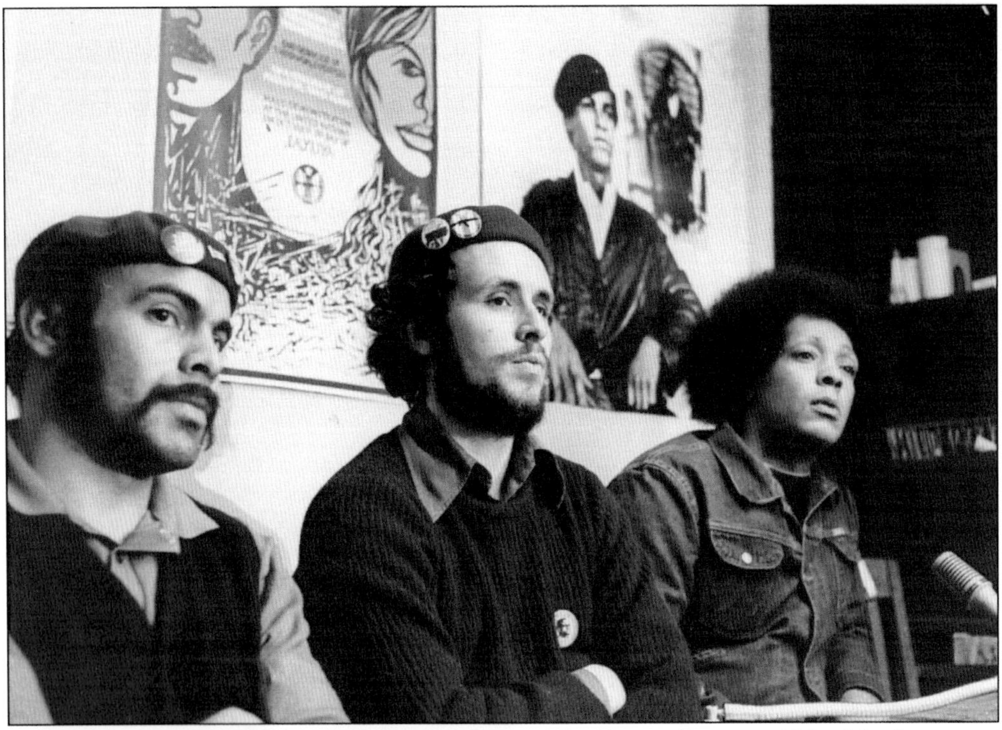

The Young Lords, 1970s. Members of the Young Lords, from left to right, are Tony Seven, Richie Pérez, and Richard Harris. (Centro, Courtesy *Palante* photo by Francisco González.) **Los Young Lords, 1970s.** Los miembros de los Young Lords Tony Seven, Richie Pérez y Richard Harris.

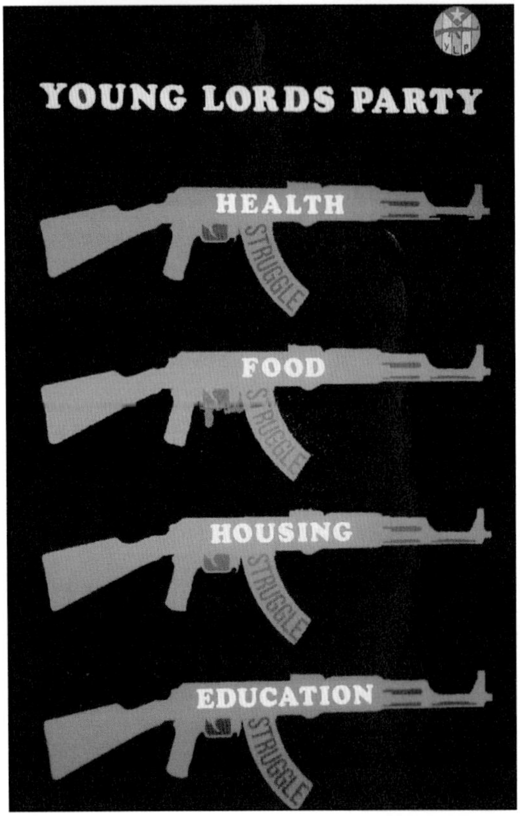

Poster of the Young Lords Party, 1970s. The key issues promoted by the group were health, food, housing, and education. (Centro.) **Afiche del Partido de los Young Lords, 1970s.** Se destacan los temas de más interés para dicha organización que eran la salud, alimentación, vivienda y educación.

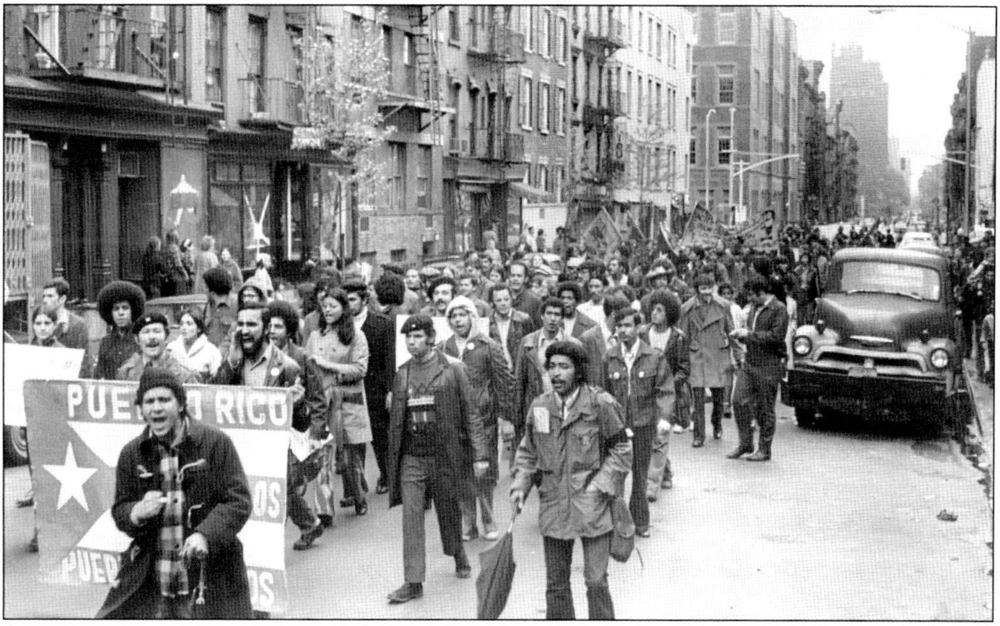

PROMOTING JUSTICE, 1971. Members of the Movimiento Pro-Independencia (MPI-PSP), the Young Lords, and the Carlos Feliciano Defense Committee demonstrate in New York. (The Máximo Colón [MaCo].)

PROMOVIENDO JUSTICIA, 1971. Miembros del Movimiento Pro-Independencia (MPI-PSP), los Young Lords y el Comité Pro Defensa de Carlos Feliciano en protesta por las calles de Nueva York.

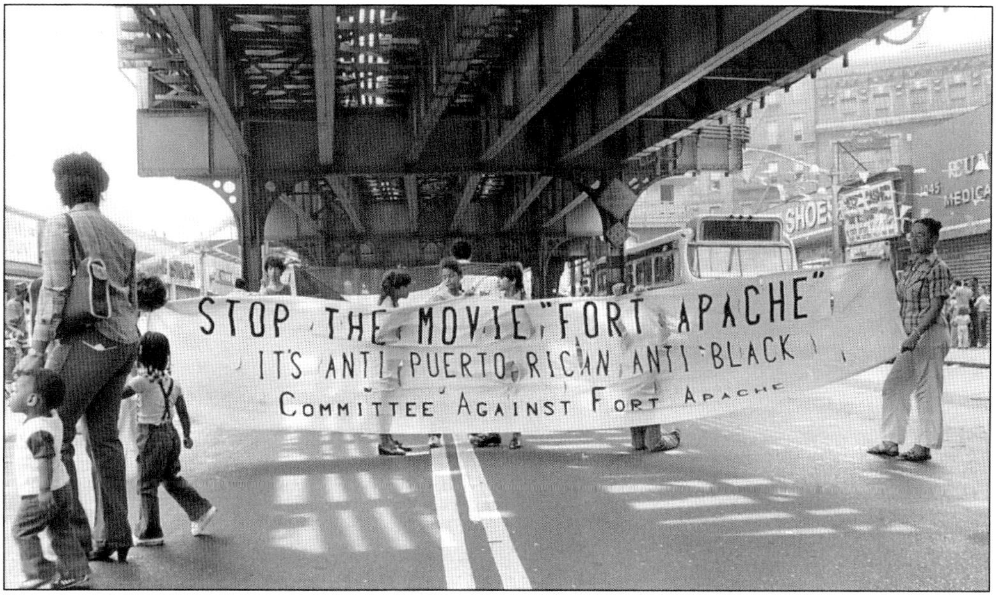

COMMITTEE AGAINST *FORT APACHE*, 1981. Protesting the movie *Fort Apache, the Bronx* for undertones of racial discrimination against Puerto Ricans and African Americans in the Bronx, this group disrupts city traffic. (The Lourdes Torres Papers [LoTo].)

COMITÉ CONTRA LA PELÍCULA *FORT APACHE*, 1981. La oposición a la película surgió de sus tonos racistas y discriminatorios contra puertorriqueños y afronorteamericanos en el Bronx. El grupo interrumpe el tránsito.

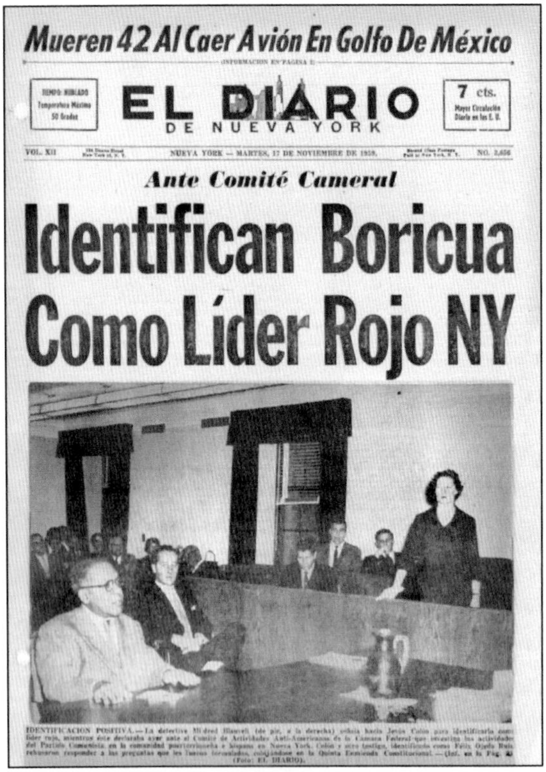

Mueren 42 Al Caer Avión En Golfo De México

EL DIARIO DE NUEVA YORK

7 cts.

Ante Comité Cameral

Identifican Boricua Como Líder Rojo NY

JESÚS COLÓN IS DENOUNCED AS A COMMUNIST, 1959. Appearing before the House Un-American Activities Committee, Colón is identified as a "red" leader. (Díario.)
JESÚS COLÓN DENUNCIADO COMO COMUNISTA, 1959. Colón fue denunciado como líder rojo durante su aparición ante el Comité de Actividades Anti-Americanas.

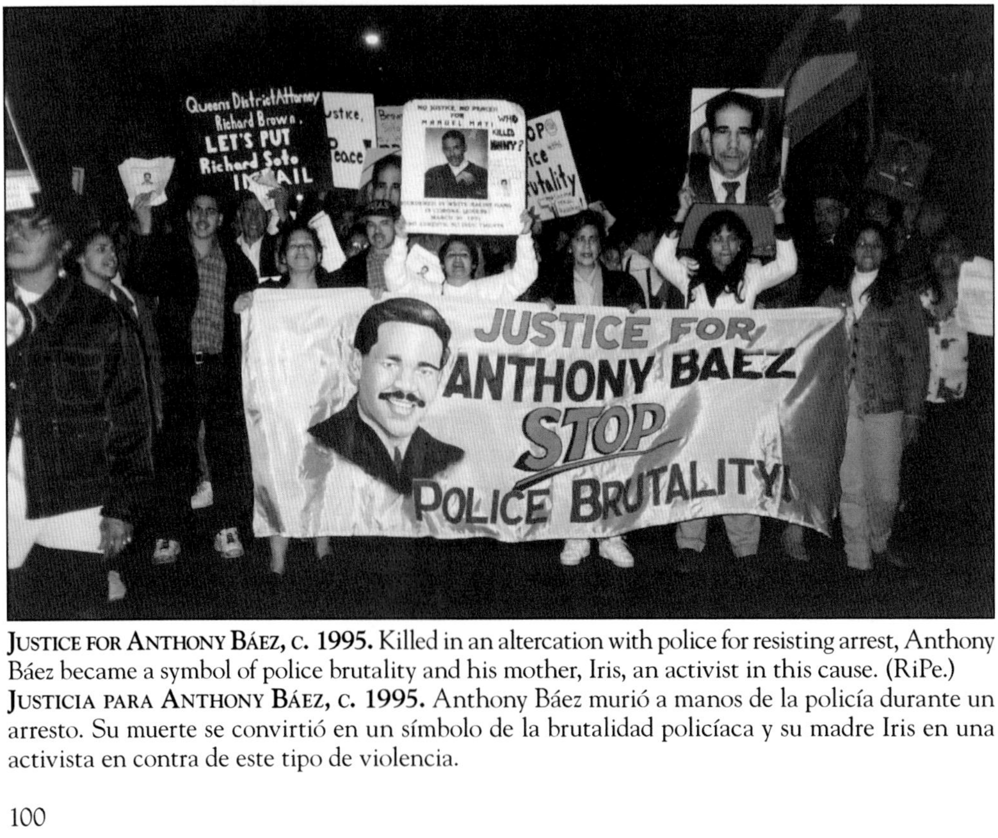

JUSTICE FOR ANTHONY BÁEZ, C. 1995. Killed in an altercation with police for resisting arrest, Anthony Báez became a symbol of police brutality and his mother, Iris, an activist in this cause. (RiPe.)
JUSTICIA PARA ANTHONY BÁEZ, C. 1995. Anthony Báez murió a manos de la policía durante un arresto. Su muerte se convirtió en un símbolo de la brutalidad policíaca y su madre Iris en una activista en contra de este tipo de violencia.

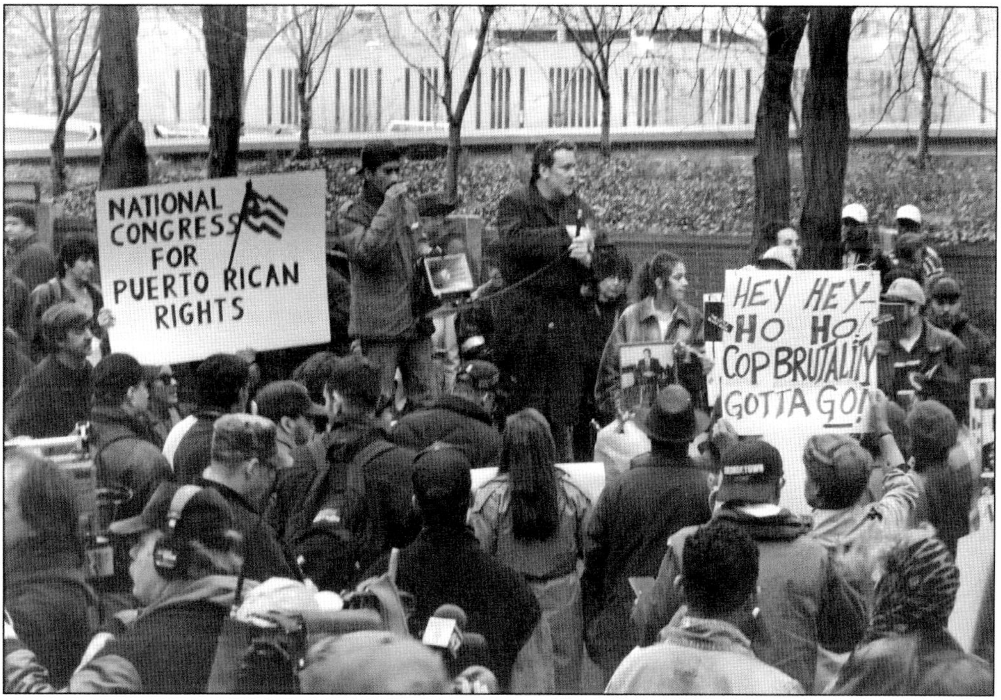

PROTEST AGAINST POLICE BRUTALITY, 1990S. Richie Pérez and the National Congress for Puerto Rican Rights protest police brutality. (RiPe.)
PROTESTA CONTRA LA BRUTALIDAD POLICIACA, 1990S. Richie Pérez habla ante una manifestación organizada por el Congreso Nacional Pro Derechos de los Puertorriqueños.

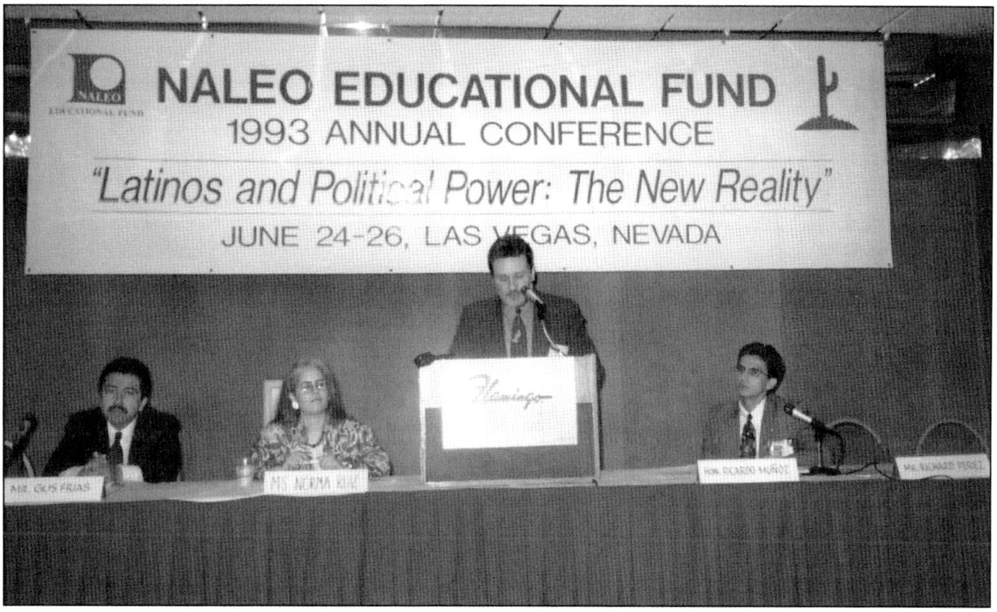

THE ERA OF LATINO EMPOWERMENT, 1993. Richie Pérez addresses participants at the National Association of Latino Elected Officials Educational Fund Las Vegas conference. (RiPe.)
LA ERA DE LA CONQUISTA DEL PODER DE LOS LATINOS, 1993. Richie Pérez fue uno de los deponentes durante la Conferencia de NALEO en Las Vegas.

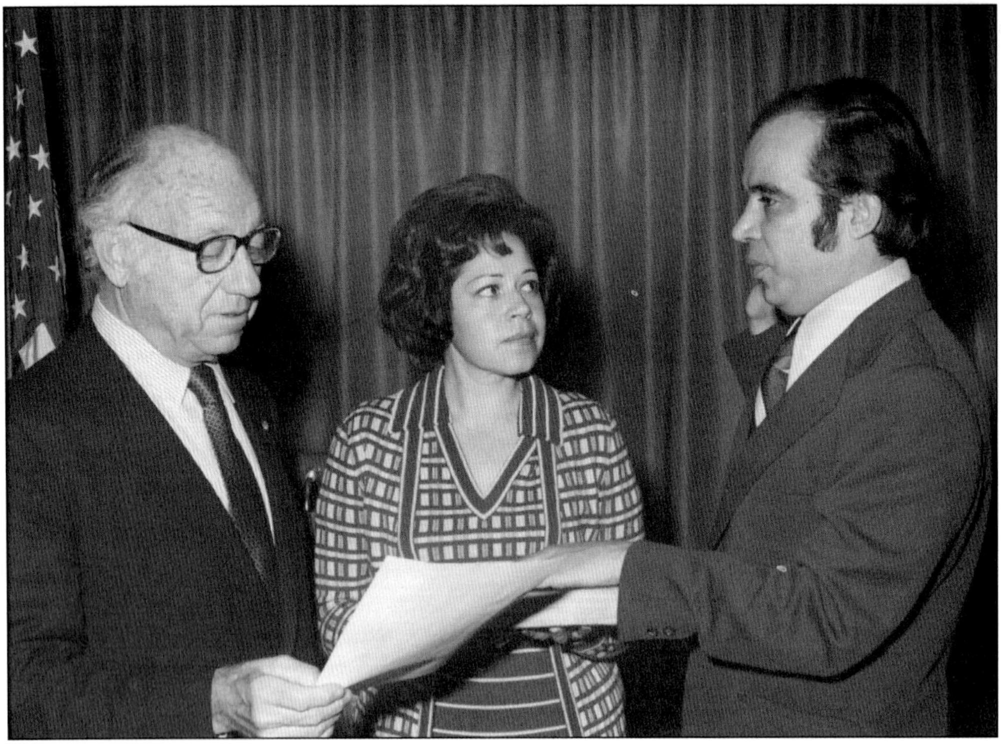

HUMAN RIGHTS, C. 1975. Edward Mercado, his wife Emma at his side, is sworn in to public office by Jacob Javits. Mercado distinguished himself in public service and civil rights. (The Edward Mercado Papers [EdMe].)
DERECHOS HUMANOS, C. 1975. Edward Mercado y su esposa Emma durante la ceremonia de juramentación tomada por Jacob Javitz. Mercado se destacó en su carrera como servidor público y en el area de los derechos civiles.

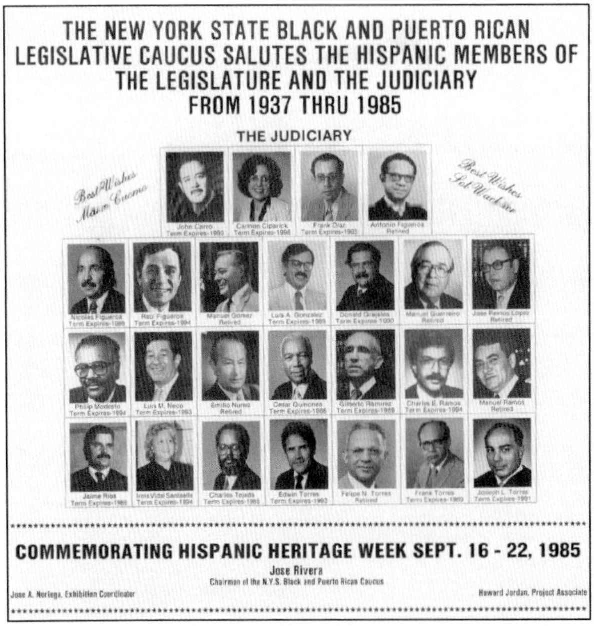

HISPANIC MEMBERS OF THE NEW YORK STATE JUDICIARY, 1985. A poster presented by the New York State Black and Puerto Rican Caucus commemorates Hispanic Heritage Month. (FNTo.)
MIEMBROS HISPANOS DE LA JUDICATURA DEL ESTADO DE NUEVA YORK, 1985. Afiche creado por la Conferencia de Legisladores Negros y Puertorriqueños durante el Mes de la Herencia Hispana.

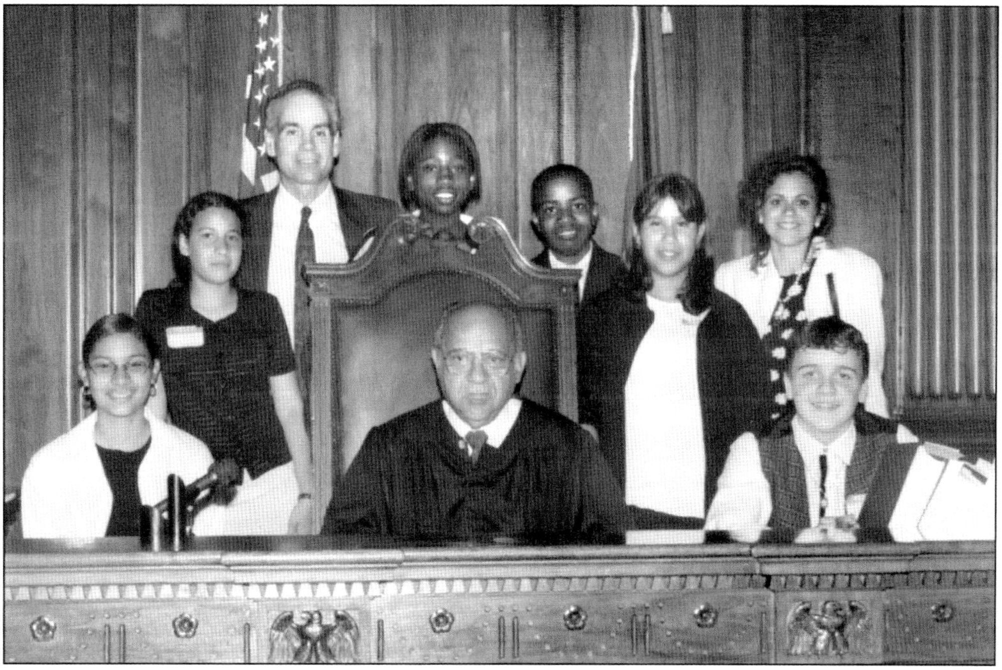

MOCK TRIAL IN THE BRONX, 1980s. Students and adults have an opportunity to participate in a a mock trial. (FrTo.)
SIMULACRO DE JUICIO EN EL BRONX, 1980s. Estudiantes y adultos tienen la oportunidad de compartir con el Juez de la Corte Civil del condado del Bronx Frank Torres.

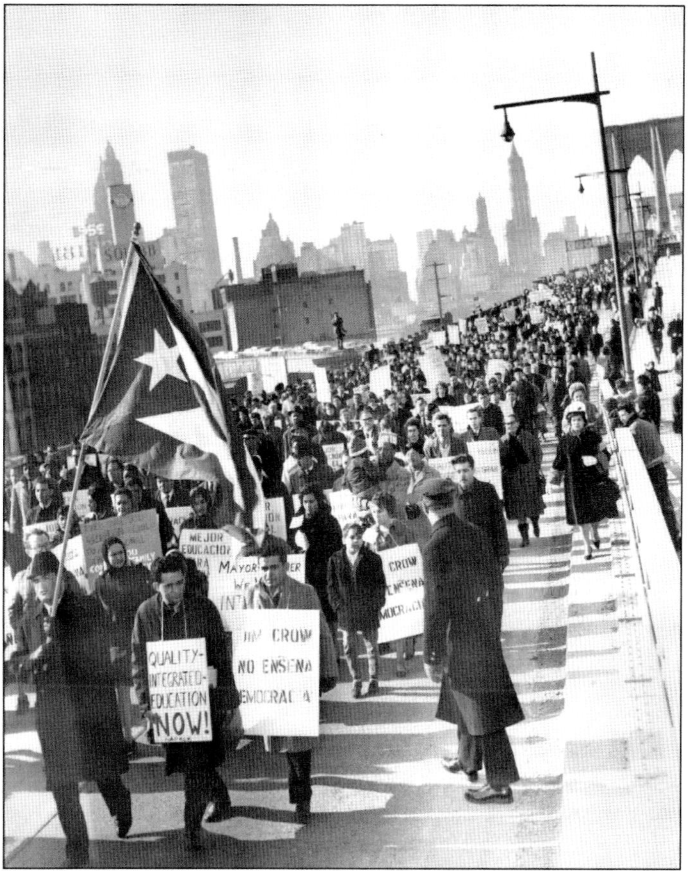

MOBILIZING FOR BETTER EDUCATION, 1963. Crossing the Brooklyn Bridge, protesters' signs call for quality education for their children in the public schools. (OGPRUS.)
MARCHA POR UNA MEJOR EDUCACIÓN, 1963. Padres y simpatizantes cruzan el Puente de Brooklyn portando carteles demandando una mejor educación para sus hijos en las escuelas públicas de la ciudad.

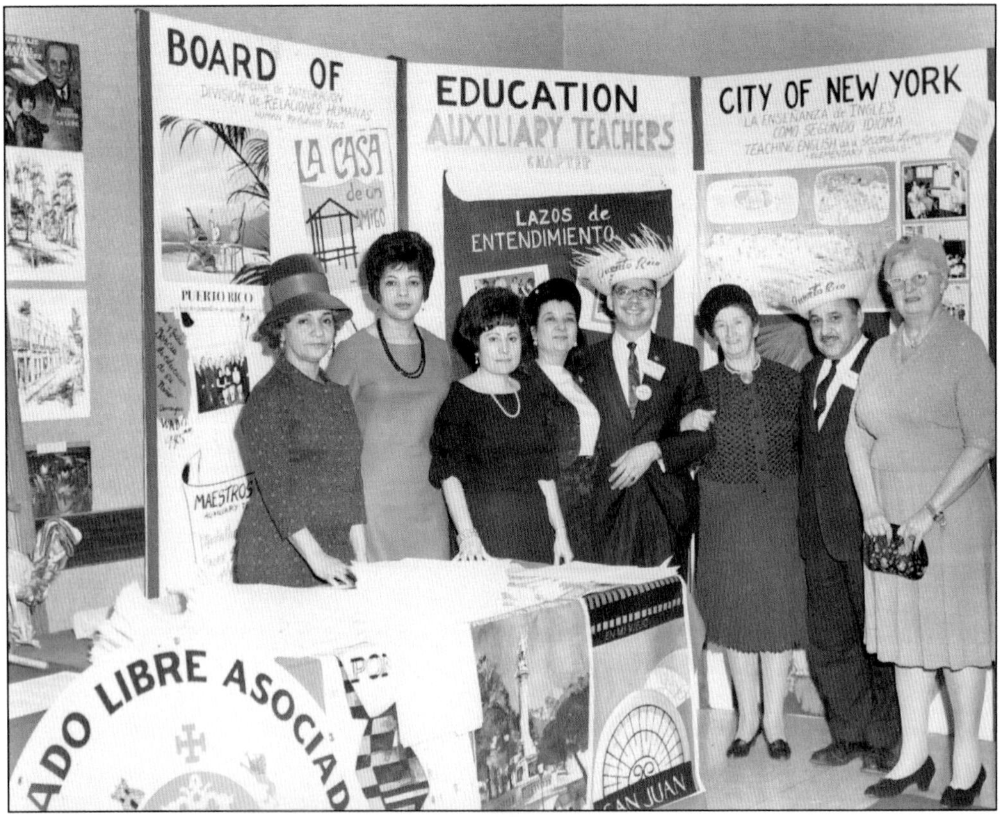

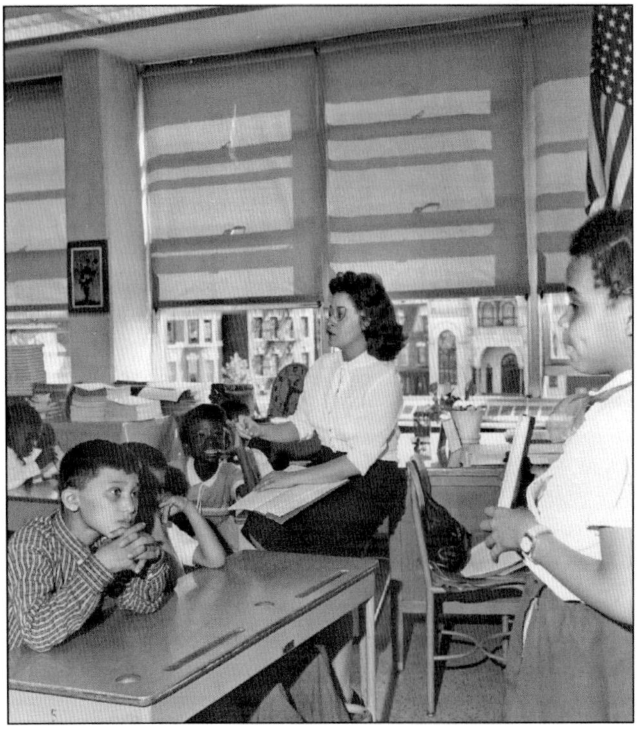

RECRUITING AUXILIARY TEACHERS, C. 1965. Auxiliary teachers of the New York Board of Education display Puerto Rican Discovery Day posters to attract new instructors. (OGPRUS.)
RECLUTAMIENTO DE MAESTROS AUXILIARIES, C. 1965. La Junta de Educación organizó una campaña para contratar maestros auxiliaries y como parte de la publicidad utilizaron carteles que celebran el descubrimiento de Puerto Rico.

TEACHING IN THE PUBLIC SCHOOLS, 1970S. Children listen to a classmate's presentation. (OGPRUS.)
ENSEÑANZA EN LAS ESCUELAS PÚBLICAS, 1970S. Los niños escuchan con atención la presentación de una compañera de clase.

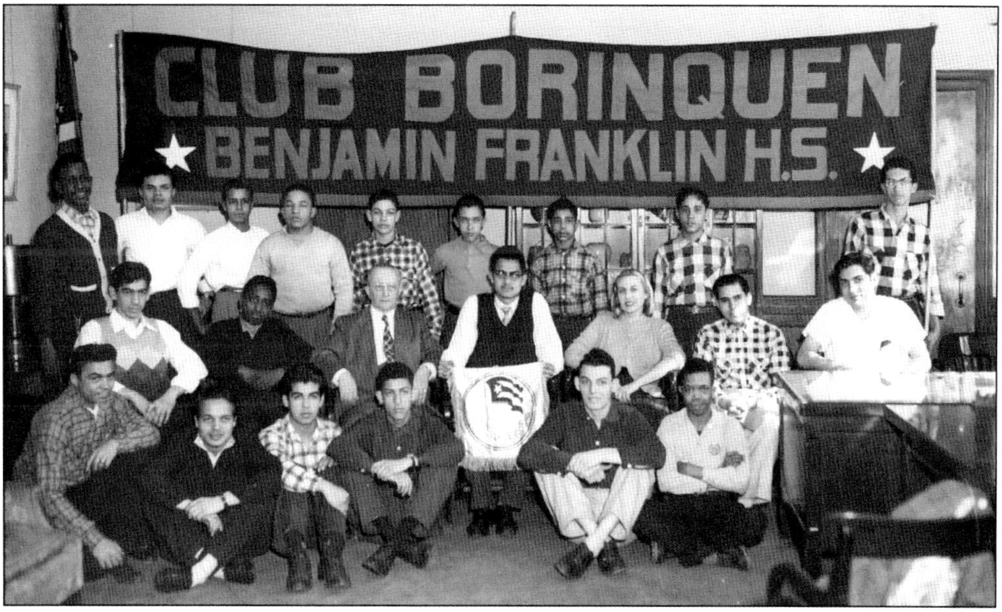

Club Borinquen, Benjamin Franklin High School, c. 1965. Pictured are members of the student Club Borinquen and principal and educator Leonard Covello, seated third from left in the second row. (OGPRUS.)

Club Borinquen Benjamin Franklin High School, c. 1965. Miembros de la asociación estudiantil Borinquen junto al Director Escolar y educador Leonard Covello, tercero sentado de izquierda a derecha en la segunda fila.

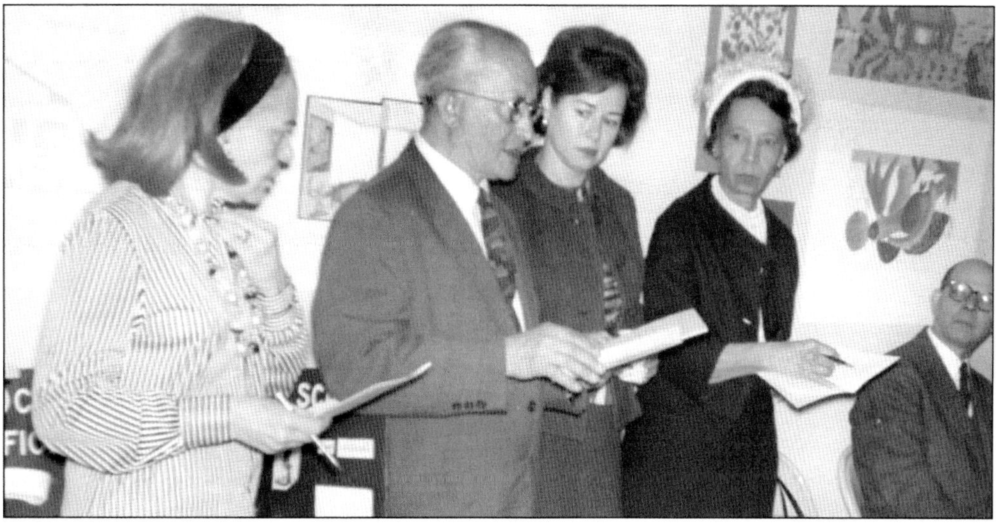

Educator, Leonard Covello, c. 1965. Dr. Covello (standing), an innovative and renowned educator, headed Benjamin Franklin High School in East Harlem until the 1950s. He was also a consultant who worked with the Migration Division. The writer Pura Belpé stands at right. (OGPRUS.)

El educador Leonard Covello, c. 1965. El Dr. Covello, de pie, era un educador reconocido por ser innovador, por ser principal de la Escuela Superior Benjamin Franklyn en el Este de Harlem y consultor que trabajaba para la División de Migración. La escritora Pura Belpré aparece de pie a la derecha.

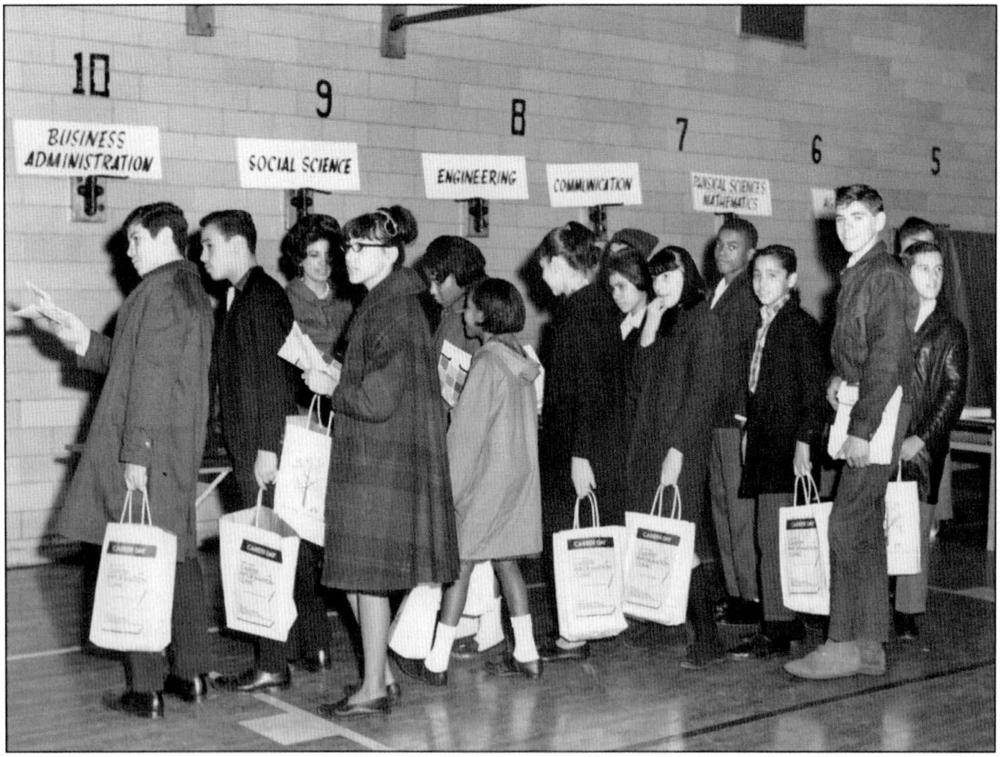

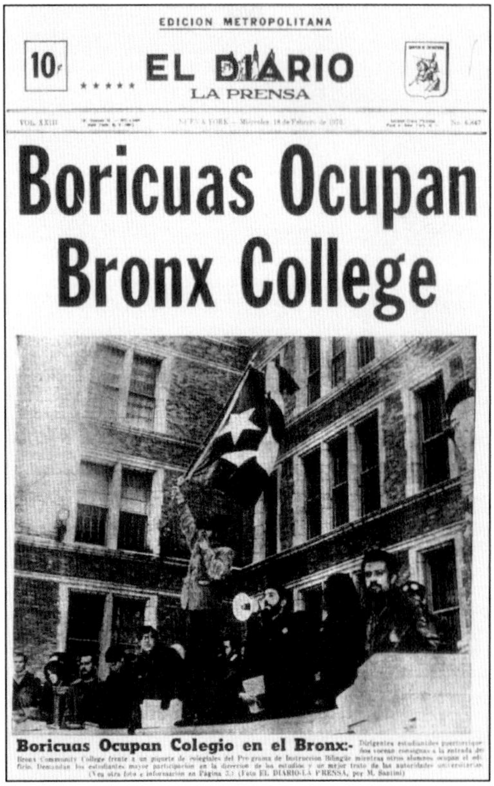

EDICION METROPOLITANA

10¢

EL DIARIO
LA PRENSA

Boricuas Ocupan Bronx College

Boricuas Ocupan Colegio en el Bronx:-

East Harlem Career Clinic, c. 1970. Students holding bags filled with informative materials make their way toward areas of academic interest. (OGPRUS.)
Clínica de estudios superiores en el Este de Harlem, c. 1970. Los estudiantes llevan bolsas que contienen materiales con información educativa mientras hacen fila para preguntar sobre oportunidades de educación y empleos.

Students Take Over Hostos Community College, 1975. In one of the most militant demonstrations, students occupy the college and demand continuation of CUNY's only bilingual institution. (Díario.)
Estudiantes toman el Colegio Universitario Hostos, 1975. En uno de los actos de mayor militancia los estudiantes ocuparon el Colegio y demandaron que CUNY continuara su apoyo a la única institución con un programa bilingüe.

Planning a Bilingual School District, 1970. A poster announces the meeting, sponsored by United Bronx Parents, to discuss formation of a bilingual district. (UBP.)
Planificación de un distrito bilingüe, 1970. Volante de convocatoria para reunión de padres coordinada por la organización de los Padres Unidos del Bronx.

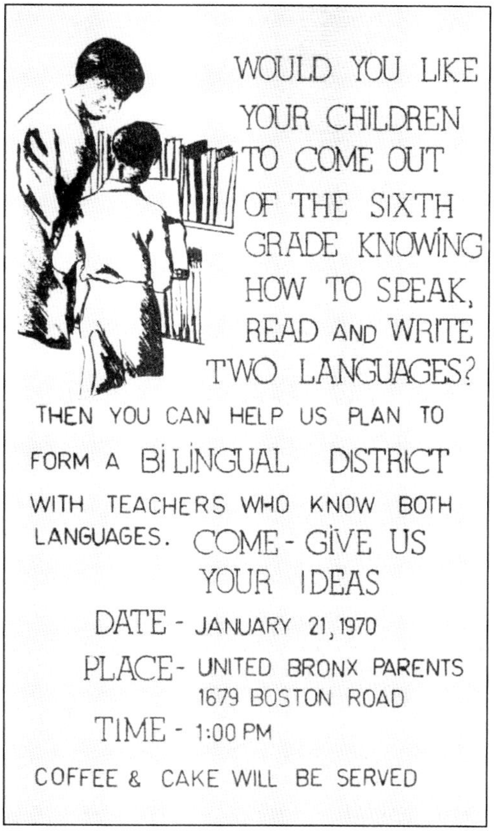

National Puerto Rican Forum and Supporters Protest, 1970s. Protesters call for Hispanic representation in the schools and in the Board of Education. (The Díana Caballero Papers [DiCa].)
Protesta del Foro Nacional Puertorriqueño y simpatizantes, 1970s. Los participantes demandan una mejor representación de hispanos en el sistema educativo y en la Junta de Educación.

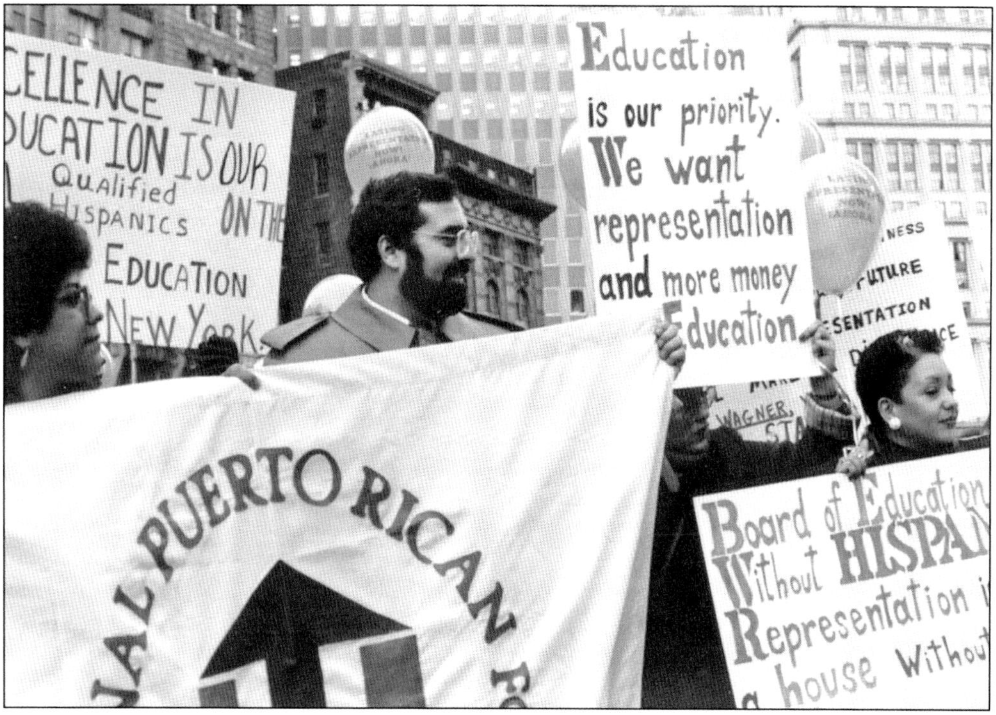

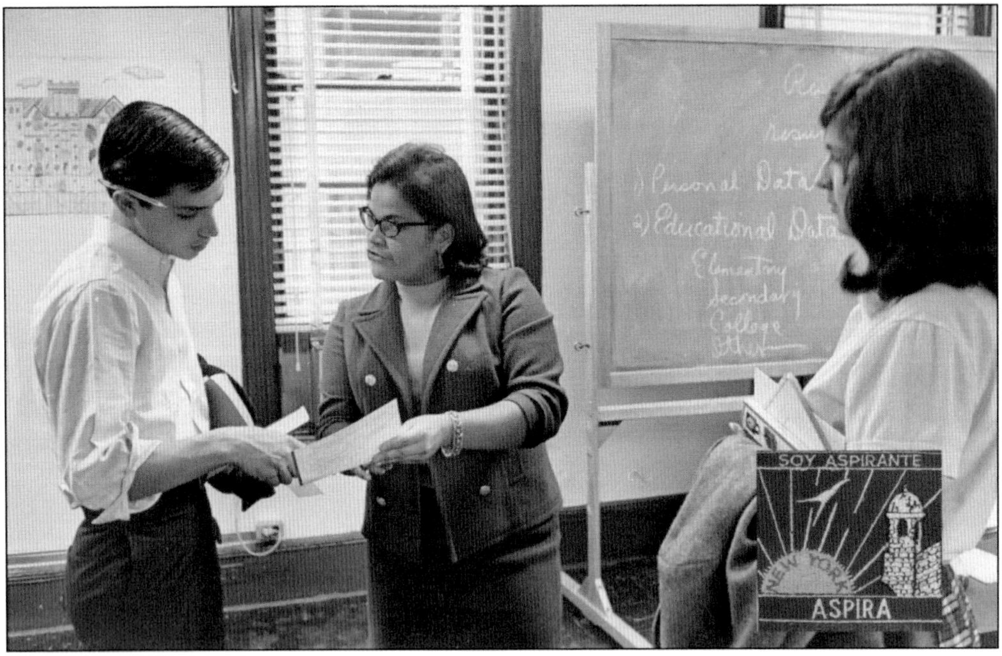

ASPIRA Counselor Helping Student, c. 1970. Training students in résumé writing, a counselor reviews the student's work. (AnPa.)

Consejera de Aspira ayudando a un estudiante, c. 1970. La consejera ofrece adiestramiento en las técnicas de escribir un resumé y revisa el trabajo del estudiante.

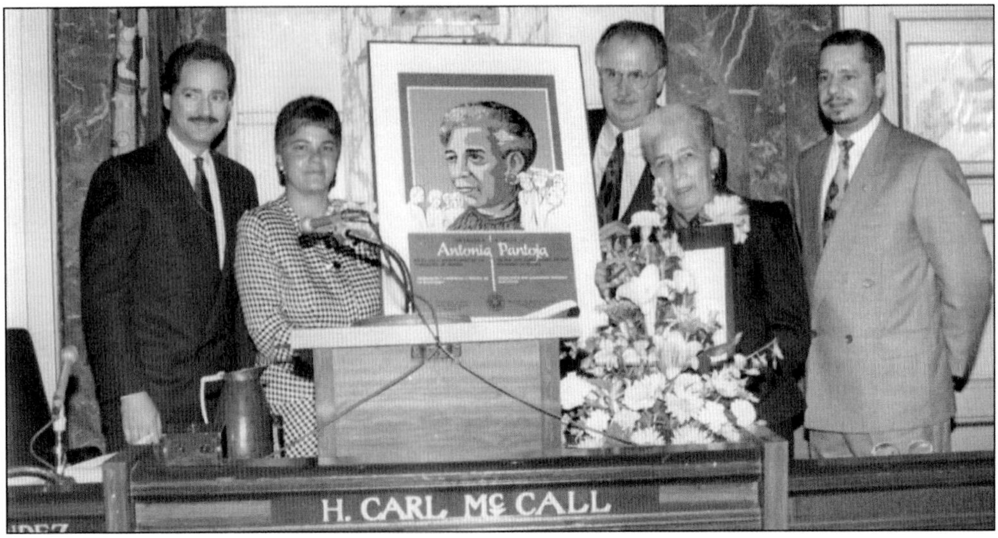

Honoring Antonia Pantoja, c. 1992. The founder of ASPIRA, Dr. Pantoja is honored by the school's chancellor, Joseph Fernández. Present from left to right are Bronx borough president Fernándo Ferrer and members of the Board of Education, Ninfa Segarra, and Luis Reyes. (AnPa.)

Reconocimiento a Antonia Pantoja, c. 1992. La Dra. Pantoja, fundadora de ASPIRA, recibe reconocimiento de parte de los puertorriqueños: el Canciller Joseph Fernández, el Presidente del Condado del Bronx Fernándo Ferrer y los miembros de la Junta de Educación Ninfa Segarra y Luis O Reyes.

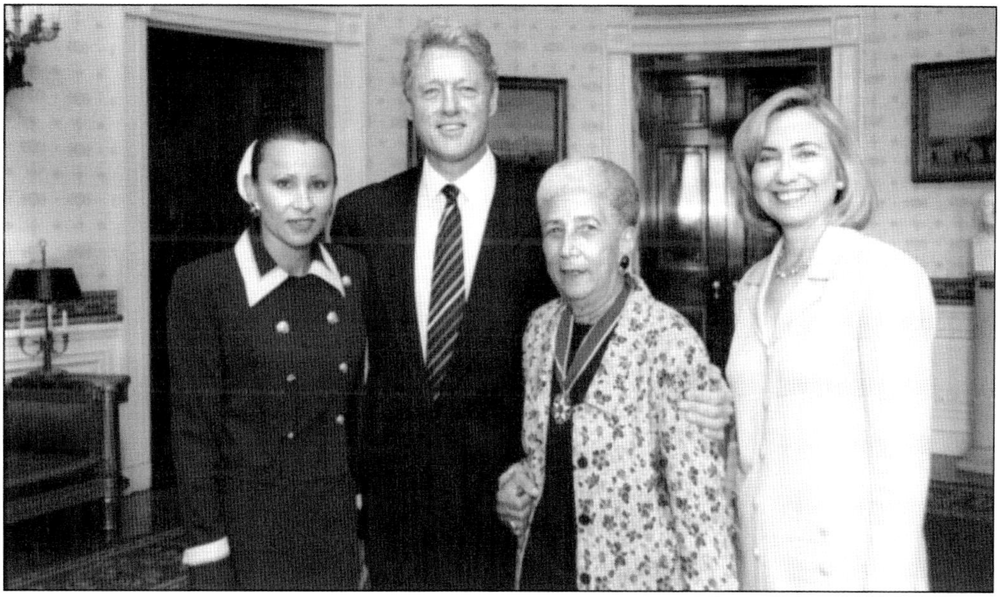

Presidential Medal of Freedom, 1996. Pres. William J. Clinton awards Dr. Pantoja with the Medal of Freedom. Congresswoman Nydía Velázquez and First Lady Hillary Clinton look on. (AnPa The Clinton Presidential Materials Project)

La Medalla Presidencial de la Libertad, 1996. El Presidente William J. Clinton concede la Medalla de la Libertad por servicios distinguidos a la nación a la Dra. Pantoja. Aparecen junto a ellos la Congresista Nydia Velázquez y la Primera Dama Hillary Clinton.

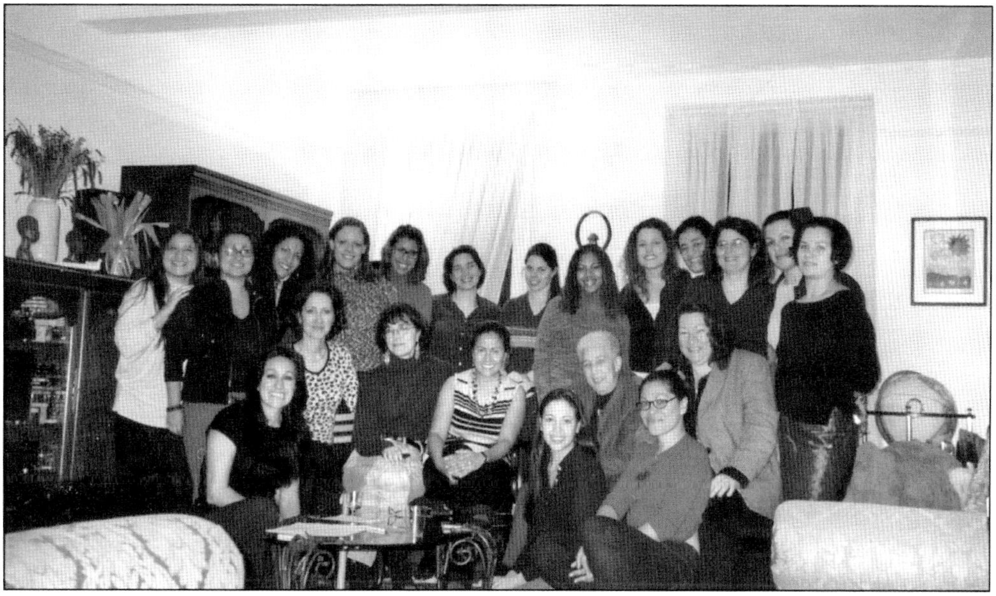

Celebrating Achievements, c. 1996. Accomplished Puerto Rican and Latina women meet with Dr. Antonia Pantoja and Judge Sonia Sotomayor, sitting together at the right end of the middle row. (AnPa.)

Celebración de logros, c. 1996. Distinguidas y prometedoras mujeres puertorriqueñas y latinas reunidas con la Dra. Antonia Pantoja y la Juez Sonia Sotomayor, sentadas juntas a la derecha de la fila del medio.

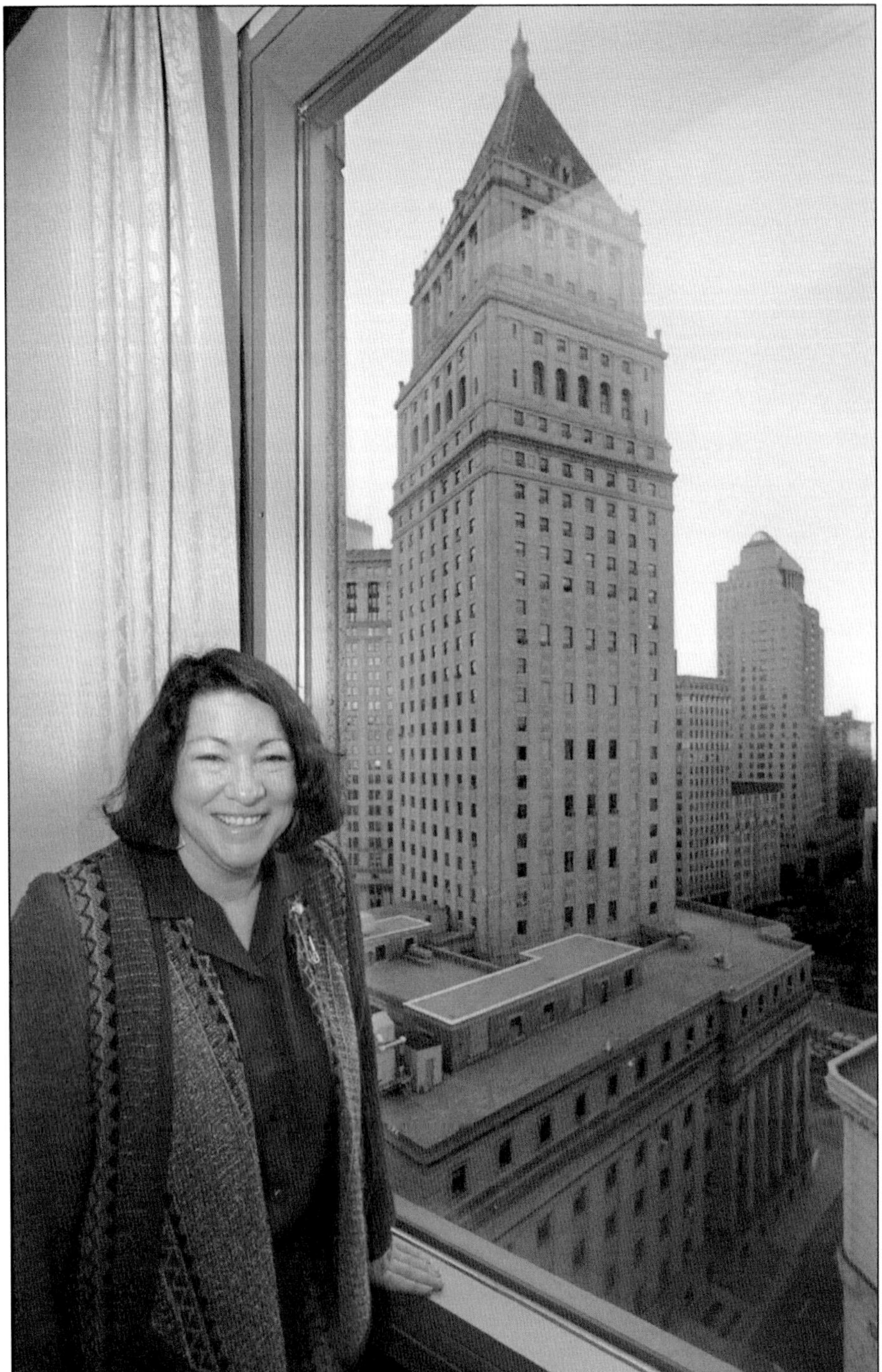

THE HONORABLE SONIA SOTOMAYOR, 1998. In 2009, Sonia Sotomayor became the first Puerto Rican and the third woman to be named a justice of the U.S. Supreme Court. (Associated Press by Mark Lennihan [AP].)
HONORABLE SONIA SOTOMAYOR, 1998. Sonia Sotomayor es la primera puertorriqueña e hispana y la tercera mujer en ser designada como Juez de la Corte Suprema de Estados Unidos en el 2009.

Seven
Siete

Political Organizing in the Barrios and in the Island

Organización política en los barrios y en la Isla

Since 1937, when Oscar García Rivera was elected to represent Manhattan's 17th District in the New York State Assembly, Puerto Ricans have been involved in electoral politics at the city, state, and national levels. As American citizens, Puerto Ricans have the right to vote and play an important role in empowering the Latino community at large. With the election of Olga A. Méndez to the New York State Senate in 1978, Puerto Rican women joined men to fill elected positions in growing numbers in city and state governments. Four Puerto Ricans have become borough presidents, and four have served in the U.S. Congress. The first was Herman Badillo, who served from 1970 until 1978. He was followed by Robert García. At present, Nydía Velázquez and José Serraño represent New York districts in Congress. These accomplishments are testimony to the efforts of an active community aware of the importance of political power and representation.

Desde el 1937 cuando Oscar García Rivera fue electo como Asambleísta Estatal de Nueva York por el distrito 17, los puertorriqueños han participado activamente en el proceso político de la ciudad, el estado y a nivel nacional. Como ciudadanos norteamericanos, los puertorriqueños tienen derecho al sufragio y una participación importante en el proceso de fortalecer a la comunidad latina en general. La elección de Olga Méndez al Senado de Nueva York en 1978 abrió las puertas para que las mujeres puertorriqueñas se unieran a los hombres que ocupaban puestos electos en la ciudad y el estado en números crecientes. Cuatro puertorriqueños han ocupado los posición de presidentes de condados y cuatros han servido como congresistas. El primero fue Herman Badillo quien sirvió del 1970 hasta 1978 hasta que su sucesor Robert García ocupó el mismo escaño. Nydia Velázquez y José Serrano son dos congresistas de la delegación del estado de Nueva York en la actualidad. Estos logros son testimonio de los esfuerzos de una comunidad activa y consciente de la importancia del poder político y representativo.

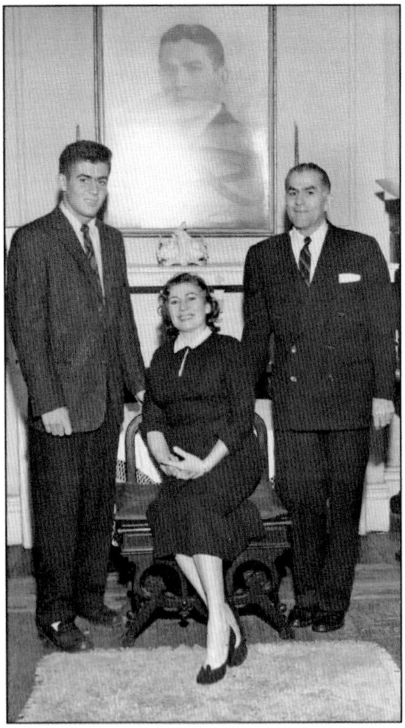

Oscar García Rivera and Family, c. 1980. García Rivera, the first Puerto Rican elected to the New York State Legislature, served from 1937 to 1940. His son directed the Puerto Rican Legal Defense and Education Fund from 1974 to 1977. (The Oscar García Rivera Papers [OGR].)
Oscar García Rivera y su familia, c. 1980. García Rivera fue el primer puertorriqueño electo a un escaño de la Legislatura del estado de Nueva York en los años de 1937 al 1940. Su hijo fue el Director Ejecutivo del PRLDEF durante el periodo de 1974 al 1977.

Mayor Robert Wagner and His Advisor John Carro Listen to Louis Hernandez, 1963. Second from the left, to the right of the mayor, Carro attends a reunion of the Voter's Club with Mayor Wagner at Gracie Mansion. (Centro.)
El Alcalde Robert Wagner y su joven asesor John Carro escuchan a Louis Hernández, 1963. Carro, Asesor del Alcalde desde 1961, segundo de izquierda a derecha al lado del alcalde, en una reunión del Voter's Club con Wagner en Gracie Mansion escuchan al dirigente de Brooklyn Louis Hernández.

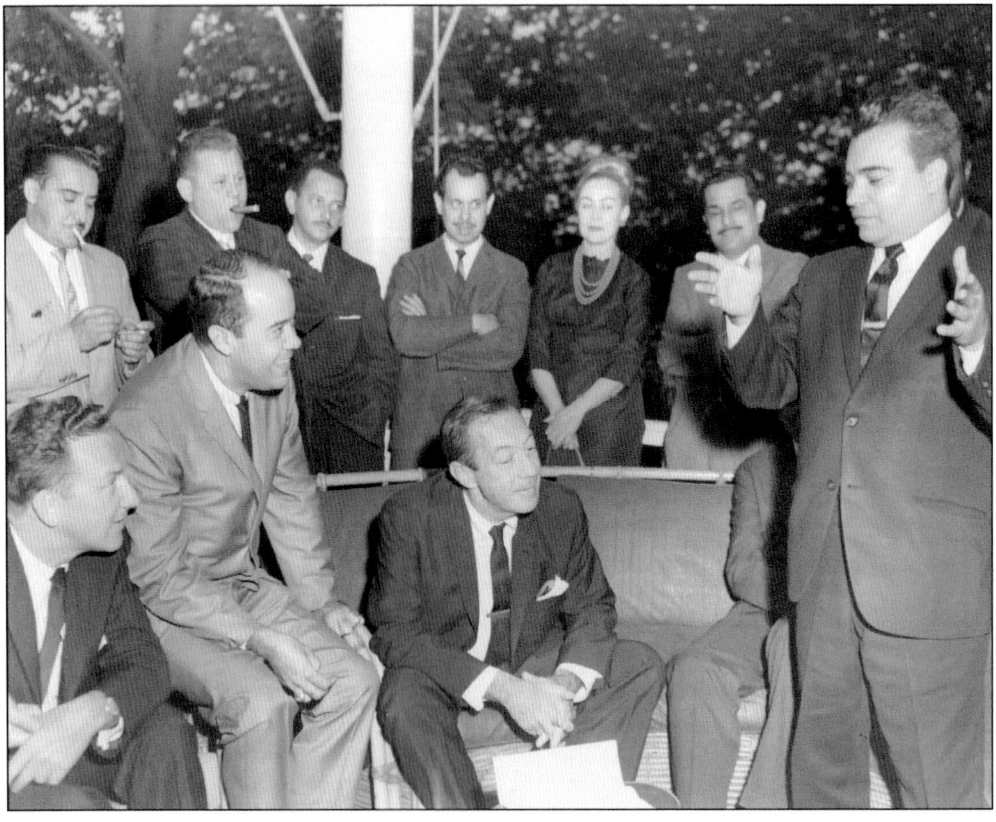

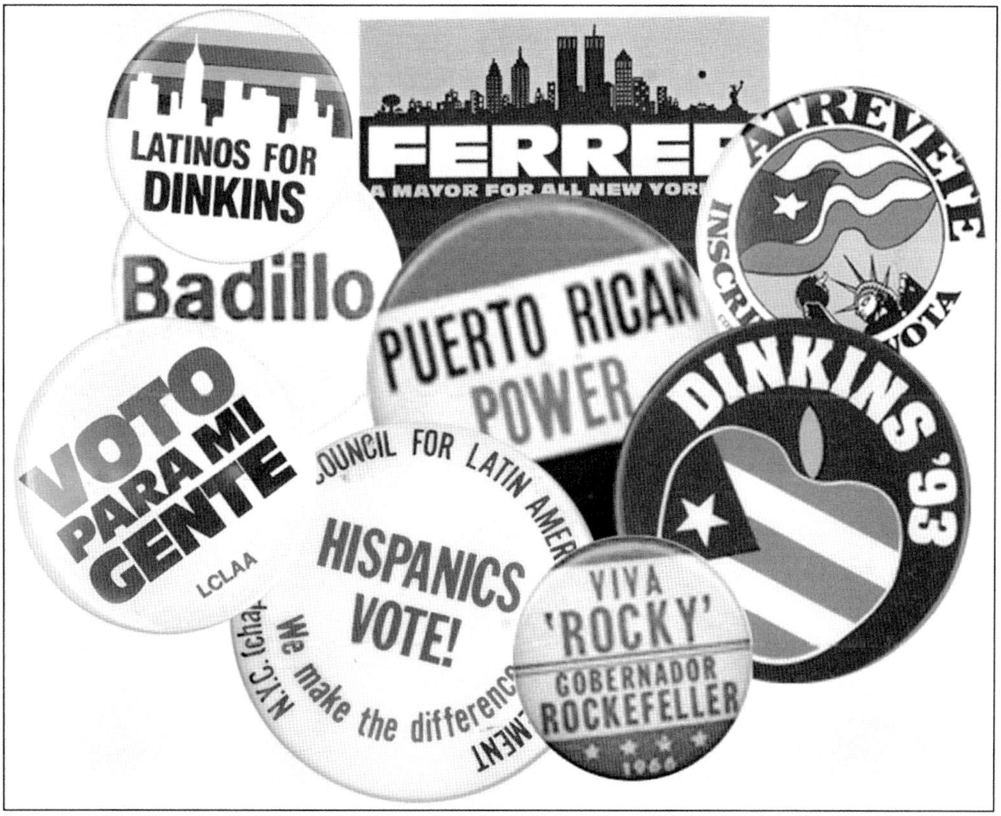

POLITICAL EMPOWERMENT THROUGH THE BALLOT BOX, 1959–2001. An array of political buttons displays voters' preferences. (Centro.)
FORTALECE LA PARTICIPACIÓN POLÍTICA A TRAVÉS DEL VOTO, 1959–2001. Muestra de botones políticos utilizados durante las campañas políticas para atraer la atención de los electores puertorriqueños y/o latinos.

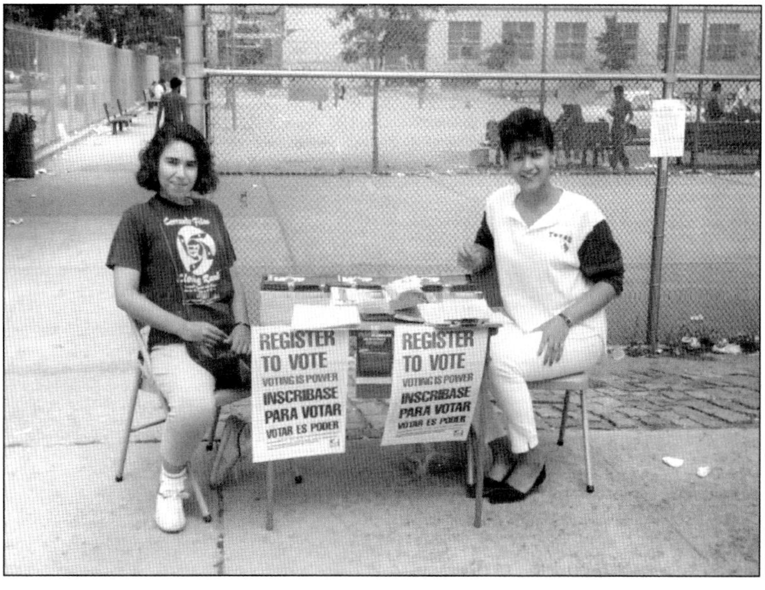

VOTING IS POWER, 1980s. "Register to Vote/Voting is Power." Two volunteers register new voters. (RiPe.)
EL VOTO ES PODER, 1980s. Dos voluntarias ayudan en el proceso de inscribir a los nuevos electores bajo el lema "Inscríbete para votar/el Voto es poder."

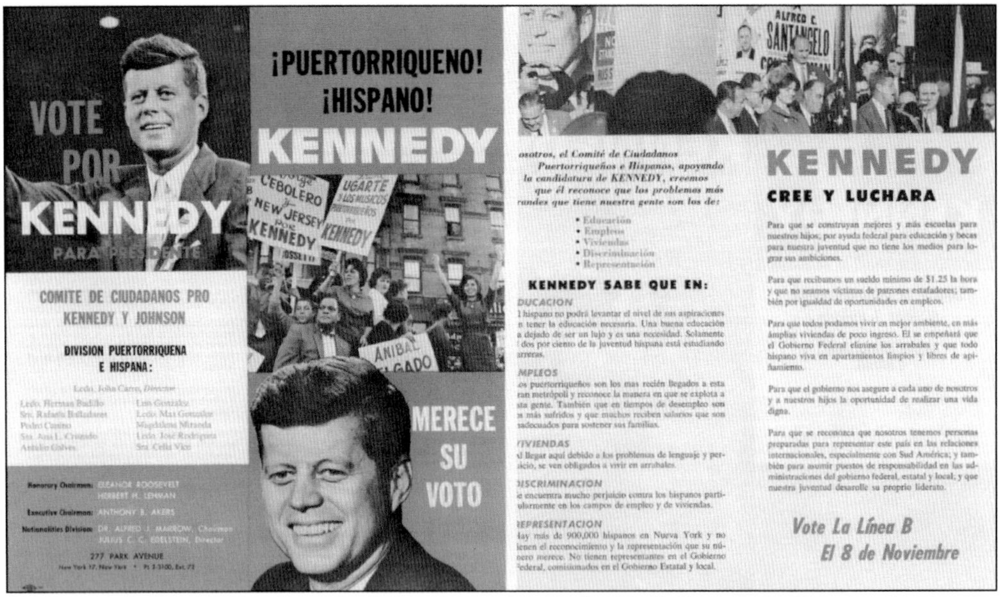

SUPPORT FOR JOHN F. KENNEDY'S CAMPAIGN, 1960. A flyer calls for Puerto Rican and Hispanic support for Kennedy's presidential campaign. (FNTo.)
APOYO PARA LA CAMPAÑA DE JOHN F. KENNEDY, 1960. Anuncio de campaña de Kennedy recaba el apoyo de los puertorriqueños y otros hispanos como su candidato a la Presidencia de Estados Unidos.

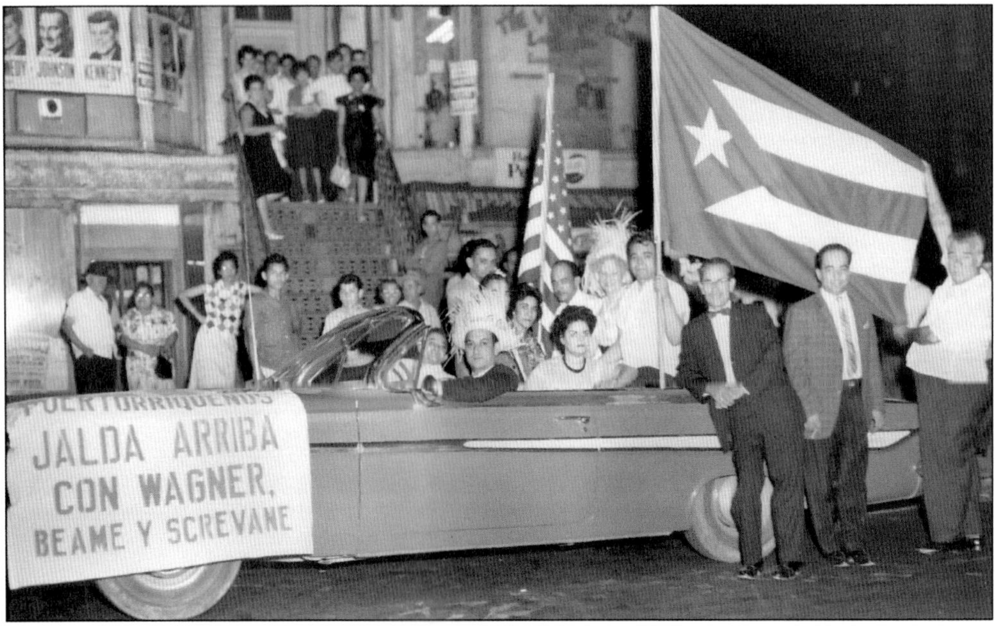

SUPPORT FOR ROBERT F. WAGNER, ABE BEAME, AND PAUL SCREVANE, C. 1961. Motorists bear signs using the language and symbols of Puerto Rican political campaigns to attract Puerto Rican voters in support of New York City candidates. (JAMa.)
APOYO PARA LA CAMPAÑA DE ROBERT F. WAGNER, ABE BEAME, AND PAUL SCREVANE, C. 1961. Es interesante observar que la campaña usa el lenguaje y consignas de las campañas políticas en la Isla para atraer a los electores puertorriqueños en Estados Unidos.

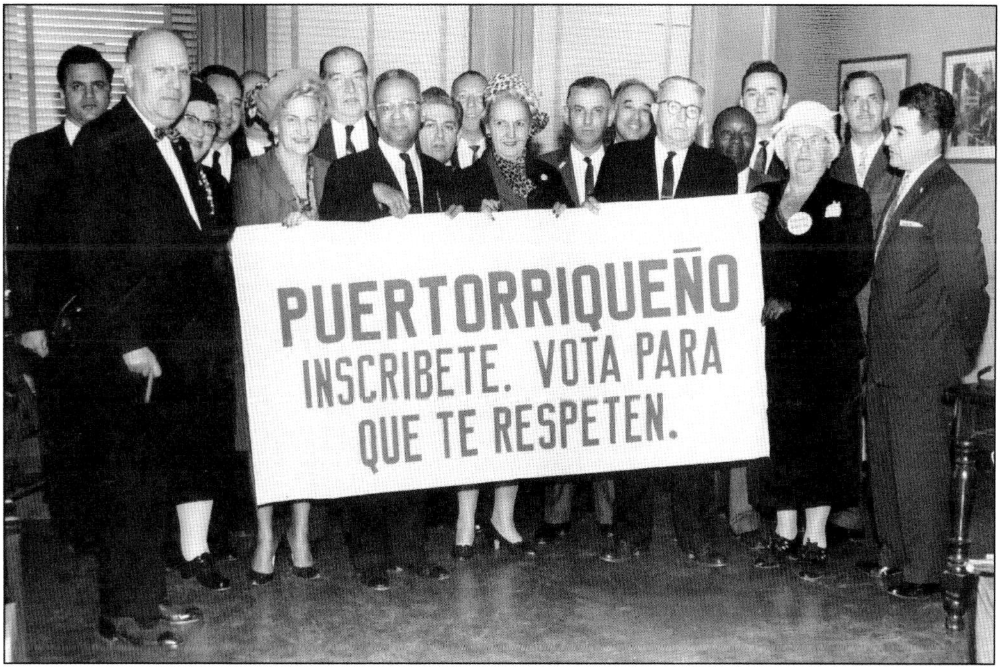

PUERTO RICANS, REGISTER TO VOTE SO YOU CAN BE RESPECTED!, C. 1960. Among the group holding the banner are New York State assemblyman Felipe N. Torres and San Juan mayor Felisa Rincón de Gautier. (FNTo.)

Puertorriqueño inscríbete y vota para que te respeten, c. 1960. El primer asambleísta estatal puertorriqueño por el Bronx, Felipe N. Torres y la alcaldesa de San Juan Felisa Rincón de Gautier sostienen el banderin.

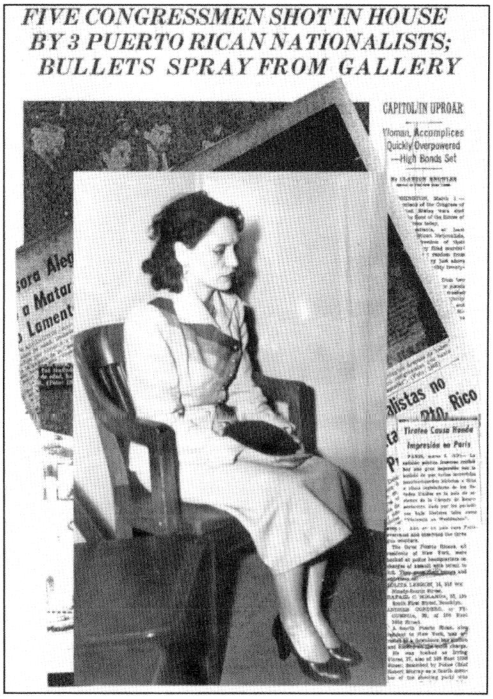

LOLITA LEBRÓN, INDEPENDENCE SUPPORTER, 1954. Lebrón, Rafael Cancel, Andrés Figueroa, and Irving Flores, nationalists residing in New York, participated in the attack on the Congress of the United States to dramatize the colonial status of Puerto Rico. (RMRe.)

LOLITA LEBRÓN LUCHADORA POR LA INDEPENDENCIA, 1954. Lebrón, Rafael Cancel, Andrés Figueroa e Irving Flores, nacionalistas residentes en Nueva York, participaron en el ataque al Congreso de Estados Unidos para dramatizar la situación política de Puerto Rico.

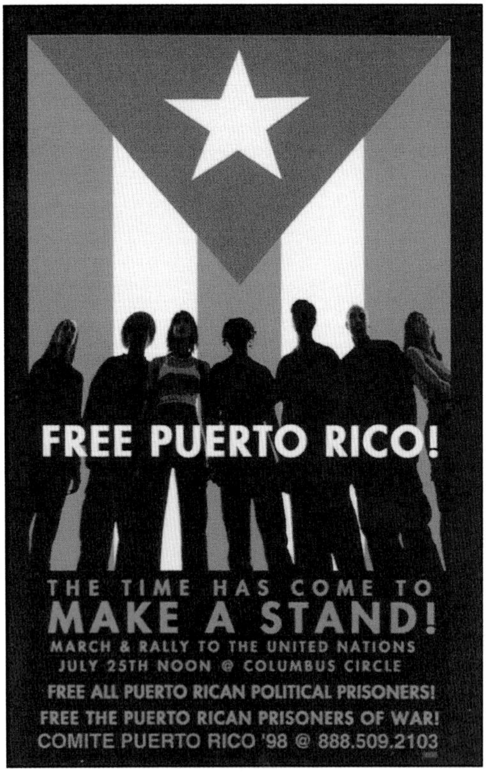

FREE PUERTO RICO POSTER, 1998. The poster announces a march and rally in support of Puerto Rican political prisoners and prisoners of war at the United Nations to coincide with the centennial anniversary of Puerto Rico as a U.S. possession. (Centro.)
CARTEL PRO LIBERACIÓN DE PUERTO RICO, 1998. La actividad, que demandaba la libertad de los prisioneros políticos puertorriqueños, se efectuó frente a las Naciones Unidas a raíz del centenario de Puerto Rico como posesión norteamericana.

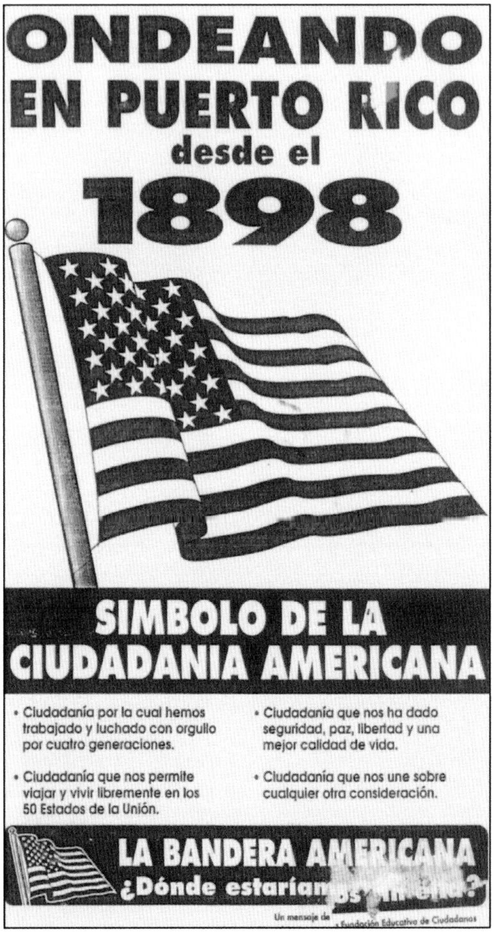

WAVING OVER PUERTO RICO SINCE 1898–1998. A pro-statehood promotion, the American flag symbolizes American citizenship. (Día.)
ONDEANDO EN PUERTO RICO DESDE 1898–1998. Fue el anuncio de los grupos a favor de la estadidad para Puerto Rico celebrando la ciudadanía norteamericana en el centario de la Isla como posesión norteamericana.

THE STATUE OF LIBERTY WEARING THE PUERTO RICAN FLAG, 1977. In an impressive takeover, 28 Puerto Rican protestors seized Lady Liberty to demand Puerto Rican independence. (The *San Juan Star* [Star].)
LA ESTATUA DE LA LIBERTAD LUCE LOS COLORES DE LA BANDERA PUERTORRIQUEÑA, 1977. En un impresionante acto 28 puertorriqueños tomaron y se posesionaron temporalmente de la estatua a la vez que clamaban por la independencia de Puerto Rico.

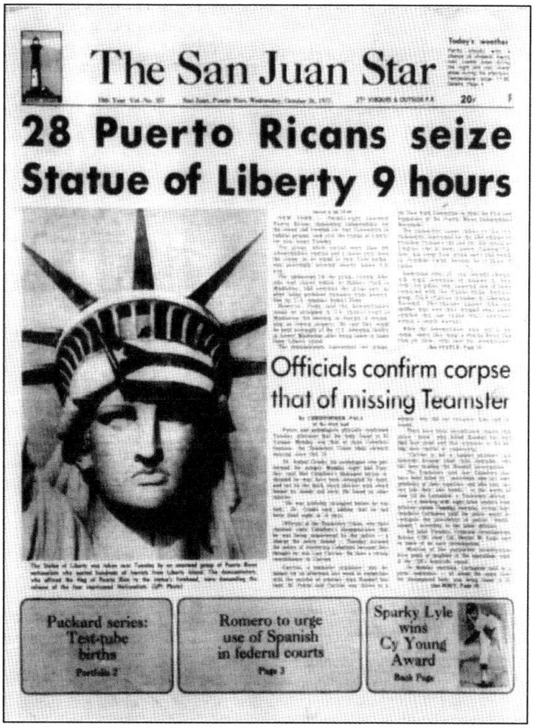

The San Juan Star

20¢

28 Puerto Ricans seize Statue of Liberty 9 hours

Officials confirm corpse that of missing Teamster

Packard series: Test-tube births

Portfolio 2

Romero to urge use of Spanish in federal courts

Page 3

Sparky Lyle wins Cy Young Award

Back Page

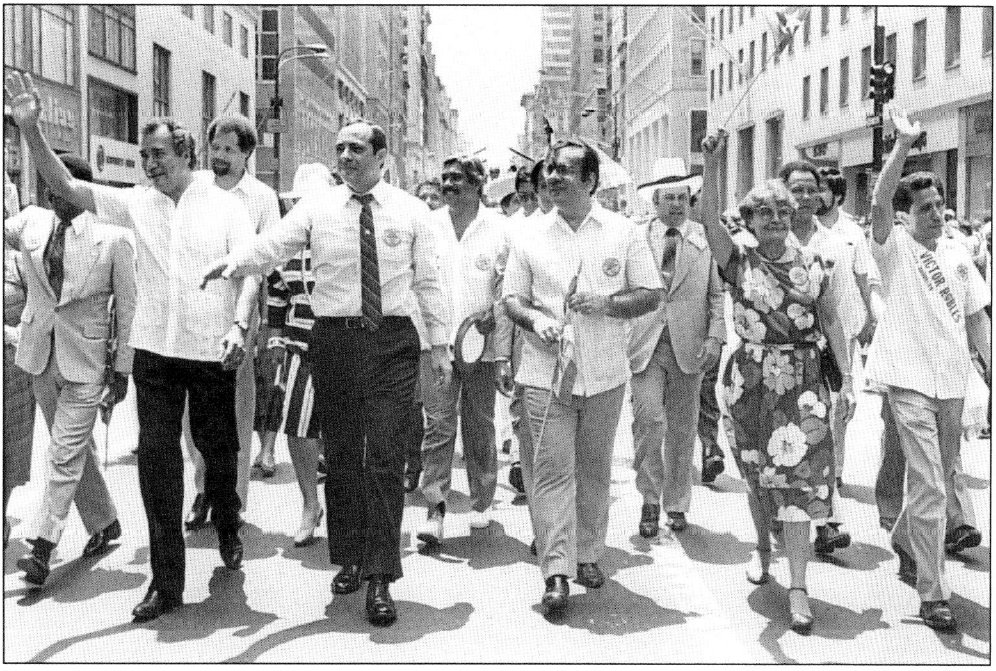

POLITICAL LEADERSHIP ON PARADE, 1970S. A group of politicians is on the march. Among them are Herman Badillo, Olga Méndez, and Victor Robles. (OlMe)
LÍDERATO POLÍTICO PUERTORRIQUEÑO MARCHANDO EN EL DESFILE PUERTORRIQUEÑO, 1970S. El Gobernador Mario Cuomo, Herman Badillo, Olga Méndez y Víctor Robles participan en el Desfile.

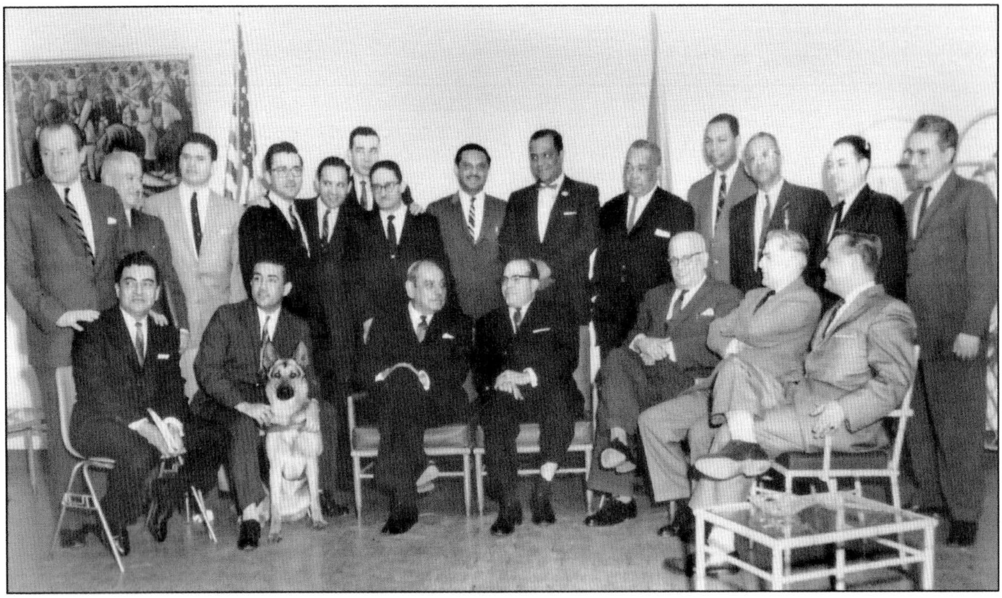

Puerto Rico's Politics and the Status Issue as Viewed from New York, c. 1960. Influential Puerto Rican political leaders meet with the island's governor, Luis Muñoz Marín, at the Office of the Migration Division. (JAMa.)
La política y el status de Puerto Rico visto desde Nueva York, c. 1960. Influyentes dirigentes políticos de Nueva York se reúnen con el gobernador de Puerto Rico Luis Muñoz Marín en la Oficina de la División de Migración.

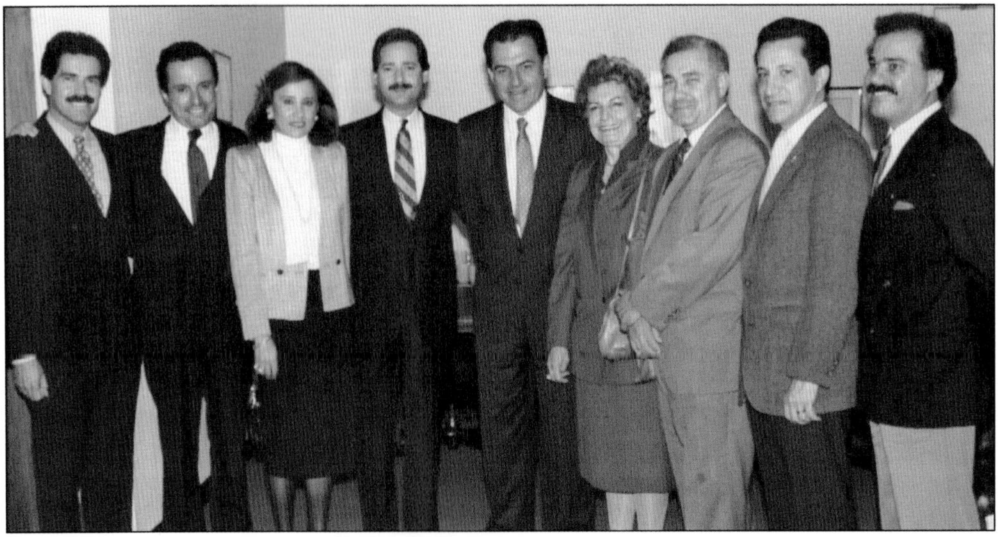

Department of Puerto Rican Community Affairs, 1990. Gov. Rafael Hernández Colón and the director of Puerto Rican Community Affairs, Nydia Velázquez, meet with elected Puerto Rican officials, among them, José Serrano, Fernando Ferrer, and Olga Méndez to discuss island and New York politics. (OGPRUS Photo by L. Martínez.)
Departamento de Asuntos de la Comunidad Puertorriqueña en Estados Unidos, 1990. El gobernador de Puerto Rico, Rafael Hernández y su Secretario Nydia Velázquez se reúnen con los oficiales puertorriqueños electos, entre ellos: José Serrano, Fernando Ferrer y Olga Méndez para dialogar sobre la situación política de la Isla y la participación de los puertorriqueños en EE.UU.

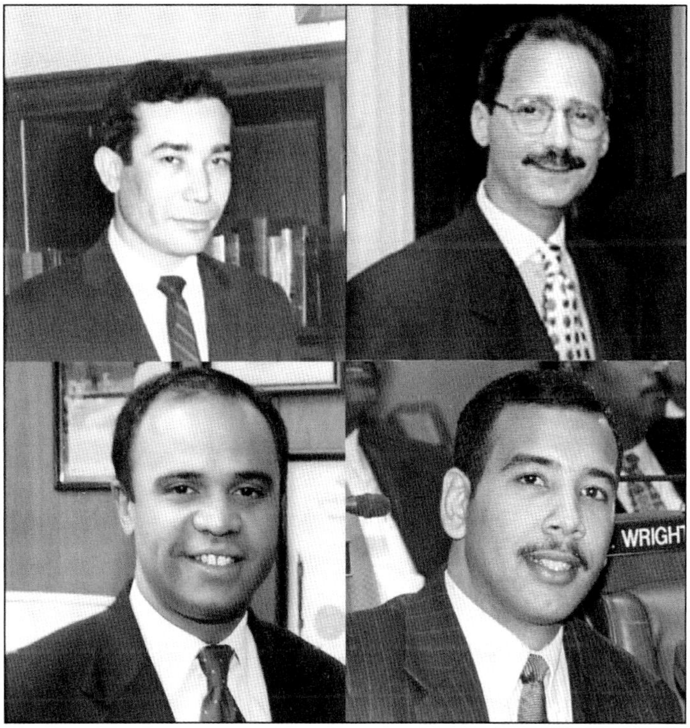

BRONX BOROUGH PRESIDENTS, 1987–2009. Pictured from left to right are Herman Badillo (1966–1970), Fernándo Ferrer (1987–2001), Alfonso Carrión (2001–2009), and Ruben Díaz (2009). (OGPRUS, PeRi.) **PRESIDENTES DEL CONDADO DEL BRONX, 1987–2009.** Aparecen de iquierda a derecha de arriba hacia abajo: Herman Badillo (1966–1970), Fernándo Ferrer (1987–2001), Alfonso Carrión (2001–2009), and Rubén Díaz (2009).

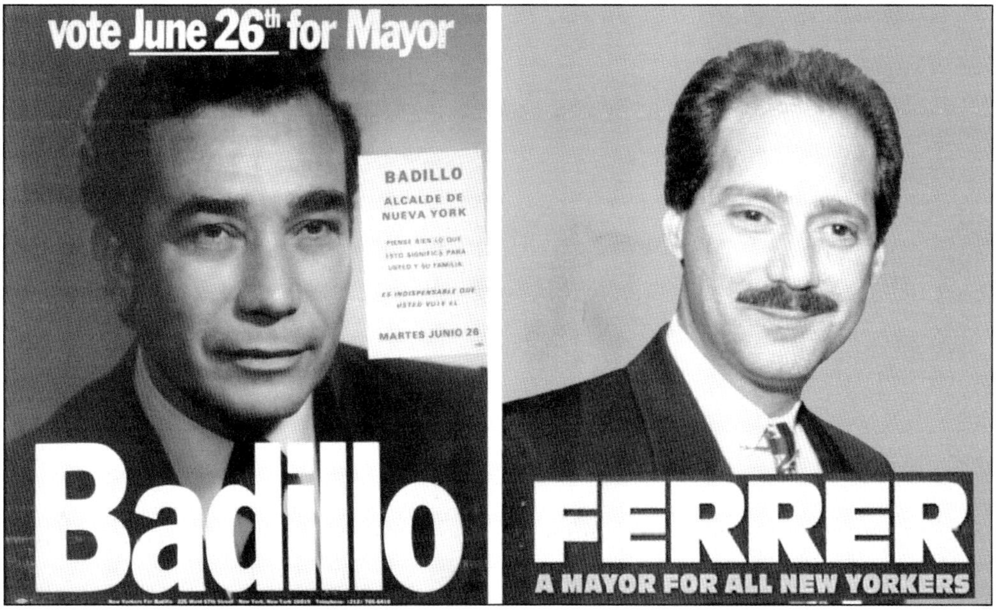

HERMAN BADILLO AND FERNÁNDO FERRER, PUERTO RICAN MAYORAL CANDIDATES. The first Puerto Rican elected to the U.S. Congress (1968), Badillo had been commissioner of the New York Department of Relocation (1961) and Bronx borough president (1965). Fernándo Ferrer was the Democratic Party nominee for Mayor of New York City in 2005 (Centro and OGPRUS.)] **HERMAN BADILLO Y FERNÁNDO FERRER, CANDIDATOS A LA ALCALDÍA.** Badillo, primer congresista puertorriqueño (1970–1978) y Ferrer, Presidente del Condado del Bronx (1987–2001) han sido candidatos a la Alcaldía de Nueva York en diferentes ocasiones.

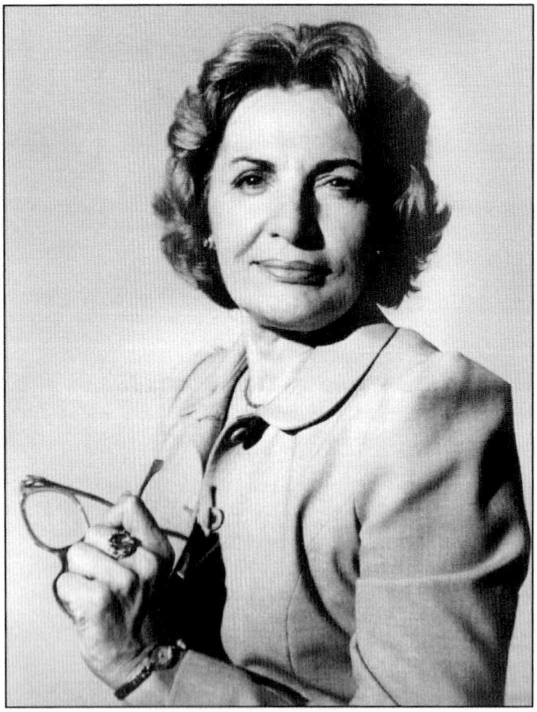

New York State Senator Olga A. Méndez, 1978. Méndez was the first Puerto Rican woman elected to the state senate. (The Olga Méndez Papers [OlMe].)
Olga A. Méndez, Senadora del estado de Nueva York, 1978. Méndez fue la primera mujer puertorriqueña electa a un escaño senatorial del estado.

Coretta Scott King y Sen. Olga A. Méndez, 1970s. Pictured is a meeting of two great leaders. (OlMe.)
Coretta Scott King and Sen. Olga A. Méndez, 1970s. La fotografía capta un momento de la reunión de estas dos dirigentes.

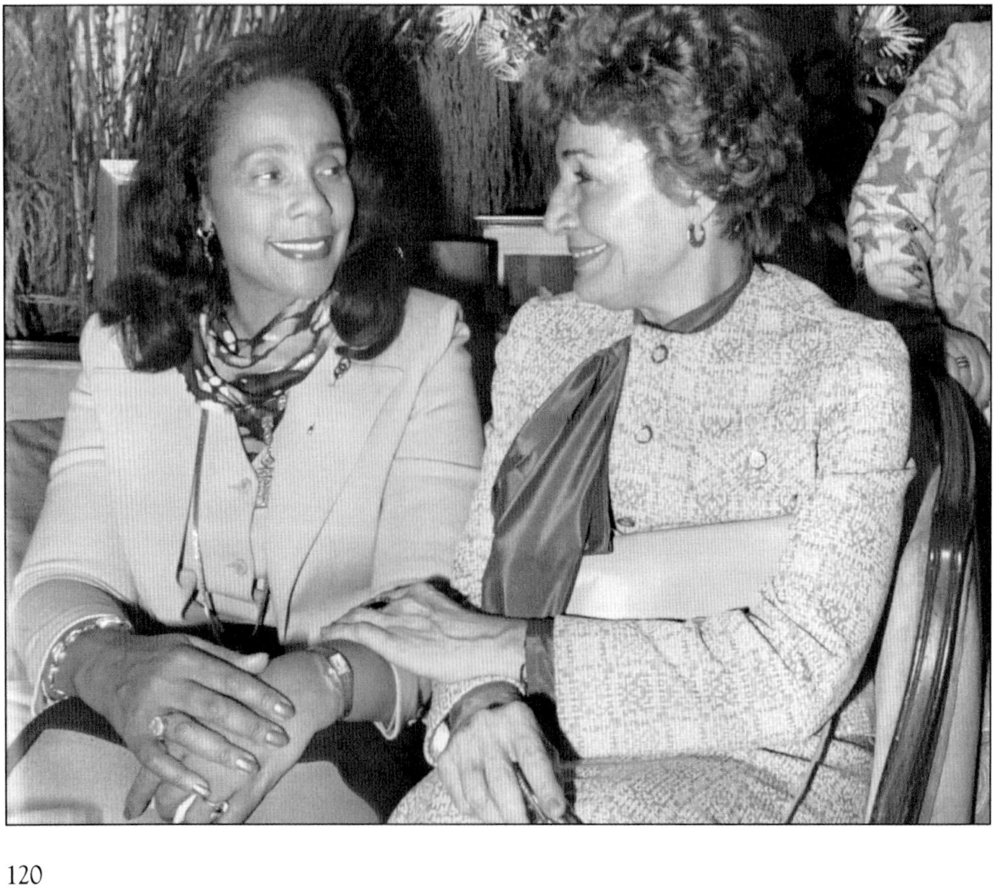

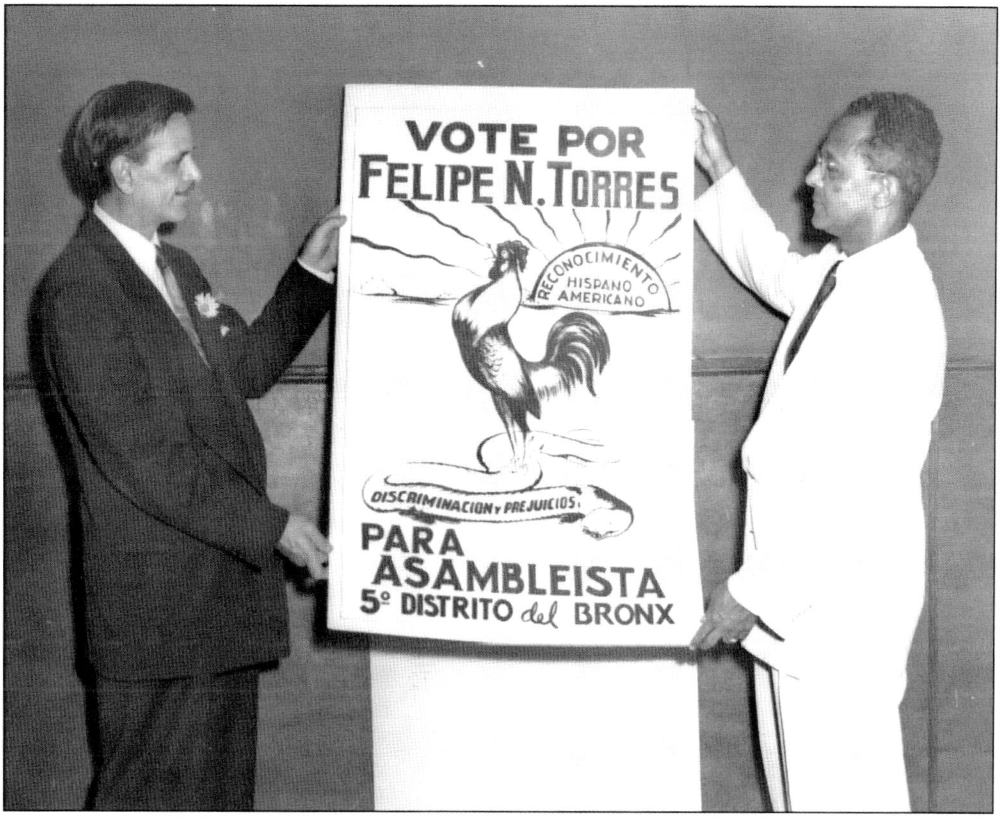

Felipe N. Torres Campaigns for the New York State Assembly, 1953. Note the symbolic rooster defeating injustice and discrimination. (FNTo.)
Felipe N. Torres en su campaña para Asambleísta del estado de Nueva York por el Bronx, 1953. Observen los símbolos del Gallo derrotando la injusticia y la discriminación.

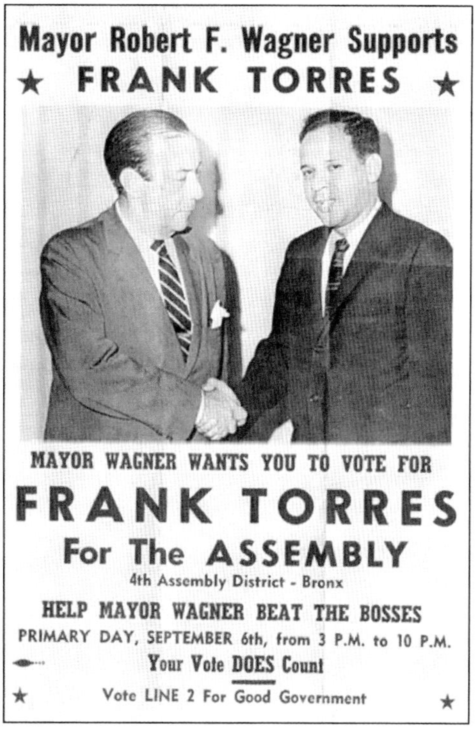

Frank Torres Campaigns for the New York State Assembly, c. 1961. Torres represented the Fourth Assembly District in the Bronx. (FrTo.)
Frank Torres en su campaña por la Asamblea estatal de Nueva York, c. 1961. Torres siguió a su padre en el cuarto distrito de la Asamblea en el Bronx.

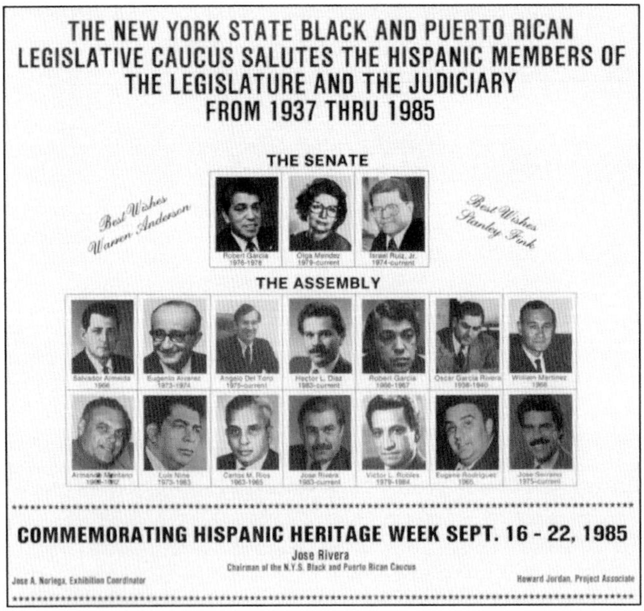

The New York State Hispanic Members of the State Legislature, 1937–1985. In celebration of Hispanic Heritage Month, the New York State Black and Puerto Rican Caucus presented this poster. (FNTo.)
Cartel de los miembros de la Legislatura Hispana del estado de Nueva York del 1937–1985. Este fue creado como parte de la celebración del Mes de la Herencia Hispana auspiciado por La Conferencia de Legisladores Negros y Puertorriqueños.

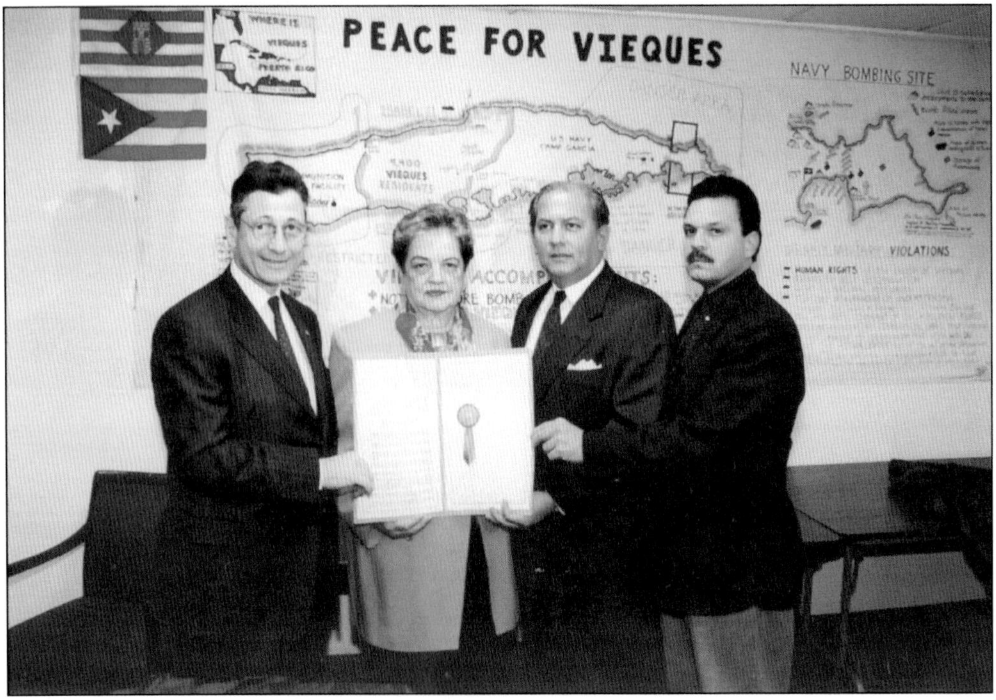

Peace for the Island of Vieques, c. 1998. The speaker of the New York State Assembly, Sheldon Silver, and elected members of the assembly, Carmen Arroyo, Peter Rivera, and Félix Ortíz, issue a proclamation in solidarity with the Puerto Rican island of Vieques to support their struggle to oust the U.S. Marines from the island. (PeRi.)
Paz para Vieques, c. 1998. El Portavoz de la Asamblea Estatal de Nueva York Sheldon Silver y los Asambleístas estatales Carmen Arroyo, Peter Rivera y Félix Ortíz sostienen la proclama en solidaridad con la Isla puertorriqueña de Vieques en su lucha por sacar a la Marína de Guerra de su territorio.

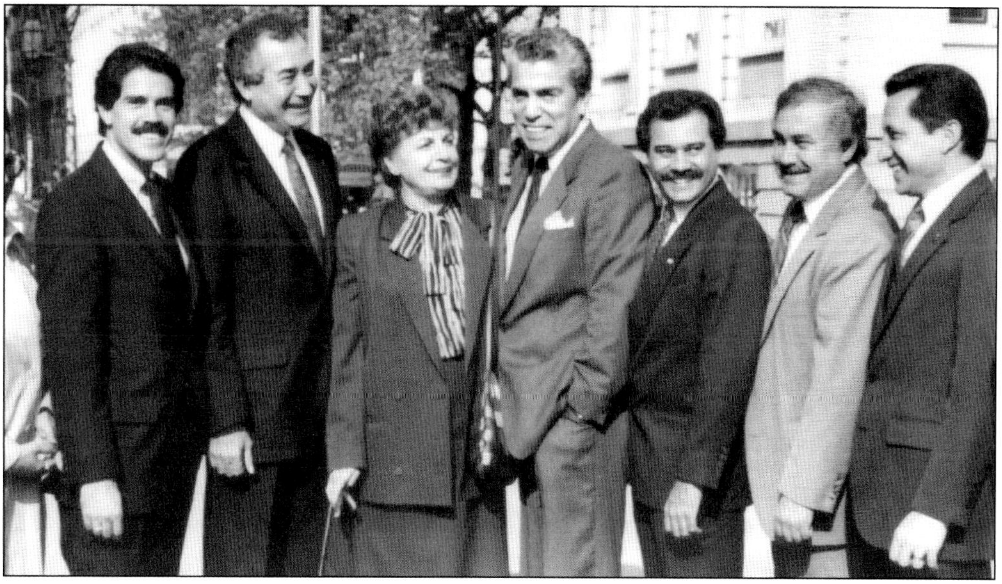

PUERTO RICAN ELECTED OFFICIALS, 1990. Pictured from left to right are José Serrano, Herman Badillo, Olga A. Méndez, Robert García, Hector Luis M. Díaz, José M. Rivera, and Victor Robles. (RoGa. Photograph by Luis Martínez)
OFICIALES PUERTORRIQUEÑOS ELECTOS, 1990. Aparecen de izquierda a derecha José Serrano, Herman Badillo, Olga A. Méndez, Robert García, Héctor Luis M Díaz, José M. Rivera y Víctor Robles.

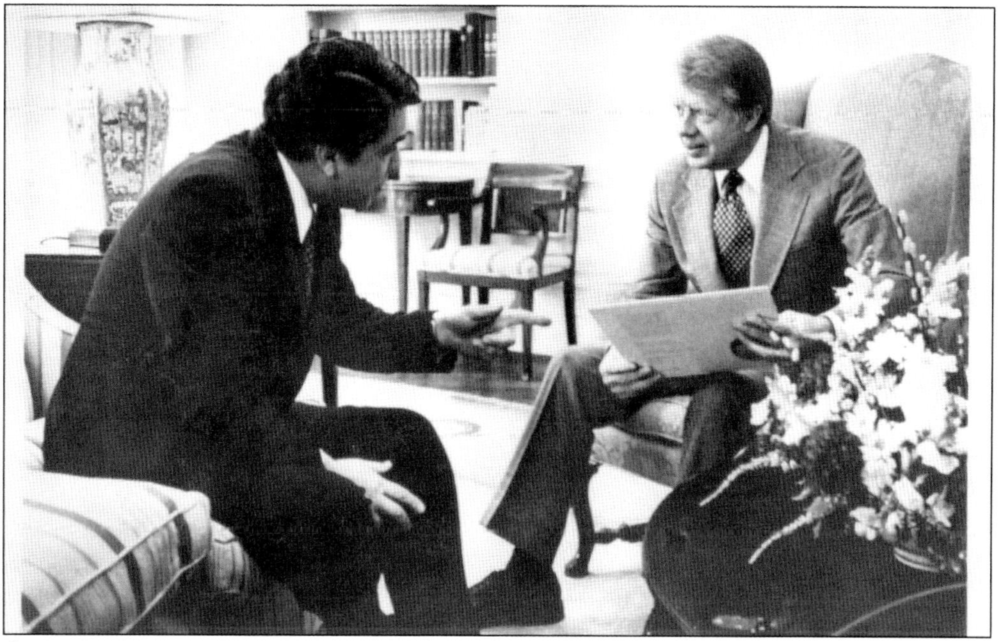

CONGRESSMAN ROBERT GARCÍA MEETS WITH PRESIDENT CARTER, 1980S. Congressman Robert García dedicated this photograph to Felipe N. Torres, the politician who "started me on this road." (FNTo.)
EL CONGRESISTA ROBERT GARCÍA REUNIDO CON EL PRESIDENTE CARTER, 1980S. El Congresista Robert García dedicó esta fotografía a Felipe N. Torres con la dedicatoria porque fuíste el político que "me abriste este camino."

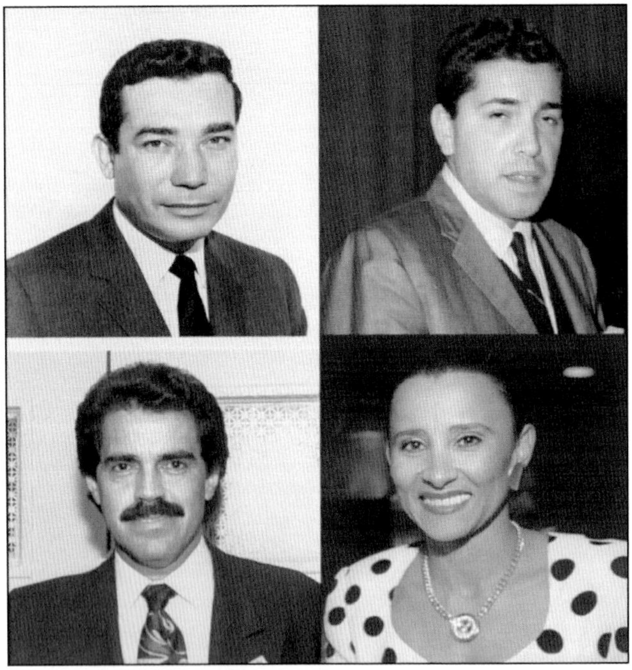

PUERTO RICAN U.S. CONGRESSIONAL REPRESENTATIVES FROM NEW YORK, 1970–2009. Pictured from top left are Herman Badillo (1970–1978), Robert García (1978–1990), and current representatives José Serrano (1990) and Nydia Velázquez (1992). (Centro.)

DELEGADOS CONGRESIONALES PUERTORRIQUEÑOS POR NUEVA YORK, 1970–2009. Aparece de izquierda a derecha de arriba hacia abajo Herman Badillo (1970–1978), Robert García (1978–1990), y al presente José Serrano (1990) y Nydia Velázquez (1992).

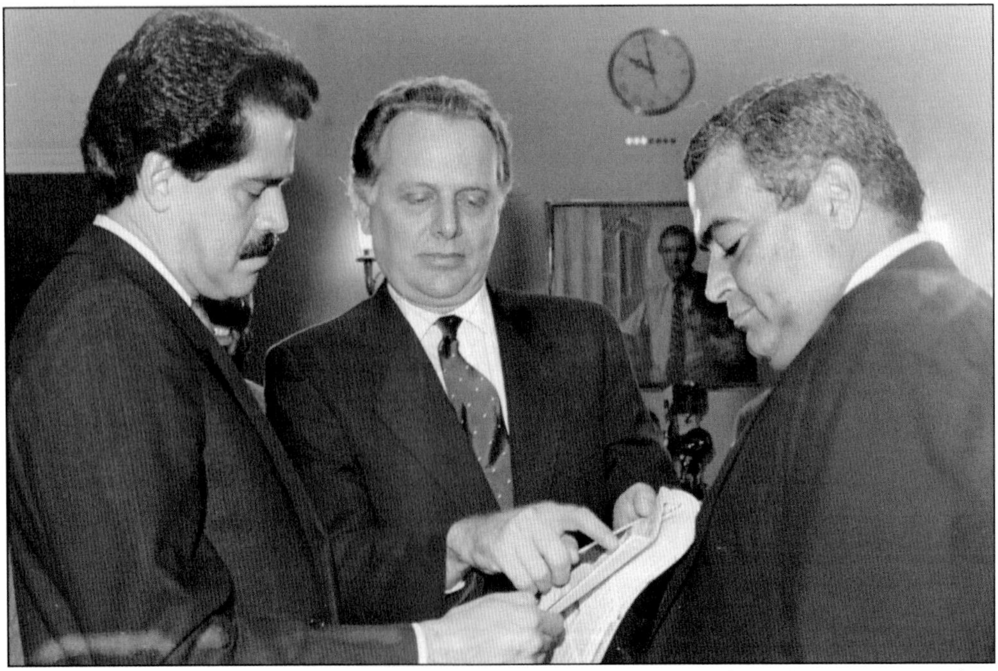

FROM NEW YORK TO PUERTO RICO, 1990. Congressman José Serraño, Independence Party president Rubén Berríos, and New Progressive Party representative Benny Frankie Cere are pictured at a Washington, D.C., meeting. (OGPRUS.)

DE NUEVA YORK A PUERTO RICO, 1990. El Congresista José Serrano conversa con el Presidente del Partido Independentista Rubén Berríos y el representante del Partido Nuevo Progresista Benny Frankie Cerezo durante las vistas congresionales sobre el status de Puerto Rico ante el Congreso de Estados Unidos.

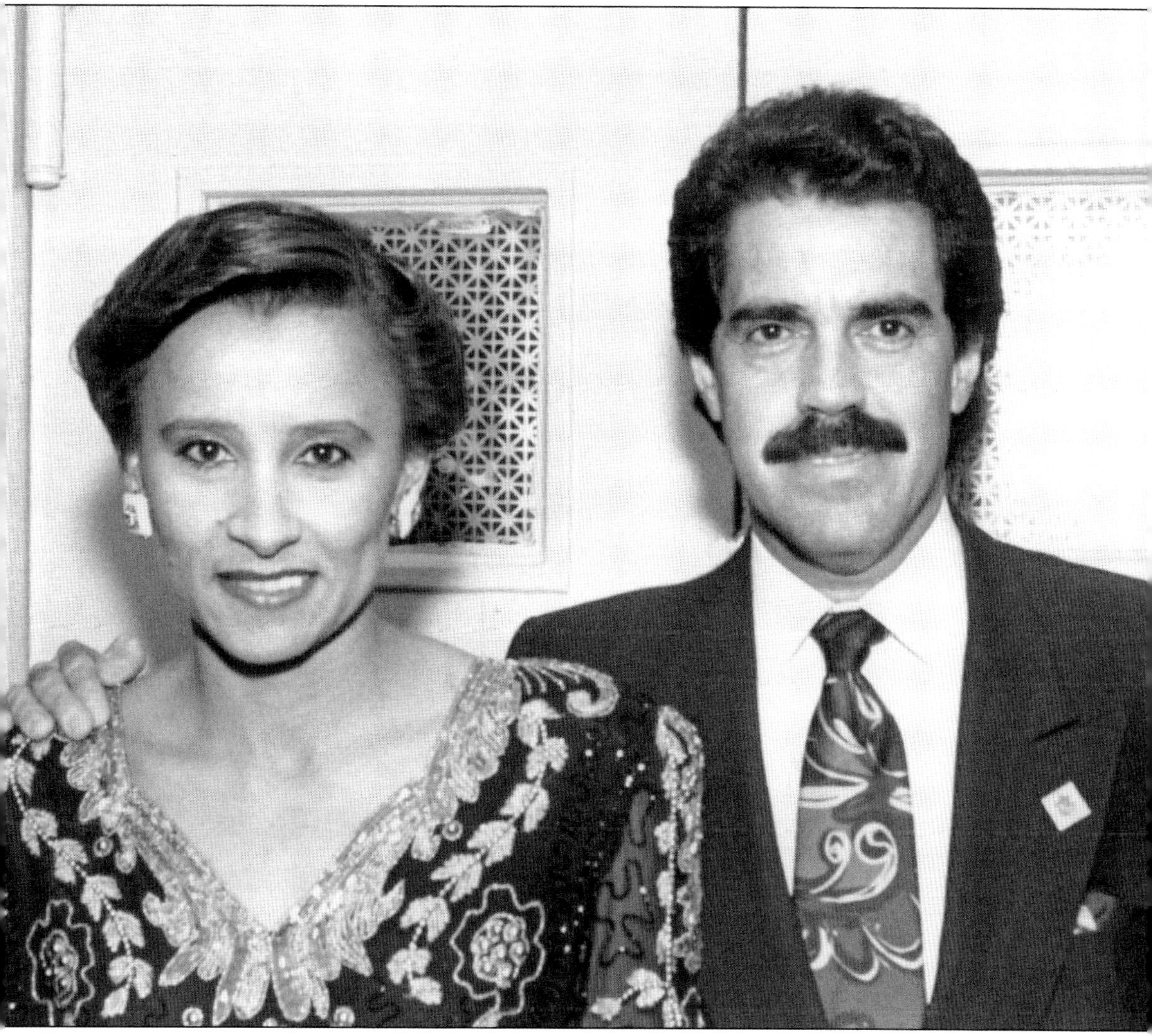

NYDIA VELÁZQUEZ IS WOMAN OF THE YEAR, 1991. Honored by the United Organizations of the Bronx, Velázquez appears with Congressman José Serrano (1990). First Puerto Rican woman elected to Congress (1992). (OGPRUS.)

NYDIA VELÁZQUEZ MUJER DEL AÑO, 1991. Velázquez, honrada por la "United Organizations" del Bronx aparece junto a el Congresista José Serrano (1990). Ella es la primera puertorriqueña electa al Congreso norteamericano (1992).

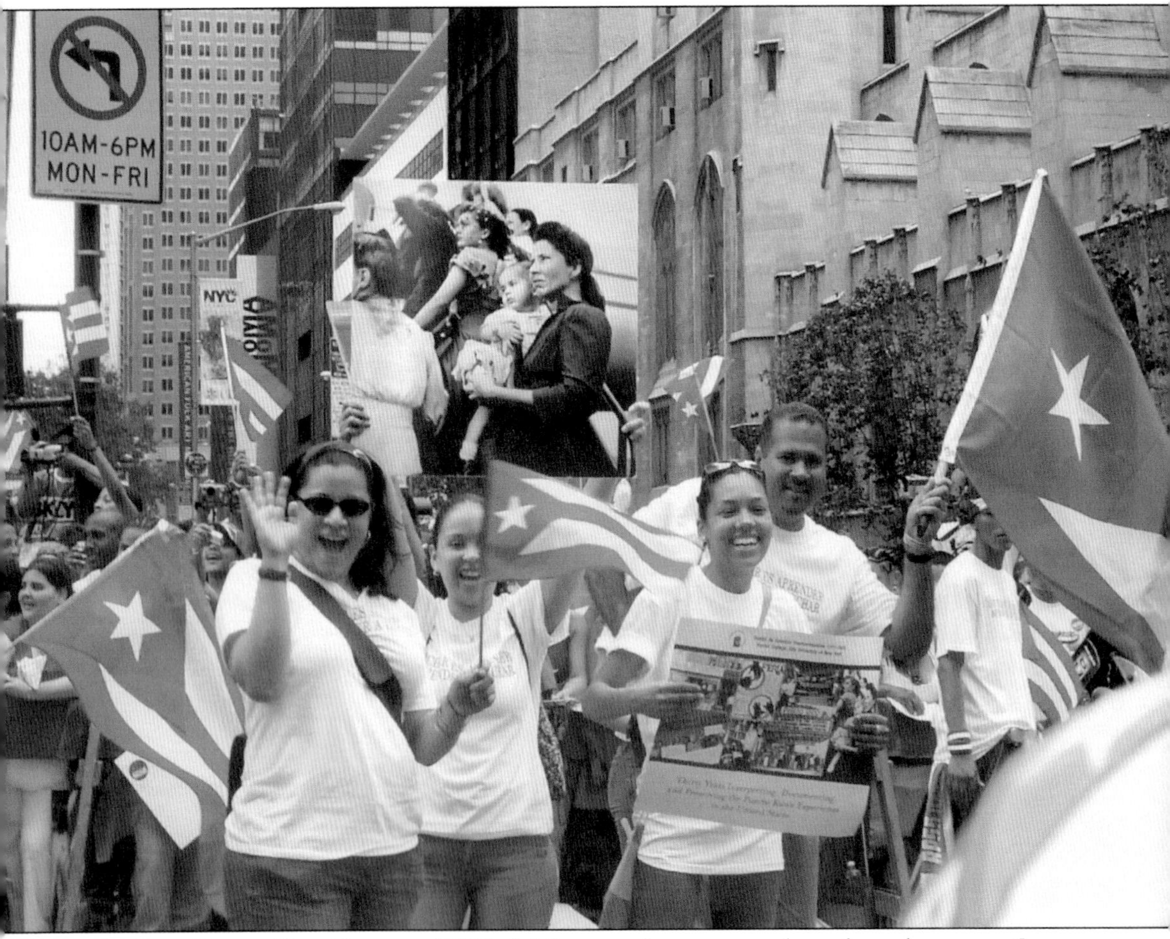

Puerto Rican Day Parade, 2005. Jubilant students carry placards and posters. Centro acting director Tony de Jesús is pictured with staff members, left to right, Casandra Tolentino, Nadya Rodríguez, and Sierra Friedman. (PJHc; Photograph by Werner Miranda.) **Día del Desfile Puertorriqueño, 2005.** Grupo representando al Centro durante el Desfile Puertorriqueño de ese año. Aparecen el Director Interino del Centro Tony de Jesús, y miembros del personal, izquierda a derecha: Casandra Tolentino, Nadya Rodríguez y Sierra Friedman. (Fotografía de Werner Miranda.)

Suggested Readings, Sources, and Abbreviations
Bibliografía, fuentes documentales y lista de abreviaturas

Acosta-Belén, Edna, and Carlos E. Santiago. *Puerto Ricans in the United States: A Contemporary Portrait*. Boulder, CO: Lynne Reinner Publishers, 2006.

Andreu Iglesias, César, ed. *Memoirs of Bernardo Vega: A Contribution to the History of the Puerto Rican Community in New York*. New York: Monthly Review Press, 1984.

Centro de Estudios Puertorriqueños. *Divided Arrivals: Narratives of the Puerto Rican Migration, 1920–1950*. New York: Centro de Estudios Puertorriqueños, 1998.

Matos-Rodríguez, Félix V., and Pedro Juan Hernández. *Pioneros: Puerto Ricans in New York City 1896–1948*. Charleston, SC: Arcadia Publishing, 2001.

Sánchez Korrol, Virginia. *From Colonia to Community: The History of Puerto Ricans in New York*. Berkeley, CA: University of California Press, 1994.

Centro Archives Collections / Colecciones del Archivo:

The Albors Photograph Collection—Albors
The Petra Allende Papers—PeAl
The Kathy Andrade Papers—KaAn
The Juanita Arocho Papers—JuAr
The Genoveva de Arteaga Papers—GeAr
The Diana Caballero Papers—DiCa
The Jesús Colón Papers—JeCo
The Máximo Colón—MaCo
The Santiago Febus Family Collection—SaFe
The Robert García Papers—RoGa
The Pedro Juan Hernández Collection, photographs by Eddie C. Ong—PJHc
The Records of HoMoVisiones—HoMoVisiones
The Julia Jorge Papers—JuJo
The Edwin López Collection—EdLo
The Lillian López Papers—LiLo
The Pedro Marcano Collection, courtesy Grego Marcano—PeMa
The Justo A. Martí Photograph Collection—JAMa
The Olga Méndez Papers—OlMe
The Edward Mercado Papers—EdMe
The Marlis Momber Photograph Collection—MMomber
The Office of the Government of Puerto Rico—OGPRUS
The Torres Ortiz Collection—ToOr
The Antonia Pantoja Papers—AnPa
The Jaime Haslip Peña Collection, courtesy Gabriel Haslip Viera—JaHP
The Richie Pérez Papers—RiPe
The Pedro Pietri Papers, courtesy Margarita Deida Pietri —PePi
The Records of the Puerto Rican Legal Defense and Education Fund—PRLDEF
The Clara Restrepo Collection—ClRe
The Dennis Rivera Collection—DeRi
The Oscar García Rivera Papers—OGRi
The Pete Rivera Collection—PeRi
The José Sánchez Collection, courtesy Carmen Sánchez—JoSa
The Manuel Sánchez Collection, courtesy Carmen Sánchez—MaSa
The Petra Santiago Papers—PeSa
The Felipe N. Torres Papers—FNTo
The Frank Torres Papers—FrTo
The Lourdes Torres Papers—LoTo
The Records of the United Bronx Parents, Inc.—UBP
The Erasmo Vando Papers—ErVa
The Clemente Soto Vélez and Amanda Vélez Papers—ClSV

Sources from Other Archives / Fuentes de Otros Archivos:

Associated Press by Mark Lennihan—Associated Press
The Clinton Presidential Materials Project
El Diario La Prensa—Diario
El Nuevo Día—Día
The San Juan Star—Star